독자의 1초를
아껴주는 정성을
만나보세요!

세상이 아무리 바쁘게 돌아가더라도 책까지 아무렇게나 빨리 만들 수는 없습니다.

인스턴트 식품 같은 책보다 오래 익힌 술이나 장맛이 밴 책을 만들고 싶습니다.

땀 흘리며 일하는 당신을 위해 한 권 한 권 마음을 다해 만들겠습니다.

마지막 페이지에서 만날 새로운 당신을 위해 더 나은 길을 준비하겠습니다.

 길벗 IT 도서 열람 서비스

도서 일부 또는 전체 콘텐츠를 확인하고 읽어볼 수 있습니다.
길벗만의 차별화된 독자 서비스를 만나보세요.

더북(TheBook) ▸ https://thebook.io

더북은 (주)도서출판 길벗에서 제공하는 IT 도서 열람 서비스입니다.

코딩 자율학습 **나도코딩의 C 언어 입문**

C for Beginners with Nadocoding

초판 발행 · 2022년 10월 10일
초판 4쇄 발행 · 2024년 12월 23일

지은이 · 나도코딩
발행인 · 이종원
발행처 · (주)도서출판 길벗
출판사 등록일 · 1990년 12월 24일
주소 · 서울시 마포구 월드컵로 10길 56(서교동)
대표 전화 · 02)332-0931 | **팩스** · 02)323-0586
홈페이지 · www.gilbut.co.kr | **이메일** · gilbut@gilbut.co.kr

기획 및 책임편집 · 정지연(stopy@gilbut.co.kr) | **제작** · 이준호, 손일순, 이진혁
마케팅 · 임태호, 전선하, 차명환, 박민영, 박성용 | **유통혁신** · 한준희 | **영업관리** · 김명자 | **독자지원** · 윤정아

교정교열 · 이미연 | **디자인** · 책돼지 | **전산편집** · 책돼지 | **출력 및 인쇄** · 금강인쇄 | **제본** · 금강제본

ISBN 979-11-407-0155-1 93000
(길벗 도서번호 007139)

정가 26,000원

독자의 1초를 아껴주는 정성 길벗출판사

(주)도서출판 길벗 | IT단행본, 성인어학, 교과서, 수험서, 경제경영, 교양, 자녀교육, 취미실용
www.gilbut.co.kr
길벗스쿨 | 국어학습, 수학학습, 주니어어학, 어린이단행본, 학습단행본
www.gilbutschool.co.kr

페이스북 · www.facebook.com/gbitbook
예제 소스 · https://github.com/gilbutITbook/007139

코딩
자율학습

나도코딩 의
C 언어 입문

이러다
코딩천재?

C 언어의 완공을 돕는
프로그래밍
자습서

나도코딩 지음

길벗

베타 학습단의 한마디

누구나 아무런 사전 지식 없이도 C 언어에 입문할 수 있는 책입니다. 저도 C 언어 개념을 정리하는 데 큰 도움을 받았습니다. 장마다 진행하는 프로젝트가 흥미로워서 끝까지 재미있게 따라갈 수 있었습니다. 유튜브로 보던 나도코딩 님을 책으로 만나니 즐거웠습니다. C 언어 입문 책으로 강력히 추천합니다. _**윤란**

C 언어를 복습하고자 학습단을 신청했는데 생각보다 놀라웠습니다. 생소하거나, 용어를 알지만 뜻을 몰랐던 내용들이 너무 자세하게 설명되어 있었습니다. 예시들도 생활 속에서 볼 수 있는 것이어서 초보자도 쉽게 접근할 수 있었습니다. 프로그래밍은 많이 연습해 봐야 는다고 생각하는데 예제와 프로젝트가 많아서 좋았습니다. C 언어에 입문하거나 C 언어를 복습하려는 분께 이 책을 꼭 추천하고 싶습니다! _**이성희**

장마다 개념, 예시, 프로젝트로 이루어져 있어서, 개념을 배우고 자세히 설명을 읽고 배운 내용을 토대로 프로젝트를 만들다 보니 내용도 오랫동안 기억되고 부족한 부분도 알 수 있어 좋았습니다. C 언어를 공부하는 것이 막막했는데 이 책으로 C 언어를 무난하게 배울 수 있었습니다. _**권형승**

비전공자로서 이 책은 그저 빛입니다! 이곳저곳에서 배워 파편화된 개념들을 쉽게 설명해 주는 것은 물론이고 장마다 실습으로 개념을 익히는 과정까지, 책이 알찬 내용으로 꽉꽉 채워져 있어요. C 언어를 제대로 재미있게 배우기에는 이 책만 한 것이 없네요. _**김찬진**

C 언어 전공서적이나 다른 책을 몇 권 읽어 보고 공부해 봤지만, 입문서들은 설명이 생략되어 있거나 궁금한 부분이 자세하게 서술되어 있지 않았습니다. 그런데 이 책은 독자가 궁금해할 내용을 정말 세세하게 잡아내서 잘 엮은 것 같습니다. 또한, 코드가 색깔별로 구분된 책을 선호하는 편이라, 이 책은 정말 나무랄 데 없었습니다. 프로젝트가 장별로 있기 때문에 심화과정도 문제없이 공부할 수 있었습니다. 컴퓨터공학 재학생으로서 이 책을 정말 추천합니다. _**권오휘**

초보자를 배려해 파일을 생성하는 방법이나 코드를 어떻게 작성하면 좋은지 등 다른 책과 다르게 세세한 부분까지 잡아줘서 공부하기가 무척 수월했습니다. 1분 퀴즈에서 독자가 생각해서 풀어내도록 유도하는 요소들이 많아서 혼자서도 성장할 수 있게 도와주는 부분도 좋았습니다. 강의나 책으로 공부하면 개념이나 문법 작성하는 법만 알고 넘어가는 경우가 많은데, 장이 끝날 때마다 프로젝트를 수행해서 개념과 문법을 직접 사용해 보는 게 공부하는 데 가장 큰 도움을 줬습니다. _**황을선**

평소에 많은 도움을 받던 나도코딩 님 책이어서 학습단을 바로 신청했습니다. 이 책은 기본부터 차근차근 아주 상세하게 설명해 준다는 것이 강점입니다. C 언어를 처음 접하더라도 부담 없이 도전할 수 있고 기본뿐만 아니라 프로젝트 부분으로 가면서 난도가 있어서 심화 학습까지 한 번에 공부할 수 있습니다. _**이윤우**

비전공자도 코딩을 배우는 추세여서 전공이 코딩과 관련 없는데도 배워 보고자 참여했습니다. 코딩을 단 한 번도 배워 본 적이 없어서 너무 어렵지 않을까 걱정했습니다. 그러나 책 내용을 따라 공부하다 보니 1분 퀴즈는 거의 다 맞힐 수 있었고, 실행결과가 정확히 나오면 성취감도 느낄 수 있었습니다. 저와 같은 코딩 입문자라면 단기간에 책 내용을 흡수하려고 하기보다는 하루에 공부할 양을 정해 놓고 천천히 학습하면 좋을 것 같습니다. 처음 며칠은 코딩이라는 새로운 공부에 적응하고 머릿속으로 배운 내용을 정리하느라 시간이 오래 걸릴 수 있지만, 포기하지 않는다면 점점 쉽게 내용을 이해하는 자신을 발견할 겁니다. _김예원

3년 전에 파이썬을 배운 이후로 관련 공부를 해 본 적이 없었는데도 책을 따라 하다 보니 C 언어를 공부하는 데 어려움이 없었습니다. 혼자서 했다면 미루고 미루다가 결국 하지 못했을 것 같은데, 매일 공부 일지를 쓰다 보니 미루지 않고 공부할 수 있었습니다. 문의사항도 빠르게 답해 주셔서 도움이 많이 됐습니다. 너무 재미있고 보람찬 2주였습니다. _송제현

학교에서 C 언어를 배우다가 흥미를 잃고 포기했던 경험이 있습니다. 다시 관심이 생겼는데, 우연히 이 책을 만나게 되었습니다. 그땐 몰랐던 원리와 응용법을 쉽고 명확하게 알려줘서 점점 머릿속에서 지식이 정리되며 재미있어지기 시작했습니다. 무엇이든 시작할 때는 일단 흥미부터 느껴야 합니다. 이 책을 천천히 따라 하다 보면 어느새 여러 줄 코드를 쉽게 작성하게 되고, 저절로 프로그래밍에 흥미가 생길 것입니다. _고민지

나도코딩 님 영상으로 처음 개발 공부를 접했습니다. 조금 더 배워 보고 싶다고 생각하던 차에 C 언어 학습단에 참여할 기회를 얻게 되었습니다. 열심히 따라 하다 보니 2주가 빠르게 지나가고 10장까지 끝냈습니다. C 언어를 처음 접했을 때는 어렵다고 느꼈는데 프로그램을 만들면서 공부하다 보니 포기하지 않고 재미있게 배울 수 있었습니다. 이 책으로 배울수록 작성한 코드가 실행되는 게 참 신기했습니다. 다음에도 기회가 된다면 꼭 참여하고 싶습니다. _김다현

코딩을 혼자 공부하던 중 우연히 참여할 기회를 얻게 되어 매우 즐겁게 공부했습니다. 이 책은 장마다 만들 프로젝트를 소개하고 프로젝트에 필요한 기능에 필요한 개념 설명, 배운 내용을 확인할 수 있는 간단한 1분 퀴즈, 마지막에 처음에 소개한 프로젝트를 직접 만들어 보는 프로젝트 단계로 이루어져 있어서 쉽고 재미있게 C 언어를 공부할 수 있었습니다. 매일 시간이 가는 줄도 모르고 공부했네요. _김영헌

베타 학습단에 참여해 주신 모든 분께 감사드립니다.
여러분의 소중한 의견이 모여 더 좋은 책을 만들 수 있었습니다.

지은이의 말

"와! 나도 물에 뜨네?!"

필자는 어릴 때 수영할 줄 몰랐습니다. 동네 목욕탕에서 친구들을 만나면 냉탕에서 신나게 물놀이하곤 했지만, 막상 친구들이 바가지 2개를 겹쳐 들고 수영하는 동안에 저는 옆에서 수영하는 시늉만 해야 했지요. 그러다 보니 바다를 가도, 계곡을 가도 제대로 놀지 못하고 항상 물 밖에서만 있었습니다. 물에 뜨는 방법을 모르니 솔직히 물에 들어가는 게 겁나기도 했고요.

어른이 되어서 이제라도 배워 볼까 생각해 봤지만, 어린 친구들 옆에서 떡하니 수영 못 하는 어른이 서 있을 것을 상상하니 왠지 부끄러울 것 같아서 도전해 보지도 않고 그렇게 시간을 보냈습니다. 제 인생에 수영은 없을 줄만 알았죠. 그러다 우연한 기회에 저처럼 평생 수영과 담쌓고 지낸 어른들 몇 명과 함께 수영을 배우게 되었습니다. 혼자였다면 창피했을 텐데, 여럿이 모이니 자신감이 생기더라고요. 처음으로 수영장에 가서 새로 산 수영복을 입고 '음파' 소리 내며 호흡법을 배우고, 킥 판을 잡고 열심히 어설픈 발차기를 했습니다. 그리고 스스로 깨닫는 데 그리 오랜 시간이 걸리지 않았습니다. 저도 물에 뜬다는 것을요.

20대 후반에 처음 수영을 배웠지만 제 인생에서 두고두고 자랑스럽게 생각하는 결정 중 하나입니다. 그 이후로 저는 물놀이할 기회가 생기면 절대 빼지 않고 누구보다 신나게 즐길 수 있게 되었습니다. 이렇게 재미있는 걸 어떻게 지금껏 참고 살았을까요?

C 언어를 배우는 것도 이와 비슷합니다. 해 보기 전에는 '과연 내가 할 수 있을까?', '너무 어렵지는 않을까?'라는 생각이 들 수 있습니다. 하지만 딱 한 번만 제대로 익히고 나면 세상에 없던 나만의 새로운 프로그램을 마음대로 마구마구 만들어낼 수 있게 되지요.

그런데 정작 C 언어 공부를 시작하는 사람은 많은데 끝을 내는 사람은 많지 않습니다. 딱 한 번만 제대로 이해하고 나면 새로운 세상이 펼쳐지는데 그 과정이 썩 쉽지만은 않습니다. 지겨운 문법을 익히며 골치 아픈 퀴즈를 풀며 억지로 공부하긴 하는데 '그래서 뭐? 이걸 배워서 뭘 할 수 있는데?'라는 생각이 들 수도 있고요. 모두가 입을 모아 어렵다고 말하는 '포인터'를 만나게 되면 머릿속이 하얘지기도 합니다. 필자도 동일한 과정을 겪었기 때문에 공부를 시작하는 분들이 느끼는 감정이 무엇인지 누구보다 잘 알고 있습니다.

이 책은 그런 분들을 위해 썼습니다. 자칫 지루할 수 있는 문법들을 익숙하고 재미있는 예제로 공부하게 되고요. 장마다 새로운 문법을 배우고 나면 이를 어떻게 활용할 수 있는지 9가지 게임 프로젝트의 주요 로직을 직접 개발하면서 익히게 됩니다.

책의 내용을 모두 공부한다고 해서 바로 C 전문가가 될 수 있는 것은 아닙니다. 하지만 전체 내용을 한 번은 이해하고 넘어간다는 것, 처음부터 끝까지 빠짐없이 모두 경험해 본다는 것은 프로그래밍 공부에서 아주 중요한 부분입니다.

계속 미루고만 있었다면 저는 아직도 물이 두려웠을 겁니다. 하지만 수영을 배우고 나서 저에게는 '물놀이'라는 정말 신나고 재미있는 취미가 생기게 되었지요. 여러분이 프로그래밍하기로 마음먹었다면 C 언어는 언젠가 만나게 될 산입니다. 비록 다른 언어보다 어렵고 신경 써야 할 부분도 많지만 바꿔 생각해 보세요. C 언어를 제대로 할 줄 알면 다른 언어는 아주 쉽게 배울 수 있게 될 겁니다.

이 책은 유튜브에서 100만 조회수를 훌쩍 뛰어넘은 C 언어 입문 강의를 토대로 만들었습니다. 이미 수많은 분이 공부하셨고 댓글을 통해 따뜻한 감사 인사를 해 주셨지요. 강의에서 다룬 내용뿐만 아니라 최신 개발 환경에서 고려해야 하는 부분, 장별로 추가 설명이 필요하거나 알아 두면 좋은 다양한 팁, 그리고 배운 내용을 빠르게 복습하고 점검할 수 있는 1분 퀴즈와 여러분의 실력을 한층 더 쌓을 수 있는 셀프체크가 더해져서 이 책이 완성됐습니다.

어린이가 머릿속으로 상상하던 그림을 새하얀 도화지에 그리듯, 여러분이 상상만 하던 멋진 프로그램을 스스로 만들게 될 겁니다. 쉽고 재미있게, 포기하지 않고 끝까지 공부하실 수 있도록 나도코딩이 도와드리겠습니다.

감사합니다.

나도코딩

지은이 소개 나도코딩(nadocoding@gmail.com)

누구나 쉽고 재미있게 코딩을 공부할 수 있도록 다양한 강의를 제공하는 유튜버이자 개발자다. 유튜브 강의를 통해 개발자로 취업에 성공하거나 업무 성과를 인정받아 승진했다는 등 감사 인사를 받을 때 가장 큰 보람과 희열을 느낀다. '예제를 통한 쉬운 설명', '군더더기 없는 깔끔한 강의'라는 수강평을 받은 이후로 이 2가지는 반드시 지키자는 다짐으로 새로운 강의 제작에 임하고 있다.

유튜브 https://www.youtube.com/@nadocoding

블로그 https://nadocoding.tistory.com

인프런 https://www.inflearn.com/users/@nadocoding

이 책의 구성

일상 속 재미있는 예제로 9가지 프로젝트를 완성하며 반복문, 조건문, 함수, 배열, 구조체, 포인터까지 쉽고 재미있게 배울 수 있습니다. 코딩을 처음 배우는 사람도 단계적 용어 설명과 친절한 지시선으로 막힘없이 따라 할 수 있습니다. 기본 설명 외에도 팁, 노트 등을 적재적소에 배치해 혼자 고민할 필요 없이 완벽한 코딩 자율학습으로 이끕니다.

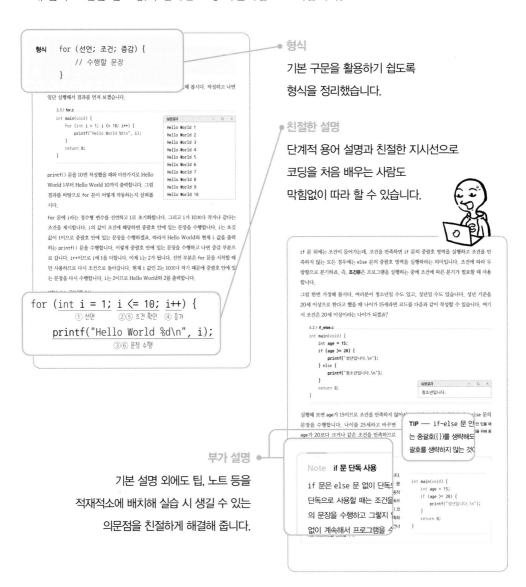

형식

기본 구문을 활용하기 쉽도록 형식을 정리했습니다.

친절한 설명

단계적 용어 설명과 친절한 지시선으로 코딩을 처음 배우는 사람도 막힘없이 따라 할 수 있습니다.

부가 설명

기본 설명 외에도 팁, 노트 등을 적재적소에 배치해 실습 시 생길 수 있는 의문점을 친절하게 해결해 줍니다.

1분 퀴즈

배운 내용을 간단한 퀴즈 문제로
바로바로 확인합니다.

1분 퀴즈

해설 노트 p.???

저장합니다. 📖에 들어갈 코드로 알맞은

갓을 고르세요.

```
char str[256];
printf("값을 입력하세요. : ");
(              )
printf("입력한 값은 %s입니다. \n", str);
```

① scanf_s("%c", str);   ② scanf_s("%s", str);

③ scanf_s("%c", str, sizeof(str));   ④ scanf_s("%s", str, sizeof(str));

8. 다음 빈칸에 공통으로 들어가는 수는 무엇일까요?

> 보기 ㄱ. 숫자 0의 아스키코드는 (   )이다.
> ㄴ. 하루는 24시간, 이틀은 (   )시간이다.

① 24   ② 48   ③ 65   ④ 97

셀프체크

단순한 코딩과 결과 확인식 설명에서 벗어나
원리를 이해했는지 직접 코드를 짜 보면서
확인합니다.

셀프체크

해설 노트 p.???

해 표시하는 프로그램을 함수로 만들어

보세요.

조건

1. 함수의 이름은 convert_time으로 합니다.
2. 함수는 전달값으로 영화의 상영 시간 정보인 분에 해당하는 정수형 값 1개를 받습니다.
   예 118분, 138분
3. 전달받은 분을 시간 + 분 단위로 변환해 출력합니다.
   예 118분 → 1시간 58분, 138분 → 2시간 18분
4. 함수의 반환값은 없습니다.

프로젝트: 물고기 키우기

프로젝트 학습 진도
게임 구성 이해하기
코드 따라 하기
코드 이해하기
직접 구현하기

앞에서 배운 포인터 변수를 사용해 '물고기 키우기' 게임을 작성해 보겠습니다. 비주얼 스튜디오
에서 **7.4_프로젝트.c**라는 새로운 파일을 만들고 기본 코드를 작성합니다.

게임 내용은 다시 정리하면 다음과 같습니다.

어항 6개에 물고기가 한 마리씩 들어 있습니다. 게임 화면 상단에는 레벨 표시와 막대가 있습니
다. 막대는 제한 시간을 의미합니다. 시간이 지남에 따라 막대가 채워지고 어항의 물은 조금
씩 줄어듭니다. 레벨 하나가 오르는 시간은 20초입니다. 레벨은 5가지 있고, 레벨이 올라갈수
록 물이 줄어드는 속도가 빨라집니다. 물이 다 증발하기 전에, 어항에 부지런히 물을 채워 물고
기를 살려야 합니다. 물은 어항 속 물고기를 클릭하거나 터치해서 줄 수 있습니다. 어항 속 물이
다 증발하면 물고기가 죽습니다. 5레벨이 끝나기 전에 모든 물고기가 죽으면 게임은 끝납니다.

그림 7-11 물고기 키우기 게임 개요

프로젝트

9가지 주요 로직을 만들어 보며 배운 문법을 어떻
게 활용할 수 있는지 익힙니다.
프로젝트마다 학습 진도를 확인할 수 있습니다.
게임 로직을 이해했다면 코드를 따라 하며 결과를
확인하고, 다시 본문을 읽으며 코드가 어떤 원리로
동작하는지 이해합니다.
프로젝트를 하나씩 끝내다 보면
어느새 C 프로그래밍 실력이
향상된 걸 느낄 수 있습니다.

코딩 자율학습단과 함께 공부하기

혼자 공부하기 어렵다면 코딩 자율학습단에 참여해 보세요. 코딩 자율학습단은 정해진 기간 안에 도서 1종을 완독하는 것을 목표로 합니다. 학습단 운영 기간에는 도서별 학습 가이드와 학습 Q&A를 제공하고, 완독을 독려하는 다양한 이벤트도 진행합니다.

학습단 제대로 활용하기 1. 학습 가이드 참고하기

코딩 초보자도 공부하기 쉽도록 도서마다 학습 멘토가 공부한 내용을 정리해 학습 가이드를 제공합니다. 혼자 공부하면서 이해하기 어려운 부분이 있다면 학습 가이드를 활용해 보세요.

학습단 제대로 활용하기 2. 질문 게시판 이용하기

공부하다가 모르거나 막히는 부분이 있다면 질문 게시판에 물어보세요. 튜터가 친절하게 답변해 드립니다.

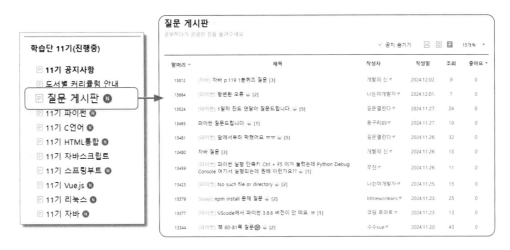

코딩 자율학습단 참여 방법

코딩 자율학습단 참여에 관한 자세한 내용은 코딩 자율학습단 공식 카페
(https://cafe.naver.com/gilbutitbook)의 공지사항에서 확인할 수 있습니다.

지원도 받고 공부도 하는 코딩 자율학습단 참여 혜택

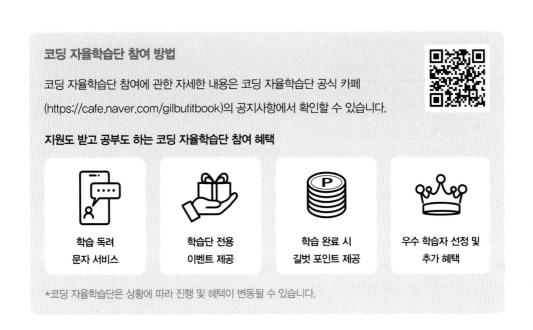

| 학습 독려 문자 서비스 | 학습단 전용 이벤트 제공 | 학습 완료 시 길벗 포인트 제공 | 우수 학습자 선정 및 추가 혜택 |

*코딩 자율학습단은 상황에 따라 진행 및 혜택이 변동될 수 있습니다.

목차

1장 Hello, C! 019

1.1 개발 환경 설정하기 ································· 021

1.2 첫 번째 C 프로그램 작성하기 ·················· 027

2장 프로그래밍의 기초: 변수와 상수, 입력과 출력 033

2.1 이 장에서 만드는 프로그램 ···················· 035

2.2 변수 ································· 036

2.2.1 C 소스 파일의 기본 구조 037

2.2.2 정수형 변수 041

2.2.3 주석 045

2.2.4 실수형 변수 048

2.3 상수 ································· 051

2.4 printf()로 출력하기 ··············· 053

2.5 scanf()로 입력받기 ··············· 056

2.5.1 숫자 입력받기 056

2.5.2 문자형 변수로 입력받기 058

2.6 프로젝트: 경찰 조서 쓰기 ···················· 062

마무리 ································· 065

셀프체크 068

3장 조건대로 반복하기: 반복문 069

3.1 이 장에서 만드는 프로그램 ··· 071

3.2 ++ 연산자 ·· 072

3.3 반복문의 종류 ·· 077

   3.3.1 for 문 078

   3.3.2 while 문 080

   3.3.3 do-while 문 082

3.4 이중 반복문 사용하기 ··· 085

   3.4.1 실습 1: 구구단 출력하기 087

   3.4.2 실습 2: 별표 출력하기 088

   3.4.3 실습 3: 오른쪽 정렬로 별표 출력하기 091

3.5 프로젝트: 피라미드를 쌓아라 ·· 094

마무리 ·· 098

   셀프체크 100

4장 조건에 따라 다른 일하기: 조건문 101

4.1 이 장에서 만드는 프로그램 ··· 103

4.2 조건에 따라 분기하기 ··· 105

   4.2.1 if-else 문 105

   4.2.2 if-else if-else 문 107

   4.2.3 AND와 OR 연산자 109

4.3 실행 중단하기 ··· 113

   4.3.1 break 문 113

   4.3.2 continue 문 116

4.4 여러 방향으로 분기하기 ··· 119

   4.4.1 난수 생성하기 119

4.4.2 switch 문   122

4.4.3 실습: 청소년 나이 구분하기   126

4.5 프로젝트: 숫자 맞히기 ··· 130

마무리 ·· 135

셀프체크   138

5장 같은 일 한곳에서 처리하기: 함수 139

5.1 이 장에서 만드는 프로그램 ·· 141

5.2 함수란 ··· 143

5.2.1 사칙연산하기   143

5.2.2 함수로 사칙연산하기   145

5.2.3 사용자 정의 함수   148

5.3 함수의 종류 ·· 152

5.3.1 반환값이 없는 함수   152

5.3.2 반환값이 있는 함수   153

5.3.3 전달값이 없는 함수   155

5.3.4 전달값이 있는 함수   157

5.3.5 반환값과 전달값이 있는 함수   157

5.4 사칙연산 함수 만들기 ·· 161

5.5 프로젝트: 비밀번호 마스터 ··· 165

5.5.1 문제 생성하기   166

5.5.2 정답 입력받기   169

5.5.3 전체 코드 확인하기   173

마무리 ·· 176

셀프체크   178

6장 여러 데이터 한번에 저장하기: 배열과 문자열 179

6.1 이 장에서 만드는 프로그램 ··· 181

6.2 배열이란 ·· 183

6.2.1 배열이 필요한 이유 183

6.2.2 배열 선언하기 184

6.3 배열 초기화하기 ··· 188

6.3.1 한 번에 초기화하기 188

6.3.2 일부 값 초기화하기 189

6.3.3 실수형 배열 초기화하기 190

6.4 문자열 다루기 ·· 192

6.4.1 배열에 문자열 저장하기 192

6.4.2 배열에 한글 저장하기 195

6.5 문자열 깊게 다루기 ··· 197

6.5.1 문자열 배열과 널 문자 197

6.5.2 문자열 입력받기 200

6.5.3 아스키코드 201

6.6 프로젝트: 자라나라 머리카락 ··· 204

6.6.1 조합할 약병 개수 정하기 204

6.6.2 조합할 약병 번호 선택하기 207

6.6.3 약병 조합과 결과를 화면에 표시하기 209

6.6.4 정답 입력받기 211

6.6.5 전체 코드 확인하기 212

마무리 ··· 215

셀프체크 216

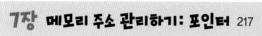

7장 메모리 주소 관리하기: 포인터 217

7.1 이 장에서 만드는 프로그램 ···································· 219

7.2 포인터란 ··· 221

7.2.1 변수와 메모리의 관계 221

7.2.2 포인터로 다른 변수의 주소와 값 알아내기 223

7.2.3 포인터로 다른 변수의 값 바꾸기 227

7.2.4 포인터 추가하기 229

7.3 포인터로 배열 다루기 ··· 235

7.3.1 포인터로 배열에 접근하기 235

7.3.2 실습 1: 포인터로 두 변수의 값 교환하기 240

7.3.3 실습 2: 포인터로 배열의 값 바꾸기 246

7.4 프로젝트: 물고기 키우기 ····································· 250

7.4.1 게임 초기화하고 시작 시간 설정하기 251

7.4.2 어항 물 높이 출력하기 253

7.4.3 경과 시간 표시하기 256

7.4.4 어항 물 높이 줄이기 258

7.4.5 어항에 물주기 260

7.4.6 레벨 올리고 게임 종료하기 262

7.4.7 전체 코드 확인하기 266

마무리 ··· 271

셀프체크 272

8장 배열에 배열 더하기: 다차원 배열 273

8.1 이 장에서 만드는 프로그램 ···································· 275

8.2 다차원 배열이란 ··· 277

8.3　다차원 배열 다루기 ··· 280

8.3.1　다차원 배열 초기화하기　280

8.3.2　다차원 배열의 요소에 접근하기　282

8.3.3　다차원 배열 사용하기　284

8.4　프로젝트: 동물 카드 뒤집기 ······························· 290

8.4.1　카드 초기화하기　290

8.4.2　동물 이름 저장하기　292

8.4.3　카드 섞기　294

8.4.4　카드 뒤집기　300

8.4.5　같은 동물인지 확인하기　306

8.4.6　게임 종료하기　309

8.4.7　전체 코드 확인하기　310

마무리 ··· 317

셀프체크　318

9장　다양한 자료형 하나로 묶기: 구조체 321

9.1　이 장에서 만드는 프로그램 ······························· 323

9.2　구조체란 ·· 325

9.2.1　구조체 정의하기　325

9.2.2　구조체 변수 선언하기　327

9.2.3　구조체 배열 만들기　330

9.3　구조체 사용하기 ··· 333

9.3.1　구조체 포인터 사용하기　333

9.3.2　구조체 안에 구조체 사용하기　336

9.4　typedef로 구조체 선언하기 ··························· 340

9.5　프로젝트: 너, 내 집사가 되어라 ···················· 346

9.5.1　고양이 정보 초기화하기　346

9.5.2　큰 상자에서 고양이 뽑기　348

9.5.3 작은 상자에 고양이 모으기 352

9.5.4 전체 코드 확인하기 355

마무리 359

셀프체크 361

10장 파일에 데이터 저장하기: 파일 입출력 363

10.1 이 장에서 만드는 프로그램 365

10.2 문자열 단위로 파일 입출력하기 367

10.2.1 fputs( ) 함수로 파일 쓰기 367

10.2.2 fgets( ) 함수로 파일 읽기 372

10.3 형식을 지정해 파일 입출력하기 377

10.3.1 fprintf( ) 함수로 파일 쓰기 378

10.3.2 fscanf( ) 함수로 파일 읽기 379

10.4 프로젝트: 비밀 일기 프로그램 만들기 383

10.4.1 비밀번호 입력받기 383

10.4.2 비밀번호 확인하기 386

10.4.3 일기장 읽고 쓰기 388

10.4.4 전체 코드 확인하기 391

마무리 397

셀프체크 399

해설 노트 401

index 415

1장

Hello, C!

미술 시간을 떠올려 봅시다. 미술 시간에는 다양한 활동을 합니다. 종이접기도 하고 찰흙이나 지점토로 무언가를 만들기도 하지요. 그런데 이런 활동을 하기 전에 필요한 것이 있습니다. 바로 준비물인데요. 활동에 따라 필요한 준비물도 달라집니다. 그림 그리기라면 종이, 연필, 물감, 물통 등 도구를 먼저 준비해야 합니다.

이와 비슷하게 프로그램을 작성할 때도 가장 먼저 필요한 준비 과정이 있는데, 이를 **개발 환경 설정**이라고 합니다. 사용하는 PC의 운영체제 또는 개발 언어에 따라 서로 다른 다양한 환경 설정 방법이 있지만, 일반적으로는 본인에게 가장 편하거나 익숙한 도구를 이용하는 것이 좋습니다. 프로그램을 작성하다 보면 실수로 오타가 날 수도 있고 잘 동작하지 않는 부분이 있을 때 왜 그런지 확인도 해야 합니다. 이런 부분을 빠르고 쉽게 해결하도록 지원해 주는 환경에서 개발한다면 생산성이 더 높아지겠지요.

세상에는 다양한 운영체제가 있지만, 이 책에서는 마이크로소프트의 Windows를 기준으로 설명합니다. 또한, C 언어로 개발할 때 가장 많이 사용하고 설치부터 실행까지 초보자도 쉽게 따라할 수 있는 Visual Studio(이하 비주얼 스튜디오)라는 도구를 사용한 개발 환경에서 공부하겠습니다.

참고로, 비주얼 스튜디오는 통합 개발 환경(IDE, Integrated Development Environment)입니다. IDE는 프로그램 개발과 관련한 모든 작업을 처리할 수 있는 환경을 제공하는 도구입니다.

1.1

개발 환경 설정하기

비주얼 스튜디오를 사용할 수 있게 개발 환경을 설정해 보겠습니다.

1. 웹 브라우저에서 구글 웹사이트를 엽니다. **Visual Studio 다운로드**라고 검색해서 첫 번째로 나오는 링크를 클릭합니다. 또는, 웹 브라우저 주소 창에 https://visualstudio.microsoft.com/ko/downloads를 직접 입력해 비주얼 스튜디오 다운로드 페이지에 바로 접속해도 됩니다.

   비주얼 스튜디오 다운로드 페이지로 가면 버전이 몇 가지 보입니다. 여기서는 무료로 제공하는 커뮤니티 버전을 사용하겠습니다. 커뮤니티 버전 아래에 보이는 **무료 다운로드**를 클릭하면 페이지가 바뀌고 파일이 자동으로 내려받아집니다. 이 책에서는 비주얼 스튜디오 2022를 사용하지만, 버전은 계속 업데이트되므로 다운로드할 때 최신 버전을 받으면 됩니다.

   > **Note macOS에서 개발 환경 설정하기**
   >
   > 이 책은 Windows를 기준으로 설명합니다. 운영체제가 macOS라면 별도의 개발 환경 설정이 필요하므로 다음 링크를 참고해 주세요. 소스 코드도 따로 제공됩니다.
   >
   > • Xcode로 실습 시: https://nadocoding.tistory.com/94
   > • VSCode로 실습 시: https://nadocoding.tistory.com/95
   > • macOS용 소스 코드: https://nadocoding.tistory.com/96

그림 1-1 비주얼 스튜디오 다운로드 페이지

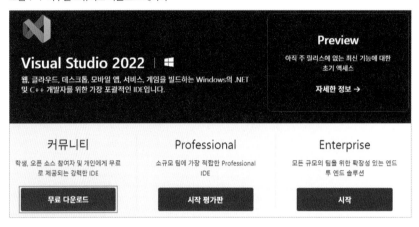

Note **버전과 에디션**

앞에서 여러 버전이 있다고 했는데, 사실 버전(version)보다는 에디션(edition)이 맞는 표현입니다. 에디
션은 같은 버전의 프로그램에서 기능에 차이가 있거나 일부 기능에 제한이 있을 때를 구분하는 표현이
고, 버전은 기능이 향상됐을 때 사용하는 표현입니다. 다운로드 페이지를 보면 커뮤니티, Professional,
Enterprise 3가지 에디션이 있습니다. 그리고 Visual Studio 2022는 비주얼 스튜디오의 2022 버전
을 의미합니다. 비주얼 스튜디오는 Visual Studio 97 (5.0)부터 시작해 현재(집필 당시) Visual Studio
2022 버전까지 출시됐습니다. 다른 프로그램에서는 구분해서 사용하기도 하지만, 비주얼 스튜디오 공
식 홈페이지에서도 에디션 대신에 버전이라고 사용하니 혼용해도 상관없습니다.

---

2. 다운로드 폴더로 가서 내려받은 파일을 클릭합니다. 그러면 설치 마법사가 실행됩니다. 첫
번째 화면이 보이면 **계속** 버튼을 클릭하세요. 파일이 다운로드되고 설치가 진행됩니다.

그림 1-2 비주얼 스튜디오 설치 마법사 실행

3. 다운로드가 끝나면 다음과 같이 설치할 항목을 선택하는 화면이 나타납니다. 화면 중간에 있는 **C++를 사용한 데스크톱 개발**을 체크하고 아래 **설치** 버튼을 클릭합니다. 용량이 꽤 커서 설치하는 데 시간이 좀 걸립니다.

그림 1-3 설치 세부 정보 선택

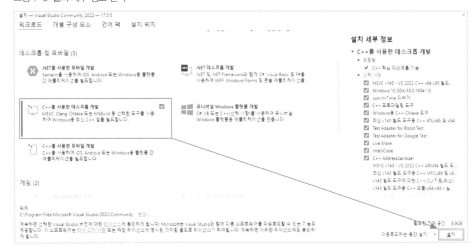

4. 설치가 끝나면 다시 시작하라는 메시지 창이 뜹니다. **다시 시작** 버튼을 클릭해 PC를 재부팅 하세요. PC를 재부팅하고 나면 Windows 검색 창에서 **Visual Studio 2022**를 검색합니다. 검색 화면에 프로그램이 보이면 클릭해 실행합니다.

그림 1-4 재부팅 후 프로그램 실행

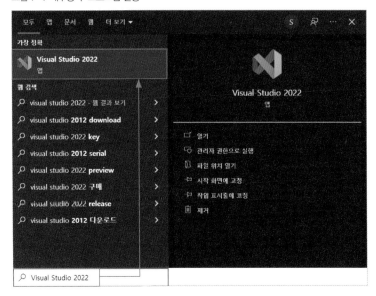

5. 비주얼 스튜디오가 실행되며 로그인 화면이 뜹니다. 계정이 있으면 로그인해도 되고 없으면 **나중에 로그인**을 클릭하고 넘어갑니다. 다음 화면에서 개발 설정은 **Visual C++**로, 색 테마는 원하는 걸로 고르세요. 선택하고 나면 **Visual Studio 시작**을 클릭합니다.

TIP ── 비주얼 스튜디오를 처음 설치하면 로그인하지 않아도 사용할 수 있습니다. 그러나 30일 정도 지나면 로그인 창이 계속 뜹니다. 무시해도 되나 창이 계속 떠서 불편하다면 계정으로 로그인하세요. 계정이 없으면 새로 생성하면 됩니다. 계정 생성은 무료입니다.

그림 1-5 로그인 및 환경 설정

6. 시작 화면이 나오면 오른쪽 밑에 있는 **새 프로젝트 만들기**를 클릭합니다.

그림 1-6 새 프로젝트 만들기

7. 새 프로젝트 만들기 화면에서는 프로젝트 종류를 고를 수 있습니다. 오른쪽 화면에서 가장 위에 있는 **빈 프로젝트**를 선택하고 **다음** 버튼을 클릭합니다. 종류가 많아서 고르기 어렵다면 상단의 모든 언어 부분을 **C++**로 바꿔 필터링하세요.

그림 1-7 프로젝트 종류 선택

8. 새 프로젝트 구성 화면이 나오면 프로젝트 이름을 적습니다. 여기서는 **MyProject**라고 입력하고, 나머지는 그대로 둔 상태로 **만들기** 버튼을 클릭합니다.

그림 1-8 새 프로젝트 구성

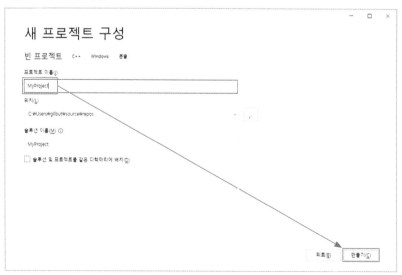

9. 비주얼 스튜디오의 편집기 화면이 보입니다. 이제 C 언어로 코드를 작성할 수 있는 도구가 준비됐습니다. 앞으로 이 화면에서 프로그램을 작성합니다.

그림 1-9 비주얼 스튜디오 편집기 화면

1.2

첫 번째 C 프로그램 작성하기

비주얼 스튜디오를 제대로 설치했는지 간단한 코드로 확인해 봅시다.

1. 비주얼 스튜디오 화면 왼쪽에 솔루션 탐색기가 있습니다. 여기에 **1.1 개발 환경 설정하기**에서 만든 MyProject가 보이고 그 아래에 **소스 파일**이 있습니다. 소스 파일에서 마우스 오른쪽 버튼을 눌러 팝업 메뉴가 나오면 **추가 → 새 항목**을 클릭합니다.

그림 1-10 새 파일 추가

2. 새 항목 추가 창이 뜨면 왼쪽 메뉴에서 **Visual C++**를 선택합니다. 가운데 있는 항목 중 **C++ 파일(.cpp)**을 선택하고 아래 이름란에 **helloworld.c**라고 적습니다(이름은 원하는 대로 적어도 되지만, 여기서는 연습을 위해 책과 똑같이 입력해 보세요). **추가** 버튼을 클릭합니다. 이때 구분 기호(.) 뒤에 붙은 c를 **확장자**라고 합니다. 확장자를 c라고 넣으면 C 언어 파일이 생성되고, cpp라고 적으면 C++ 언어 파일이 생성됩니다.

그림 1-11 새 파일 구성

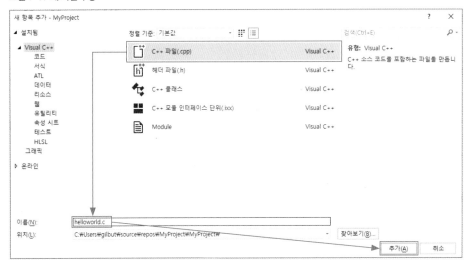

3. 솔루션 탐색기를 보면 MyProject 밑에 helloworld.c 파일이 생기고 오른쪽에 입력할 수 있는 창이 열립니다. 여기에 다음 코드를 작성해 보세요. 이 코드가 무엇인지 몰라도 됩니다. 지금은 무작정 따라 작성하면 됩니다.

helloworld.c

```
#include <stdio.h>

int main() {
    printf("Hello World \n");
}
```

코드를 작성할 때 여는 괄호를 입력하면 닫는 괄호가 자동으로 입력됩니다. 중괄호 안에 문장을 작성하고 나서 마지막에 문장의 끝을 나타내는 **세미콜론(;)**을 꼭 붙여 주세요.

그림 1-12 코드 입력

그림 1-13 서체 바꾸기

○ 계속

옵션 창이 나오면 **환경 → 글꼴 및 색**에서 글꼴 부분을 코드 서체로 변경합니다. 그러면 원화 기호가 역슬래시로 표시됩니다. 이때 코드 서체가 컴퓨터에 설치되어 있어야 합니다.

그림 1-14 코드 서체 선택

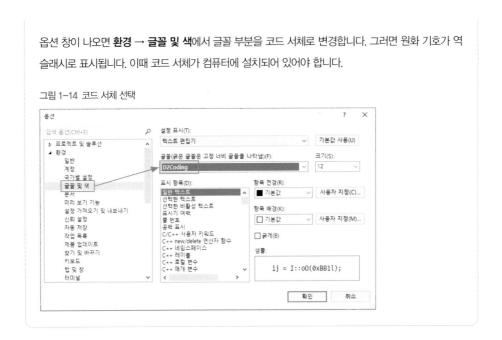

4. 앞에서 작성한 코드는 **Hello World**라는 글자를 화면에 출력하는 명령입니다. printf( )를 적고 소괄호 안에 출력하고 싶은 내용을 ""(큰따옴표) 사이에 넣으면 해당 내용이 출력됩니다. 맞는지 확인해 봅시다. 파일을 저장(Ctrl + S)하고 상단 메뉴에서 **디버그 → 디버그하지 않고 시작**(Ctrl + F5)을 선택합니다.

그림 1-15 실행하기

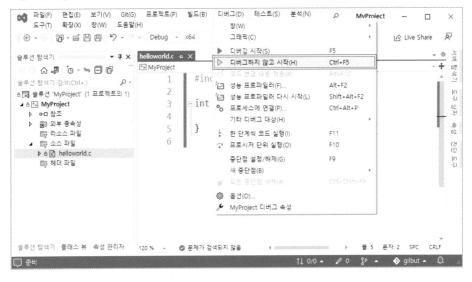

5. 화면 하단에 출력 창이 생기면서 설명이 나오고 프로그램이 실행됩니다. 다음과 같은 콘솔 창이 뜨고 **Hello World**라는 글자가 출력됩니다. 콘솔 창이 뜨지 않고 오류가 발생한다면 입력한 코드에 오타가 있는지 확인하세요. 큰따옴표나 세미콜론을 누락했는지도요.

그림 1-16 실행결과

Note **콘솔 창 출력 내용 변경하기**

콘솔 창의 실행결과에 **그림 1-16**처럼 '~(프로세스 *****개)이(가) 종료되었습니다(코드: 0개)'와 같은 문구가 나타날 수 있습니다. 이는 코드가 정상적으로 실행되고 종료됐다는 뜻입니다. 그런데 이 문구가 필요 없다면 이를 없애고 깔끔하게 출력하는 방법이 있습니다.

서체를 변경할 때처럼 비주얼 스튜디오의 상단 메뉴에서 **도구 → 옵션**을 선택합니다. 옵션 창이 뜨면 왼쪽 메뉴에서 **디버깅 → 일반**을 선택합니다. 오른쪽 목록을 스크롤해서 끝쪽에 **디버깅이 중지되면 자동으로 콘솔 닫기**를 체크하고 **확인** 버튼을 클릭합니다.

그림 1-17 옵션 메뉴 선택

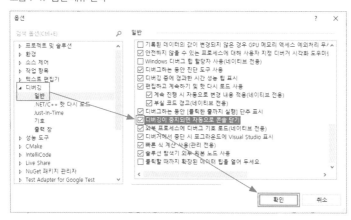

다시 실행해 보면 종료 문구가 표시되지 않습니다.

그림 1-18 설정 후 콘솔 창

◐ 계속

그런데 2022년 7월 26일에 배포된 비주얼 스튜디오 17.2.6 버전에서 이 옵션을 켜면 Ctrl + F5 로 실행했을 때 콘솔 창이 유지되지 않고 닫히는 현상이 있습니다. 이럴 때는 main() 함수의 return 문 바로 윗줄에 사용자 입력을 대기하는 (void) getchar();라는 문장을 추가하세요. 사용자가 Enter 를 입력할 때까지 콘솔 창이 꺼지지 않고 대기하게 할 수 있습니다.

```
int main(void) {
    // 코드
    (void) getchar(); // 기존 코드에 이 부분 추가
    return 0;
}
```

코드마다 추가해야 하므로 종료 문구가 불편하지 않다면 옵션을 설정하지 않고 사용해도 됩니다.

1장에서는 비주얼 스튜디오를 설치하고 간단한 프로그램을 작성해 봤습니다. 이제 C 언어로 개발할 수 있는 환경이 준비됐습니다. 다음 장부터는 본격적으로 C 언어를 배워 보겠습니다.

2장

프로그래밍의 기초: 변수와 상수, 입력과 출력

이 장에서는 프로그래밍에서 가장 기초가 되는 변수와 상수 그리고 데이터를 입력받고 출력하는 방법을 공부합니다. 또한, 2장부터는 게임 프로그램을 하나씩 소개합니다. 본문에서 배운 내용을 어떻게 활용하는지 확인할 수 있는 아주 간단한 게임이지만, 모바일 게임 엔진으로 개발한 프로그램입니다. 그래서 실제 프로그램은 GUI(Graphical User Interface)까지 적용해 이 책에서 다루는 내용보다 훨씬 복잡한 코드로 작성되어 있습니다. 그런데 이 책의 목적은 완전한 게임 프로그램을 만드는 것이 아닙니다. C 프로그래밍의 개념을 이해하고 C 언어를 사용하는 방법을 배우는 것입니다. 로직을 이해하기 쉽도록 완성된 게임 프로그램을 예시로 설명하지만, 실제로는 텍스트 코드만 작성합니다. 이 점을 꼭 참고해 주세요.

2.1

이 장에서 만드는 프로그램

프로그램 실행
영상 보기

이 장에서는 만드는 게임은 '경찰 조서 쓰기'라는 간단한 프로그램입니다. 초기 화면에 있는 시작하기를 누르면 다음 화면으로 넘어갑니다. 다음 화면에서 경찰관이 몇 가지 질문을 합니다. 첫 번째로 '이름이 뭐예요?'라고 묻습니다. '이곳에 입력하세요' 부분을 누르면 입력 창이 뜹니다. 여기에 이름을 입력하고 OK 버튼을 클릭합니다. 화면 아래 화살표를 누르면 다음 질문이 나옵니다. 몇 가지 질문이 계속 나오는데, 여기에 모두 답하고 나면 마지막에 작성한 내용이 조서 형식으로 나옵니다.

그림 2-1 경찰 조서 쓰기 게임 구성

이것이 '경찰 조서 쓰기' 게임의 전부입니다. 화면을 제외하면 작성할 내용이 많지 않습니다. 2장을 배우고 나면 게임의 핵심 로직을 구현할 수 있습니다. 그럼 바로 시작해 보겠습니다.

2.2

변수

먼저 파일을 하나 만듭니다. 프로젝트는 앞에서 만든 프로젝트를 그대로 사용해도 되고 새로 만들어도 됩니다. 이 책에서는 장마다 새 프로젝트를 만들겠습니다. 프로젝트를 새로 만들려면 상단 메뉴에서 **파일 → 새로 만들기 → 프로젝트**를 선택합니다. 나머지는 **1.2 첫 번째 C 프로그램 작성하기**를 따라 하면 됩니다. 프로젝트 이름은 각자 원하는 대로 작성해 주세요. 여기서는 **ch2**로 하겠습니다.

그림 2-2 새 프로젝트 생성

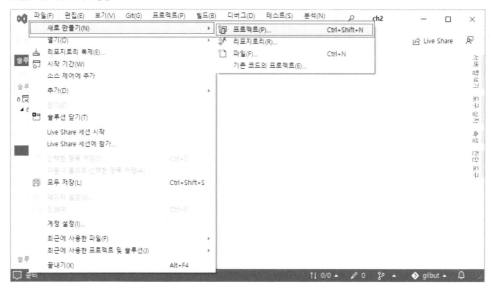

솔루션 탐색기의 프로젝트 아래에 있는 **소스 파일**에서 마우스 오른쪽 버튼을 클릭해 메뉴를 불러옵니다. 메뉴에서 **추가 → 새 항목**을 선택해 새 항목 추가 창을 띄웁니다. C++ 파일을 선택하고 이름은 **printfscanf.c**라고 넣겠습니다. 이름은 각자 원하는 대로 작성해도 상관없지만 확장자는 cpp가 아닌 c로 꼭 적어 주세요. 이름을 적고 나면 **추가** 버튼을 클릭합니다.

그림 2-3 새 파일 생성

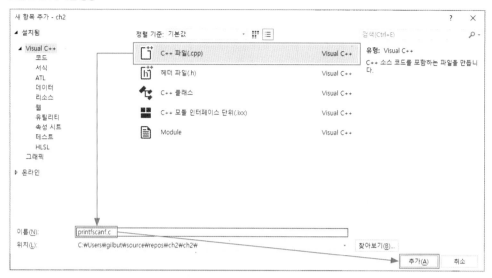

TIP —— 이 책에서는 예제 파일을 내용별로 나눈 파일과 장별로 모은 통합 파일, 두 종류로 제공합니다. 내용별 파일은 **절 번호**와 내용을 파일명(예, 2.2.2_정수형변수.c)으로 작성했습니다. 장별 통합 파일은 각 장 도입부에서 제시한 파일명(예, printfscanf.c)과 동일하게 작성했습니다. 책에는 참고하기 쉽게 내용별 파일명을 표시해 뒀습니다.

2.2.1 C 소스 파일의 기본 구조

파일이 생성되면 화면 오른쪽에 빈 파일이 열립니다. 여기에 다음 코드를 입력해 보세요. 1장에서 작성한 코드와 거의 동일하고 마지막에 return 문만 추가했습니다.

2.2.1 C소스파일.c
```c
#include <stdio.h>

int main(void) {
    printf("Hello World\n");
    return 0;
}
```

다 작성하고 나면 Ctrl + F5를 눌러 실행합니다. 앞에서 배운 내용이니 'Hello World'가 출력된다는 걸 알 겁니다.

그림 2-4 실행결과

이 코드는 대부분 C 언어 책에서 시작 부분에 기본으로 소개합니다. 이 코드를 중심으로 C 소스 파일의 구조를 간단히 살펴보겠습니다.

Note **인라인 힌트**

비주얼 스튜디오에서 코드를 작성하다 보면 문자열 앞에 다음과 같이 회색으로 표시되는 글자가 자동으로 입력될 때가 있습니다. 비주얼 스튜디오에 새로 생긴 **인라인 힌트**(Inline Hint)라는 기능으로, 명령어(함수)에 어떤 데이터를 넣을 수 있는지 힌트를 보여 줍니다.

그림 2-5 인라인 힌트

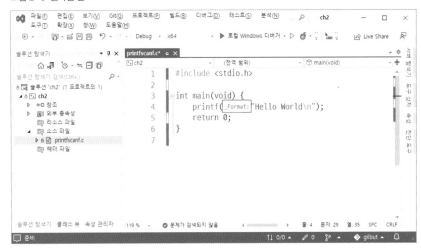

비주얼 스튜디오를 설치하면 기본으로 활성화되는데, 입문자에게는 오히려 불편할 수 있으니 기능을 꺼 두는 것이 좋습니다. 해당 글자를 선택한 상태에서 Ctrl을 **두 번 누르면** 비활성화됩니다. 또는, **옵션 창**(도구 → 옵션)을 열고 **텍스트 편집기** → **C/C++** → **IntelliSense** 항목을 선택합니다. 오른쪽 옵션에서 **인라인 힌트 표시**의 체크를 해제하고 **확인** 버튼을 클릭하면 기능이 비활성화됩니다.

그림 2-6 인라인 힌트 표시 옵션 해제

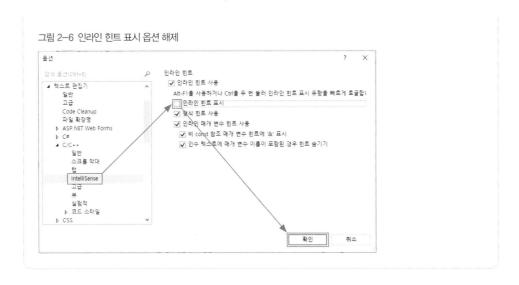

C 소스 파일의 기본 구조는 다음과 같습니다. 앞으로 작성하는 프로그램은 기본 구조를 기반으로 필요한 내용을 추가합니다.

형식   #include <stdio.h>

```
int main(void) {
    // 함수 본문
    return 0;
}
```

첫 줄의 #include는 **전처리기 지시문**(preprocessor directive)이라고 합니다. C 언어로 코드를 작성하면 이를 컴퓨터가 알아들을 수 있는 기계어로 번역하는 과정이 필요합니다. 이를 **컴파일**(compile)이라고 하고, 이 역할을 하는 프로그램을 **컴파일러**(complier)라고 합니다. 이 책에서 사용하는 비주얼 스튜디오가 바로 컴파일러 역할을 합니다.

코드를 작성하는 사람은 컴파일하기 전에 컴파일에 필요한 것들을 컴파일러에 알려 줘야 합니다. 이때 사용하는 것이 전처리기 지시문입니다. 전처리기 지시문은 #으로 시작하고, 뒤에 붙는 지시자에 따라 용도가 달라집니다. #include는 가장 많이 사용하는 지시문으로, 지정한 파일을 코드에 포함하라는 뜻입니다.

지시문 뒤에 파일을 표시하는 방법은 2가지입니다. 예제처럼 홑화살괄호(<>)로 파일을 추가하면 컴파일러가 있는 폴더에서 해당 파일을 찾습니다. 보통 C 언어에 정의된 표준 파일을 추가할 때 사용합니다. 또는, 큰따옴표("")로 추가하기도 합니다. 큰따옴표를 사용하면 현재 소스 코드가 있는 폴더에서 해당 파일을 찾습니다. 보통 직접 작성한 파일을 코드에 포함할 때 사용합니다.

stdio.h는 표준 입출력(Standard Input Output) 함수를 포함한 **헤더 파일**(header file)입니다. 헤더 파일은 확장자가 h인 파일로, 다른 파일에 정의된 상수나 변수, 함수 등을 사용하기 위해 만들어졌습니다. stdio.h 파일에는 앞에서 사용한 printf() 함수나 scanf() 함수 등 입출력 관련 함수들이 선언되어 있습니다. 그래서 stdio.h 파일을 추가하면 예제 코드처럼 추가 작업 없이 printf() 함수를 바로 사용할 수 있습니다.

int main(void) {}는 main이라는 이름의 함수 정의를 나타냅니다. 함수에 관한 내용은 **5장 함수**에서 다루니 여기서는 구조만 간단히 살펴보겠습니다. main() 함수는 모든 프로그램의 시작점으로, 한 프로젝트 안에 반드시 하나만 존재합니다. 프로그램을 실행하면 전처리기 지시문을 제외하고 가장 먼저 실행됩니다. 그래서 main() 함수가 없으면 프로그램이 실행되지 않고 오류가 발생합니다.

앞에 붙은 int는 main() 함수가 반환하는 값의 자료형입니다. 뒤에서 배우지만 int는 정수형을 나타냅니다. 따라서 main() 함수가 반환하는 값이 정수라는 의미입니다. 소괄호 안에 든 void는 함수가 전달받는 값인데, void를 넣으면 전달받는 값이 없다는 뜻입니다. 중괄호({}) 안에는 함수 본문을 작성하고, 여는 괄호와 닫는 괄호가 모두 있어야 정상적으로 작동합니다. 함수 본문은 main() 함수의 시작 위치보다 4칸 들여 씁니다.

TIP — 전달값에 관해서는 **5.2.2 함수로 사칙연산하기**에서 자세히 다룹니다. 여기서는 main() 함수에서 전달받는 값이 없다고만 알아 두세요.

예제 코드의 main() 함수 안에는 문장이 2개 있습니다. 명령어는 한 줄에 한 문장씩 작성합니다. 예제에서는 문장이 2개이니 줄바꿈해서 작성합니다. 첫 번째 문장의 printf() 함수는 () 안 내용을 화면에 출력하라는 의미의 명령어입니다. 출력하고 싶은 내용은 소괄호 안에 넣으면 해당 내용이 화면으로 출력됩니다. 그리고 문장마다 마지막에는 문장의 끝을 나타내는 세미콜론을 넣습니다. 함수 마지막에는 return 문을 넣습니다. return 문은 **5.2.3 사용자 정의 함수**에서 배우니 여기에서는 이를 마지막에 넣는다고만 알아 두세요.

2.2.2 정수형 변수

기본 구조를 알아봤으니 이제 이 장의 주제인 변수를 공부해 봅시다. 수학에서 **변수**(變數)는 변하는 수(값)입니다. 나중에 배울 **상수**(常數)는 변수와 반대로 변하지 않는 수(값)이고요. 예를 들어, 경찰 조서 쓰기 프로그램에서 경찰관이 '몇 살이에요?'라고 물었을 때 '20'이라고 대답했다고 합시다. 그런데 20살인 사람이 평생 20살은 아니죠. 해가 바뀌면 21살이 됩니다. 그래서 나이는 상수가 아니라 변수입니다.

앞의 나이를 코드로 표현하면 다음과 같습니다.

```
int age = 20;
```

먼저 int는 자료형을 나타냅니다. 자료형은 데이터(data)의 형태를 나타냅니다. 데이터는 프로그래밍에서 사용하는 여러 값을 의미합니다. 자료형은 값에 따라 정수형, 실수형, 문자형 등이 있습니다. 정수형은 정수를 나타낼 때 쓰고, 실수형은 실수를, 문자형은 문자를 나타낼 때 씁니다. int는 이 중에서 정수형에 속합니다.

> **Note 정수와 실수**
>
> 중고등학교 때 배운 정수와 실수를 잠시 떠올려 보겠습니다. 정수는 …, −2, −1, 0, 1, 2, …처럼 0과, 1부터 시작해 하나씩 더해 얻어지는 수인 자연수와, 자연수의 음수를 이르는 말입니다. 실수는 정수보다 더 큰 범위의 수로, −2.7, 1.3처럼 정수에 소수점이 붙은 수입니다. 그러면 12와 46.5는 정수일까요? 실수일까요? 12는 소수점이 없으니까 정수이고, 46.5는 소수점이 있으니까 실수입니다.

age는 변수의 이름(변수명)을 나타냅니다. 여기서는 변수명을 age라고 넣었는데, 여러분이 원하는 대로 작성해도 됩니다. 하지만 어떤 값을 가지는지 변수명만으로도 누구나 알 수 있게 작성하길 권합니다. 그래서 age처럼 변수에 들어가는 값과 연관된 영어 단어로 작성하는 것이 좋습니다.

뒤에 있는 숫자 20은 자료형에 해당하는 값입니다. 20은 정수죠. 그래서 앞에 자료형으로 int를 씁니다.

변수와 값 사이에 **등호**(=)가 있습니다. 등호는 프로그래밍 언어에서 **대입 연산자**로 사용합니다. 대입한다는 것은 **값을 저장한다**는 뜻입니다. 따라서 이 문장은 정수 20을 age라는 변수에 저장하라는 의미가 됩니다. 그리고 문장이 끝나기 때문에 끝에 세미콜론을 넣어 줍니다.

변수 선언과 초기화

변수를 만들어 값을 넣었습니다. 그런데 변수를 만드는 이유는 뭘까요? 프로그래밍에서 값을
사용하려면 컴퓨터가 값을 기억해야 합니다. 값을 기억하는 역할은 컴퓨터의 메모리가 합니다.
변수를 만들면 컴퓨터는 값을 저장하겠다는 신호로 알고 메모리에 변수명으로 공간을 할당합니
다. 이 과정을 **변수 선언**이라고 합니다. 변수에 넣을 값의 자료형과 변수명을 작성하고 세미콜론
을 붙이면 변수 선언은 끝납니다.

형식   자료형 변수명;

변수를 선언하고 나면 메모리에 변수명으로 된 공간이 생깁니다. 여기에 대입 연산자를 사용해
변수에 값을 넣어 저장합니다. 변수에 처음 넣는 이 값을 **초깃값**이라고 하고, 초깃값을 넣는 과
정을 **초기화**라고 합니다.

형식   자료형 변수명 = 값;

초기화는 변수를 선언한 후 따로 할 수도 있고, 앞에서처럼 변수를 선언할 때 동시에 할 수도 있
습니다.

```
int age; // 변수 선언
age = 20; // 변수 초기화
// 또는
int age = 20; // 변수 선언과 동시에 초기화
```

변수의 선언과 초기화 과정을 그림으로 표현하면 다음과 같습니다.

그림 2-7 변수 선언과 초기화

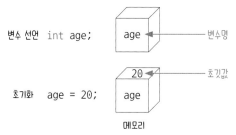

변수를 사용하려면 이와 같이 변수를 선언하고 초기화해야 합니다.

변수 사용하기

변수를 선언하고 초기화했으니 사용해 봅시다. 실제로 변수에 값이 잘 들어가는지 한번 출력해 볼까요? 앞에 작성한 코드를 활용해 다음과 같이 작성합니다.

TIP —— 기존 코드에 추가된 내용은 굵게 표시합니다. 이후 동일합니다.

2.2.2 **정수형변수.c**
```c
#include <stdio.h>

int main(void) {
    int age = 20;
    printf("%d\n", age);
    return 0;
}
```

실행결과 — □ ×
20

코드에서 printf() 함수의 큰따옴표("") 사이에 넣은 %d는 정수형 값을 출력하라는 의미입니다. 쉼표(,) 다음에 있는 값이 %d 자리에 들어가서 출력되는데, 이때 %d를 **서식 지정자**(format specifier)라고 합니다. 서식 지정자의 유형은 출력할 값의 자료형에 따라 달라집니다. 여기서는 변수 age의 값이 정수 20이라서 정수형을 나타내는 서식 지정자 %d를 넣습니다.

또한, 지금은 출력할 값이 하나뿐이지만, 값이 여러 개일 수도 있습니다. 그럴 때는 서식 지정자를 출력할 값의 개수만큼 넣고 띄어 쓰면 됩니다. 그리고 서식 지정자에 넣을 값들은 쉼표로 구분해 넣으면 되고요.

서식 지정자는 컴퓨터가 데이터를 어떻게 해석해야 하는지 알려 주는 텍스트나 기호로, **형식 지정자**라고도
합니다. 대표적인 서식 지정자는 다음과 같습니다.

표 2-1 주요 서식 지정자

자료형	서식 지정자	설명
int	%d	값이 정수일 때
float	%.nf	값이 실수일 때, n은 출력할 소수점 이하 자릿수, n + 1 자리에서 반올림
double	%.nlf	값이 실수일 때, n은 출력할 소수점 이하 자릿수, n + 1 자리에서 반올림
char	%c	값이 문자일 때
	%s	값이 문자열일 때

%d 뒤에는 \n을 넣어 줄바꿈합니다. 꼭 넣어야 하는 것은 아니지만, 출력할 내용이 많을 때는 구
분할 수 있게 넣는 것이 좋습니다.

앞에서 나이는 변수라고 했죠. 따라서 age라는 변수는 20으로 값이 고정된 것이 아닙니다. 그럼
변수의 값이 바뀌어도 제대로 출력되는지 확인해 봅시다.

2.2.2 **정수형변수.c**

```c
#include <stdio.h>

int main(void) {
    int age = 20;
    printf("%d\n", age);
    age = 21;
    printf("%d\n", age);
    return 0;
}
```

실행결과

```
20
21
```

처음에는 age의 값에 20을 넣어 출력하고 다시 21을 넣어 출력하게 했습니다. Ctrl + F5로 실
행해 보면 첫 번째는 20이 출력되고, 두 번째는 21이 출력됩니다.

이처럼 변수는 저장된 값이 바뀔 수 있습니다. 또한, 코드를 보면 처음에는 int age = 20;이라

고 썼지만, 다음에는 int를 쓰지 않았습니다. 이처럼 변수를 처음 만들 때(변수를 선언할 때)는 자료형을 명시해야 하지만, 선언한 변수에 다시 값을 넣을 때는 자료형을 넣지 않아도 됩니다.

지금까지 배운 내용을 정리하면 다음과 같습니다.

형식
```
int 변수명 = 값; // 정수형 변수 선언 및 초기화
printf("%d\n", 변수명); // 정수형 변수의 값 출력하기
변수명 = 값; // 변수의 값 바꾸기
```

2.2.3 주석

실수형 변수로 넘어가기 전에 주석에 관해 배워 봅시다. 앞에서 작성한 코드는 정수형 변수였기 때문에 다음 내용을 설명할 때는 필요 없는 코드입니다. 하지만 참고용으로 파일에는 남겨 두고 싶습니다. 이럴 때는 **주석**(comment)을 사용합니다.

주석을 사용하는 방법은 2가지입니다. 첫 번째는 /* */를 사용한 방법입니다. 다음과 같이 코드를 /* */로 묶어버리면 사이에 포함되는 문장은 모두 무시하라는 의미가 됩니다. 따라서 컴퓨터는 해당 문장을 인식하지 못해 실행하지 않습니다.

2.2.3 **주석.c**
```
#include <stdio.h>

int main(void) {
    /* int age = 20;
    printf("%d\n", age);
    age = 21;
    printf("%d\n", age); */
    return 0;
}
```

두 번째 방법은 다음 코드로 알아봅시다.

2.2.3 **주식.c**
```
#include <stdio.h>
```

```
int main(void) {
    printf("1\n");
    printf("2\n");
    printf("3\n");
    return 0;
}
```

앞의 코드를 실행하면 '1 2 3'이 한 줄씩 출력됩니다. 그런데 홀수만 출력하고 두 번째 값 2는 출력하고 싶지 않습니다. 이럴 때는 해당 문장 앞에 슬래시 2개(//)를 넣습니다.

2.2.3 주석.c

```
#include <stdio.h>

int main(void) {
    printf("1\n");
    // printf("2\n");
    printf("3\n");
    return 0;
}
```

그러면 비주얼 스튜디오에서 코드가 초록색으로 바뀌고 주석으로 처리됩니다. 해제하면 다시 원래 색으로 돌아갑니다. 주석 처리한 상태에서 실행해 보면 1과 3만 출력되고 2는 출력되지 않습니다. 즉, 앞에서 작성한 코드는 컴퓨터가 다음과 같이 인식합니다. 소스 파일에는 내용이 있지만, 컴퓨터는 실행하면서 //로 표시한 주석 부분을 실행하지 않고 바로 다음 줄로 넘어갑니다.

```
#include <stdio.h>

int main(void) {
    printf("1\n");
    printf("3\n");
    return 0;
}
```

주석은 이렇게 2가지 방법으로 처리할 수 있습니다. 코드 한 줄(한 문장)을 주석 처리할 때는 //를, 여러 줄(또는 여러 문장)을 주석 처리할 때는 /* */를 사용합니다.

앞에서 설명했듯이 main( ) 함수는 프로젝트에 1개만 존재할 수 있습니다. 그래서 실습용 소스 파일을 새로 생성한 후 코드를 작성하고 실행하면 main( ) 함수 중복이라며 오류가 발생합니다.

이때 해결 방법은 2가지입니다. 첫째, 실습용 소스 파일은 1개만 만들고 다음 내용으로 넘어갈 때 기존 코드는 주석으로 처리합니다. 둘째, 실습용 소스 파일을 내용별로 만들고 다음 내용으로 넘어갈 때 기존 파일의 main( ) 함수명을 main_int( )처럼 내용에 맞춘 적절한 이름으로 바꿉니다. 어느 쪽이든 각자 편한 방법을 사용하면 됩니다.

그림 2-8 main( ) 함수 중복으로 인한 오류 발생

그런데 주석은 왜 사용할까요? 코드를 왜 이렇게 작성했는지 또는 이 코드가 어떤 내용인지 알려 주기 위해서입니다. 남이 작성한 코드를 바로 이해하기는 쉽지 않습니다. 또한, 오랜 시간이 지나면 자신이 작성한 코드를 볼 때도 내용을 바로 파악하지 못할 수 있습니다. 주석은 이럴 때를 위해 메모를 남겨 두는 용도로도 사용합니다.

2.2.3 주석.c

```c
#include <stdio.h>

int main(void) {
    // 여러 줄 주석 처리는 /* */
    /* int age = 20;
    printf("%d\n", age);
    age = 21;
    printf("%d\n", age); */
    printf("1\n");
    // printf("2\n"); // 한 줄 주석 처리는 //
    printf("3\n");
    return 0;
}
```

주석을 사용하는 방법을 알아봤습니다. 그럼 원래 내용으로 다시 돌아가서 실수형 변수를 공부해 볼게요.

2.2.4 실수형 변수

경찰 조서 쓰기 프로그램에서 몸무게가 몇 kg이냐고 물었을 때 46.5라고 답했다고 합시다. 이렇게 소수점이 붙는 수는 **실수**라고 했습니다. 실수를 나타낼 때는 자료형에 float를 씁니다. 그리고 자료형에 float를 쓸 때는 항상 값 뒤에 f를 붙입니다.

형식   float 변수명 = 값f;

변수 f의 값을 출력하도록 다음과 같이 코드를 작성해 봅시다. 이때 출력값이 실수형이므로 서식 지정자는 %f를 사용합니다.

2.2.4 **실수형변수.c**

```c
#include <stdio.h>

int main(void) {
    float f = 46.5f;
    printf("%f\n", f);
    return 0;
}
```

실행결과	— □ ×
46.500000	

변수에는 46.5라고 넣었는데 실행결과에는 값 뒤에 0이 5개나 더 붙어서 46.500000으로 나왔네요. 이는 printf() 함수 때문입니다. printf() 함수는 실수형 변수의 값을 출력할 때 기본으로 소수점 이하 여섯째 자리까지 출력합니다. 그런데 불필요한 0 없이 원하는 자릿수까지만 보고 싶습니다. 이럴 때는 다음과 같이 서식 지정자에 출력값의 자릿수를 지정하면 됩니다.

2.2.4 실수형변수.c

```c
#include <stdio.h>

int main(void) {
    float f = 46.5f;
    printf("%.2f\n", f);
    return 0;
}
```

실행결과	—	□	×
46.50			

코드에서 .2는 값을 소수점 이하 셋째 자리에서 반올림해서 소수점 이하 둘째 자리까지만 출력하라는 의미입니다. 실행해 보면 46.50으로, 정확히 소수점 둘째 자리까지만 출력합니다.

실수형에는 float 외에 double도 있습니다. double을 사용할 때는 값 뒤에 f를 붙이지 않습니다. 그리고 서식 지정자에 f 대신 lf를 넣습니다. 이번에도 float와 똑같이 소수점 둘째 자리까지 출력해 봅시다.

2.2.4 실수형변수.c

```c
#include <stdio.h>

int main(void) {
    float f = 46.5f;
    printf("%.2f\n", f);
    double d = 4.428;
    printf("%.2lf\n", d);
    return 0;
}
```

실행결과	—	□	×
46.50			
4.43			

실행해 보면 변수 d의 값이 4.43으로, 소수점 이하 셋째 자리에서 반올림합니다. 출력할 때 f나 lf 앞에 넣는 자릿수 n은 n+1번째 자리에서 반올림해서 n번째 자리까지 출력하라는 의미입니다. 그래서 4.428은 소수점 이하 셋째 자리인 8에서 반올림해서 4.43이 출력된 거죠. 46.500000은 소수점 이하 셋째 자리가 0이기 때문에 46.50이 출력되고요.

float와 double은 둘 다 실수형인데, float형의 변수에 값을 저장할 때만 뒤에 f를 붙입니다. 저장하는 값이 float형이라는 것을 알리기 위해서입니다. 변수를 선언하면 자료형에 정해진 크기만큼 메모리 공간을 차지합니다. float는 4바이트, double은 8바이트만큼의 공간을 사용하죠. 값에 f를 붙이지 않으면 컴퓨터는 값을 double로 자동 인식해 변수 크기인 4바이트가 초과되는 값은 잘린다는 경고 메시지를 출력합니다.

비유하자면 이런 상황과 같습니다. 4명이서 식당에 갔는데 입구에서 안내하는 직원에게 일행이 몇 명인지 말하지 않았습니다. 그랬더니 직원이 뒤따라오던 다른 손님 4명을 포함해 총 8명이 일행이라 생각해 "지금은 4명 자리밖에 없어서 대기하셔야 합니다."라고 말합니다.

지금까지 배운 실수형 변수를 정리하면 다음과 같습니다.

형식
```
float 변수명 = 값f;
printf("%.nf", 변수명); // n은 출력할 소수점 이하 자릿수, n+1번째 자리에서 반올림
// 또는
double 변수명 = 값;
printf("%.nlf", 변수명); // n은 출력할 소수점 이하 자릿수, n+1번째 자리에서 반올림
```

1분 퀴즈 해설 노트 p.402

1. 다음은 변수 f에 값 2121.1020을 넣어 선언한 후, f의 값을 출력하는 코드입니다. 결괏값을 소수점 이하 셋째 자리까지만 출력한다고 할 때 **가**에 들어갈 내용을 작성하세요.

```
#include <stdio.h>

int main(void) {
    float f = 2121.1020f;
    printf(가);
    return 0;
}
```

2.3

상수

상수는 변하지 않는 수(값)입니다. 그래서 상수로 한 번 선언하면 더 이상 변수의 값을 바꿀 수 없습니다. 상수를 만들려면 변수를 만들 때 앞에 const를 넣으면 됩니다. 그리고 상수일 때는 변수명을 대문자로 작성합니다.

> **형식**　const 자료형 변수명(대문자) = 값;

C 언어가 발표된 연도를 출력한다고 해 봅시다. 변수 YEAR를 선언하고 C 언어가 발표된 연도인 1972를 저장합니다.

2.3 상수.c

```
#include <stdio.h>

int main(void) {
    int YEAR = 1972;
    printf("C 언어가 발표된 연도 : %d\n", YEAR);
    return 0;
}
```

실행결과	—	□	×
C 언어가 발표된 연도 : 1972			

실행해 보면 C 언어가 발표된 연도가 1972라고 나옵니다. 이 코드에서 변수 YEAR 값을 1973으로 바꾸는 코드를 추가했다고 합시다. 그러면 C 언어가 발표된 연도가 1973으로 바뀌어 출력되죠. 코드상으로는 아무런 문제가 없습니다. 그러나 C 언어가 발표된 연도를 바꿀 순 없으니 이렇게 코드를 작성하면 안 되겠죠.

이럴 때 사용하는 게 바로 상수입니다. 변수를 만들 때 앞에 const라고 적어서 이 값이 상수라는 것을 컴퓨터에 알려 줍니다.

2.3 상수.c

```c
#include <stdio.h>

int main(void) {
    const int YEAR = 1972; // 상수
    printf("C 언어가 발표된 연도 : %d\n", YEAR);
    YEAR = 1973;
    return 0;
}
```

앞의 코드처럼 변수 YEAR 앞에 const를 넣으면 YEAR 값을 1973으로 바꾸는 코드에서 YEAR에 빨간 줄이 생깁니다. 이 상태로 실행하면 오류가 발생하고 실행되지 않습니다. 빨간 줄이 생긴 YEAR에 마우스 커서를 가져가 보면 '식이 수정할 수 있는 lvalue여야 합니다.'라는 메시지가 나옵니다.

TIP —— lvalue는 left value, 즉 = 왼쪽에 있는 변수 YEAR를 가리킵니다.

그림 2-9 const로 선언한 후 값 변경 시 오류 발생

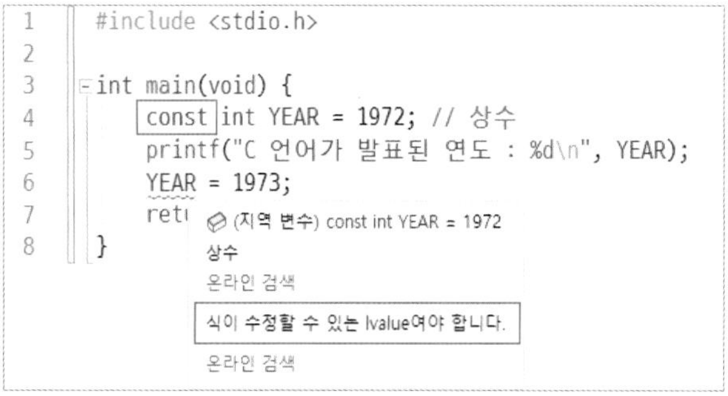

```
1    #include <stdio.h>
2
3    int main(void) {
4        const int YEAR = 1972; // 상수
5        printf("C 언어가 발표된 연도 : %d\n", YEAR);
6        YEAR = 1973;
7        ret  ⊘ (지역 변수) const int YEAR = 1972
8    }        상수
              온라인 검색
              ┌─────────────────────────────────┐
              │ 식이 수정할 수 있는 lvalue여야 합니다. │
              └─────────────────────────────────┘
              온라인 검색
```

이는 YEAR의 값을 변경할 수 없다는 뜻입니다. 즉, const로 선언하면 이후에는 그 값을 변경할 수 없다는 거죠. C 언어가 발표된 연도는 바꿀 수가 없기 때문에 const로 선언해야 하고 const로 선언하고 나면 이후에는 그 값을 바꿀 수 없습니다. 이것이 바로 상수의 개념입니다.

2.4

printf()로 출력하기

printf() 함수는 앞에서 이미 여러 번 사용했고 이후에도 계속 사용하니 사용할 때마다 조금씩 설명하겠습니다. 여기서는 몇 가지 부분만 간단히 짚고 넘어갑시다.

연산을 한번 해 볼까요? add라는 정수형 변수를 만들고 여기에 3 + 7이라는 값을 넣어 봅시다.

2.4 printf.c

```c
#include <stdio.h>

int main(void) {
    int add = 3 + 7;
    return 0;
}
```

지금까지는 변수에 값을 바로 넣었습니다. 그런데 3 + 7처럼 식을 넣으면 식이 계산되어 그 결괏값이 변수 add에 들어갑니다. 따라서 add에는 10이 들어가겠죠.

그럼 결과를 계산식 형태로 출력해 봅시다. 3 + 7까지는 그대로 출력되고 %d 부분에 add 값인 10이 들어가서 10이 출력될 거예요. 한번 실행해 볼까요?

2.4 printf.c

```c
#include <stdio.h>

int main(void) {
    int add = 3 + 7;
    printf("3 + 7 = %d\n", add);
    return 0;
}
```

실행결과   − □ ×
3 + 7 = 10

예상한 대로 결과가 3 + 7 = 10이라는 계산식 형태로 출력됩니다. 이번에는 변수를 사용하지 않고 바로 숫자를 써서 출력해 보겠습니다.

다음과 같이 작성하면 %d가 3번 들어갑니다. 이는 정수형 값을 3번 받겠다는 의미인데, 여기에는 쉼표 뒤에 있는 값이 순서대로 들어갑니다. 즉, 3이 첫 번째 %d에, 7이 두 번째 %d에, 3 + 7을 계산한 값이 세 번째 %d에 들어갑니다. 실행해 봅시다.

2.4 **printf.c**
```c
#include <stdio.h>

int main(void) {
    // int add = 3 + 7;
    // printf("3 + 7 = %d\n", add);
    printf("%d + %d = %d\n", 3, 7, 3 + 7);
    return 0;
}
```

실행결과   — □ ×
```
3 + 7 = 10
```

기존과 결과가 똑같습니다. 변수를 사용하지 않고도 바로 값을 출력할 수 있다는 걸 알 수 있죠. 지금은 값이 너무 작아서 쉬워 보이는데, 30 + 79를 하면 어떨까요? 작성하고 실행해 보면 109라는 값을 컴퓨터가 바로 알려 줍니다.

TIP —— 코드를 실행할 때 변수를 사용한 윗줄은 주석 처리하세요. 이처럼 주석 처리한 코드는 앞으로 책에 수록하지 않겠습니다. 또한, 전처리기 지시문도 동일하게 사용되므로 이후 수록하지 않고 main() 함수 부분만 수록하겠습니다. 주석 처리한 코드를 포함해 전체 코드가 궁금할 때는 예제 파일을 참고해 주세요.

2.4 **printf.c**
```c
int main(void) {
    printf("%d + %d = %d\n", 30, 79, 30 + 79);
    return 0;
}
```

실행결과   — □ ×
```
30 + 79 = 109
```

더 복잡하게 해 볼까요? 이번에는 곱하기 연산을 해 보겠습니다. 이때 주의할 부분이 있습니다. 컴퓨터에서는 곱하기를 의미하는 기호가 ×가 아닌 *(asterisk, 애스터리스크)입니다. 키보드에서 숫자 8번 키에 있는 별표인데, 코드를 작성할 때는 곱하기를 *로 표시한다고 알아 두세요. 그래서 다음과 같이 작성해야 곱하기 연산이 이뤄집니다.

2.4 **printf.c**

```
int main(void) {
    printf("%d × %d = %d\n", 30, 79, 30 * 79);
    return 0;
}
```

실행결과 — □ ×

30 × 79 = 2370

실행해 보면 30 × 79 = 2370이라고 연산한 값을 알려 주네요.

지금까지 printf() 함수로 출력하는 방법을 간단히 알아봤습니다. 여기서 배운 내용을 정리하면 다음과 같습니다. printf() 함수로 변수에 담긴 값을 출력할 때는 서식 지정자를 사용하고, 쉼표 다음에 값을 가져올 변수를 넣습니다. 이때 서식 지정자는 변수의 자료형에 따라 달라집니다. 출력할 값이 여러 개이면 서식 지정자도 출력할 값의 개수만큼 넣습니다. 서식 지정자는 띄어쓰기로 구분하고, 변수(값)는 쉼표로 구분합니다.

형식   printf("서식지정자 서식지정자 ...\n", 변수명1, 변수명2, ...);

2.5

scanf()로 입력받기

값을 출력했으니 값을 입력받는 방법도 알아볼까요? 출력할 때 printf() 함수를 사용한다면 입력할 때는 scanf() 함수를 사용합니다. scanf() 함수는 키보드로 값을 입력받아 저장하라는 의미의 명령어입니다. 지금까지는 코드에서 직접 변수에 값을 넣어 그 값을 출력했습니다. 그런데 scanf() 함수를 사용하면 키보드로 값을 입력받아 변수에 넣을 수 있습니다.

> Note scanf()와 scanf_s()
>
> 기본으로 사용하는 표준 입력 명령어는 scanf() 함수입니다. 그런데 scanf() 함수를 사용하면 입력 크기에 제한이 없어서 지정된 크기보다 더 많은 양을 입력받는 버퍼 오버플로(buffer overflow)라는 메모리 문제가 발생할 수 있습니다. 그래서 이 점을 보완해 비주얼 스튜디오에서 사용할 수 있도록 새로 만든 명령어가 scanf_s() 함수입니다. scanf_s() 함수가 입력값의 크기를 지정한다는 것 외에 둘은 다른 점이 없고 사용법도 거의 같습니다. 따라서 이 책에서는 scanf_s() 함수를 사용합니다.

2.5.1 숫자 입력받기

다음과 같은 코드가 있습니다.

2.5.1 **scanf.c**

```
int main(void) {
    int input;
    printf("값을 입력하세요 : ");
    return 0;
}
```

사용자로부터 어떤 값을 입력받아서 input 변수에 집어넣고 싶습니다. 이때 다음과 같은 코드를 추가하면 됩니다.

2.5.1 **scanf.c**

```c
int main(void) {
    int input;
    printf("값을 입력하세요 : ");
    scanf_s("%d", &input);
    return 0;
}
```

scanf_s() 함수에서 큰따옴표 사이에 서식 지정자 %d를 넣으면 정수형 값을 입력받겠다는 의미입니다. 쉼표 뒤에는 입력받은 값을 저장할 위치를 넣습니다. 여기서는 input 변수죠. 그런데 input 변수 앞에 &(앰퍼샌드, ampersand)가 있습니다. &는 메모리의 주소를 나타낼 때 사용합니다. 즉, &input은 input 변수가 할당된 메모리의 주소를 의미하며, 이 주소에 키보드로 입력받은 값을 넣으라는 뜻입니다. 메모리 주소와 관련한 내용은 **7.2 포인터란**에서 더 자세히 알아보겠습니다. 지금은 변수 앞에 &를 붙여 입력값을 저장할 위치를 표시한다고만 알아 두세요.

그러면 값을 입력받아서 출력해 볼까요?

2.5.1 **scanf.c**

```c
int main(void) {
    int input;
    printf("값을 입력하세요 : ");
    scanf_s("%d", &input);
    printf("입력값 : %d\n", input);
    return 0;
}
```

실행결과 — □ ×

값을 입력하세요 : **2000**
입력값 : 2000

실행해 보면 '값을 입력하세요 : '라고 나오고 옆에 커서가 깜빡입니다. 정수형 값인 2000을 입력하고 Enter 를 누르면 다음 줄에 '입력값 : 2000'이라고 나옵니다. 앞에서 입력한 2000이라는 값이 input 변수에 잘 저장됐습니다.

더 복잡하게 해 볼까요? 다음과 같이 정수 값 3개를 입력받게 작성하고 실행해 봅시다.

2.5.1 **scanf.c**

```c
int main(void) {
    int one, two, three;
    printf("정수 3개를 입력하세요 : ");
    scanf_s("%d %d %d", &one, &two, &three);
    printf("첫 번째 값 : %d\n", one);
    printf("두 번째 값 : %d\n", two);
    printf("세 번째 값 : %d\n", three);
    return 0;
}
```

실행결과   — □ ✕

```
정수 3개를 입력하세요 : 100 200 300
첫 번째 값 : 100
두 번째 값 : 200
세 번째 값 : 300
```

값을 입력하라는 메시지가 나오면 100, 200, 300을 입력합니다. 각 값은 Space 를 눌러 구분하면 됩니다. 실행결과에서 첫 번째 값은 100, 두 번째 값은 200, 세 번째 값은 300이라고 나옵니다. 이는 입력한 값이 각각 변수 one, two, three에 잘 저장됐음을 의미합니다.

2.5.2 문자형 변수로 입력받기

이번에는 문자를 입력받아 보겠습니다. 문자는 크게 **문자**와 **문자열**이 있습니다. 문자는 한 글자, 문자열은 여러 문자의 모임을 의미합니다. 이런 문자나 문자열은 문자형 변수에 저장하고, 문자형 변수를 선언할 때는 char라는 자료형을 씁니다. 그리고 값이 문자일 때는 작은따옴표로 표시합니다.

형식   char 변수명 = '값';

문자형 변수의 값을 출력해 볼까요? 문자형 변수의 값을 출력할 때는 다음처럼 서식 지정자에 %d 대신 %c를 씁니다.

2.5.2 문자형변수.c

```
int main(void) {
    char c = 'A';
    printf("%c\n", c);
    return 0;
}
```

실행결과

A

c라는 변수에 저장된 A라는 문자가 잘 출력됩니다.

이번에는 문자열을 확인해 봅시다. 문자열은 보통 값에 여러 문자가 한 번에 들어가기 때문에 일반 변수가 아닌 **배열**(array)을 사용합니다. 다음 코드를 봅시다.

```
char str[256];
```

이 코드는 문자를 저장하는 c와 같은 문자형 변수 256개를 연속으로 만든다는 의미입니다. 배열에 문자열을 저장하는 방법은 **6.4.1 배열에 문자열 저장하기**에서 배우므로 지금은 대괄호에 숫자를 넣어 숫자 크기만큼의 공간을 가진 변수를 만든다는 정도로만 이해하면 됩니다.

그럼 문자열을 입력받아 출력해 봅시다. 문자열을 입력받거나 출력할 때는 서식 지정자로 %s를 사용합니다. 그리고 배열일 때는 & 표시 없이 변수명(str)만 작성하면 됩니다(**7.3.1 포인터로 배열에 접근하기**에서 자세히 설명합니다).

그런데 scanf_s()로 문자열을 입력받으려면 크기를 명시해야 합니다. 이것이 scanf()와 scanf_s()를 사용할 때 다른 점입니다. str은 총 256개 공간을 만들기 때문에 256개보다 더 큰 문자가 들어오면 문제가 발생할 수 있습니다. 그래서 다음과 같이 sizeof 연산자를 써서 str 변수의 크기만큼, 즉 256개 이내의 문자만 받겠다고 알려 줘야 합니다.

형식   sizeof(변수명/배열명/자료형)

sizeof 연산자는 () 안에 넣은 변수, 자료형, 배열 등이 메모리 공간을 얼마나 차지하는지 바이트(byte) 단위로 알려 줍니다. **6.4.1 배열에 문자열 저장하기**에서 다시 설명하니 여기서는 변수의 크기를 숫자로 알려 준다고 이해하면 됩니다.

```
int main(void) {
    char str[256];
    scanf_s("%s", str, sizeof(str));
    printf("%s\n", str);
    return 0;
}
```

실행결과	— □ ×
문자열을입력합니다 문자열을입력합니다	

실행하면 빈 화면이 뜹니다. 여기에 원하는 문자열을 입력합니다. 이때 Space 를 눌러 중간에 빈칸을 넣으면 입력값이 구분되어 뒷부분은 출력되지 않으니 유의해야 합니다. '문자열을입력합니다'라고 작성하고 Enter 를 누르면 입력한 글자가 그대로 다시 출력됩니다. 입력한 문자열이 변수에 잘 저장됐습니다.

Note   scanf_s( ) 함수의 경고 메시지 처리 방법

코드를 작성하면 scanf_s( ) 함수로 작성한 문장에 초록색 줄이 생길 수 있습니다. scanf_s( ) 함수에 마우스를 가져가면 다음과 같이 'unsigned int'가 필요하다는 경고 메시지가 나타납니다.

그림 2-10 scanf_s( ) 함수 사용 시 발생하는 경고 메시지

```
1    #include <stdio.h>
2
3  ⊟int main(void) {
4        char str[256];
5        scanf_s("%s", str, sizeof(str));
6      | ⓘ inline int __cdecl scanf_s(const char *const _Format, ...)
7          온라인 검색
8
9          C6328: 크기 불일치: 'unsigned __int64'이(가) _Param_(3)으로 전달되었습니다. 다음 호출에는 'unsigned int'이(가) 필요합
10 }        니다. 'scanf_s'.
```

이는 sizeof 연산자로 알아낸 변수 크기에 해당하는 값의 형태(unsigned __int64)가 기대한 것(unsigned int)과 다르다는 뜻입니다. 경고 메시지가 나와도 프로그램 동작에는 아무런 문제가 없지만, 경고 메시지를 없애고 싶다면 2가지 방법이 있습니다. 먼저 경고문에서 안내하듯이 sizeof 앞에 (unsigned int)를 붙입니다. 이를 형변환이라고 하는데, **7.4.4 어항 물 높이 줄이기**에서 다시 설명합니다. 또는, 문자형 변수의 크기인 256을 직접 넣습니다.

```
scanf_s("%s\n", str, (unsigned int) sizeof(str)); // 형변환
// 또는
scanf_s("%s\n", str, 256); // 문자형 변수 크기 직접 입력
```

지금까지 변수와 상수의 개념을 배웠습니다. 그리고 scanf_s( ) 함수로 정수, 문자나 문자열을 입력받아 변수에 저장하고 이를 printf( ) 함수로 출력하는 방법을 알아봤습니다.

1분 퀴즈

해설 노트 p.402

2. **문자열 2개를 입력받아 출력하는 코드를 작성해 보세요.**

2.6

프로젝트: 경찰 조서 쓰기

프로젝트 학습 진도

게임 구성 이해하기 ☐
코드 따라 하기 ☐
코드 이해하기 ☐
직접 구현하기 ☐

앞에서 배운 내용을 활용해 경찰 조서 쓰기 프로그램을 만들어 보겠습니다. 이번에는 프로젝트 용 파일을 새로 만듭니다. 솔루션 탐색기의 **소스 파일**에서 마우스 오른쪽 버튼을 클릭해 메뉴를 불러옵니다. 메뉴에서 **추가 → 새 항목**을 선택해서 새 항목 추가 창을 띄웁니다. **C++ 파일**을 선택 하고 파일명은 **2.6_프로젝트.c**로 작성한 후 **추가** 버튼을 클릭합니다.

한 프로젝트 안에서 main( ) 함수가 중복되는 것을 막기 위해 앞에서 실습한 printfscanf.c 파 일의 main( ) 함수명을 main_printfscanf로 수정합니다. 앞으로 모든 장에서 프로젝트용 파일 을 생성할 때는 이와 같이 기존 파일의 main( ) 함수명을 변경해 주세요.

경찰 조서 쓰기는 경찰관이 피의자를 심문해서 조서를 작성하는 과정을 프로그램으로 구현한 겁니다. 경찰관이 질문하면 피의자가 답합니다. 경찰관이 물어볼 내용은 이름, 나이, 몸무게, 키, 범죄명입니다. 이 값을 어떻게 받을까요?

가장 먼저 이름은 문자열이죠. 따라서 배열을 사용합니다. 자료형은 char로, 이름은 name, 크 기는 256으로 선언해서 256개 공간을 가진 변수를 선언합니다. 다음으로 이름을 묻는 질문을 printf( ) 함수로 출력하고, scanf_s( )로 답변을 입력받습니다. 문자열이니 서식 지정자는 %s 를 사용합니다. 그리고 문자열의 크기를 sizeof로 지정합니다.

2.6 프로젝트.c

```c
#include <stdio.h>

int main(void) {
    // 이름
    char name[256];
```

```
    printf("이름이 뭐예요? ");
    scanf_s("%s", name, sizeof(name));
    return 0;
}
```

그다음 질문은 나이입니다. 나이는 정수죠. 따라서 자료형 int로 age 변수를 선언하고 나이를 입력받습니다. 정수형이니 %d로 받고요.

2.6 **프로젝트**.c

```
// 나이
int age;
printf("몇 살이에요? ");
scanf_s("%d", &age);
```

다음으로 몸무게는 보통 정수로 떨어지는 경우가 적고 46.5와 같은 실수 값이 많습니다. 따라서 몸무게를 저장할 변수는 weight라는 이름의 float형으로 선언합니다. 그리고 입력값은 %f로 받습니다.

2.6 **프로젝트**.c

```
// 몸무게
float weight;
printf("몸무게는 몇 kg이에요? ");
scanf_s("%f", &weight);
```

키도 보통 168.5, 190.2처럼 소수점 이하 숫자까지 나타내는 경우가 많죠. 따라서 실수형으로 받습니다. 이번에는 double로 선언해 봅시다. double로 선언했으니 %lf로 받습니다.

2.6 **프로젝트**.c

```
// 키
double height;
printf("키는 몇 cm예요? ");
scanf_s("%lf", &height);
```

마지막 질문은 범죄명이네요. 범죄명은 what이라는 변수로 만들어 볼까요? 문자열이니 크기 256인 배열로 만들고 입력은 %s로 받습니다. sizeof로 크기를 지정하는 것도 잊지 말고요.

```c
// 범죄명
char what[256];
printf("어떤 범죄를 저질렀어요? ");
scanf_s("%s", what, sizeof(what));
```

총 5가지를 질문하고 답변을 입력받도록 작성했습니다. 입력받은 내용이 잘 저장되는지 조서 내용을 출력하는 부분도 작성해 봅시다. 조서 내용이 그럴 듯해 보이게 출력할 내용을 정렬해서 작성합니다. 선언한 변수에 맞게 printf() 문을 작성합니다. 나머지는 입력받을 때와 동일하게 넣고 몸무게와 키만 소수점 이하 첫째 자리까지 표시해 보겠습니다. 실행해 볼까요?

2.6 **프로젝트**.c

```c
// 조서 내용 출력
printf("\n\n--- 범죄자 정보 ---\n\n");
printf("이름   : %s\n", name);
printf("나이   : %d\n", age);
printf("몸무게 : %.1f\n", weight);
printf("키     : %.1lf\n", height);
printf("범죄명 : %s\n", what);
```

실행결과   — ☐ ✕

이름이 뭐예요? **나도코딩**
몇 살이에요? **20**
몸무게는 몇 kg이에요? **65.5**
키는 몇 cm예요? **175.2**
어떤 범죄를 저질렀어요? **무단횡단**

--- 범죄자 정보 ---
이름   : 나도코딩
나이   : 20
몸무게 : 65.5
키   : 175.2
범죄명 : 무단횡단

입력한 정보가 정리되어 출력됩니다.

이 장에서 배운 변수, printf(), scanf_s() 함수를 활용해 첫 번째 프로그램인 경찰 조서 쓰기의 핵심 코드를 함께 작성해 봤습니다.

마무리

1. 변수

① 변수는 메모리에 어떤 값을 저장할 때 사용합니다.

② 변수는 다음 형식으로 변수를 선언하고 초기화합니다. 변수를 선언하고 나서 사용할 때는 자료형을 명시하지 않아도 됩니다.

> **형식**   자료형 변수명 = 값;

2. 자료형

① 정수형 변수는 숫자형 값 중에서 정수를 담을 때 사용하고 int로 표시합니다.

> **형식**   int 변수명 = 값;

② 실수형 변수는 숫자형 값 중에서 실수를 담을 때 사용하고 float 또는 double로 표시합니다. float형 값은 값 뒤에 f를 붙여 구분합니다.

> **형식**   float 변수명 = 값f;
>   // 또는
>   double 변수명 = 값;

③ 문자형 변수는 문자나 문자열을 담을 때 사용하고 char로 표시합니다. 문자일 때는 작은따옴표로 값을 표시합니다. 문자열일 때는 배열을 사용하고 변수명 뒤에 변수의 크기를 명시합니다.

> **형식**   char 변수명 = '값';
>   // 또는
>   char 변수명[변수크기];

3. 주석

① 주석(comment)은 코드에서 컴퓨터가 실행하지 않고 무시하도록 처리한 부분을 말합니다. 컴퓨터는 코드를 실행할 때 해당 내용을 제외합니다.

② 주석은 코드가 어떤 내용인지를 알려 주거나 메모를 남길 때 사용합니다.

③ 주석을 만드는 방법은 2가지입니다. 코드 한 줄을 주석 처리할 때는 해당 줄 앞에 슬래시 2개 (//)를 넣습니다. 여러 줄을 주석 처리할 때는 /* */ 사이에 해당 내용을 넣습니다.

4. 상수

① 상수는 변하지 않는 수(값)로, 한 번 선언하면 더 이상 값을 바꿀 수 없습니다.

② 변수의 자료형 앞에 const를 넣으면 상수가 됩니다. 상수일 때 변수명은 보통 대문자로 표시합니다.

> **형식**   const 자료형 변수명(대문자) = 값;

5. printf( )

① 소괄호 안 내용을 화면에 출력하는 명령어입니다.

② 변수에 담긴 값을 출력할 때는 서식 지정자를 사용하고, 쉼표 다음에 값을 가져올 변수를 넣습니다. 서식 지정자는 변수의 자료형에 따라 달라집니다.

③ 출력할 값이 여러 개이면 서식 지정자도 출력할 값의 개수만큼 넣습니다. 서식 지정자는 띄어쓰기로 구분하고, 변수는 쉼표로 구분합니다.

> **형식**   printf("서식지정자 서식지정자 ...\n", 변수명1, 변수명2, ...);

6. scanf( )

① 키보드로 값을 입력받아 변수에 저장하는 명령어입니다. 표준 입력 명령어는 scanf( ) 함수지만, 비주얼 스튜디오에서는 scanf_s( ) 함수를 사용합니다.

② 값을 입력받을 때는 서식 지정자를 사용하고, 쉼표 다음에 값을 저장할 위치를 지정합니다.

③ 입력받은 값을 변수에 저장할 때는 변수명 앞에 &를 붙입니다. 배열에 저장할 때는 & 없이 변
수명만 작성하고, sizeof 연산자로 변수의 크기를 명시합니다.

형식   scanf_s("서식지정자", &변수명); // 값이 숫자나 문자일 때
       scanf_s("서식지정자", 변수명, sizeof(변수명)); // 값이 문자열일 때

7. 서식 지정자

컴퓨터가 데이터를 어떻게 해석해야 하는지 알려 주는 텍스트나 기호로, **형식 지정자**라고도 합니
다. 대표적인 서식 지정자는 다음과 같습니다.

자료형	서식 지정자	설명
int	%d	값이 정수일 때
float	%.nf	값이 실수일 때, n은 출력할 소수점 이하 자릿수, n + 1 자리에서 반올림
double	%.nlf	값이 실수일 때, n은 출력할 소수점 이하 자릿수, n + 1 자리에서 반올림
char	%c	값이 문자일 때
	%s	값이 문자열일 때

셀프체크

문제 경찰 조서 쓰기 프로그램을 활용해 신발 쇼핑몰의 회원 가입 프로그램을 만들어 보세요. 출력할 내용은 다음과 같습니다.

실행결과		— □ ×
--- 회원 정보 ---		
이름 :		
아이디 :		
나이 :		
생일 :		
신발 크기 :		

3장

조건대로 반복하기:
반복문

이 장에서는 반복문을 배웁니다. 반복문에는 for 문, while 문, do while 문이 있습니다. 각 반복문이 어떻게 작동하고 어떨 때 사용하는지 알아본 후 '피라미드를 쌓아라'라는 게임의 로직을 만들어 보겠습니다.

3.1

이 장에서 만드는 프로그램

프로그램 실행
영상 보기

이집트에 있는 피라미드를 아나요? '피라미드를 쌓아라' 게임은 이집트의 피라미드 모양으로 탑을 쌓는 게임입니다. 게임 화면을 살펴봅시다.

그림 3-1 피라미드를 쌓아라 게임 구성

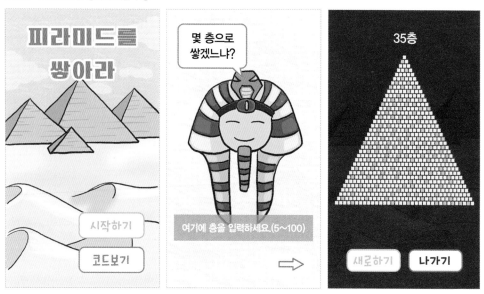

초기 화면에서 **시작하기**를 누르면 파라오 얼굴이 보입니다. 파라오가 '몇 층으로 쌓겠느냐?'라고 물어봅니다. 아래쪽을 보면 '여기에 층을 입력하세요.'라는 문구와 함께 5~100이라는 숫자를 안내합니다. 피라미드를 5층부터 100층까지 쌓을 수 있다는 뜻입니다. 35층을 한번 쌓아 볼까요? 35를 입력하고 화살표를 누르면 35층으로 된 피라미드를 쌓아서 보여 줍니다. 게임 구조는 매우 간단합니다. 반복문을 배운 후 프로그램을 함께 만들어 보겠습니다.

3.2

++ 연산자

반복문을 배우기 전에 먼저 알아야 할 게 있습니다. 바로 ++ 연산자입니다. ++ 연산자가 무엇인지 잠시 살펴보고 넘어가겠습니다.

비주얼 스튜디오를 실행하고 새로운 프로젝트를 만듭니다. 여기서는 프로젝트 이름을 **ch3**으로 생성합니다. 솔루션 탐색기의 소스 파일에서 새 파일을 만듭니다. 3장의 파일명은 **loop.c**로 합니다. 생성한 파일에 다음 코드를 작성하고 실행해 봅시다.

3.2 연산자.c

```c
#include <stdio.h>

int main(void) {
    int a = 10;
    printf("a는 %d\n", a);
    return 0;
}
```

실행결과	—	□	×
a는 10			

정수형 변수 a에 10을 넣었으니 당연히 'a는 10'이라고 나옵니다. 그럼 a에 1을 더한 후 그 값을 출력해 봅시다. **2.4 printf()로 출력하기**에서 변수에 식을 넣으면 식이 계산되어 그 결괏값이 변수에 들어간다고 했습니다. 따라서 다음과 같이 작성하면 됩니다.

3.2 연산자.c

```c
int main(void) {
    int a = 10;
    printf("a는 %d\n", a);
```

```
        a = a + 1;
        printf("a는 %d\n", a);
    return 0;
}
```

실행결과

a는 10
a는 11

앞에서 변수에 값을 할당할 때 사용한 등호는 대입 연산자라고 배웠습니다. 이처럼 프로그램에서 연산 작업을 처리하기 위해 사용하는 기호를 **연산자**(operator)라고 합니다. C 언어에는 대입 연산자 외에도 다양한 연산자가 있습니다. 대표적으로 계산식에서 사용한 +를 포함해 -, *, /, % 와 같이 수학 연산에 주로 사용하는 **산술 연산자**가 있습니다.

또한, 앞의 코드에서는 변수 a의 값을 1 증가시키기 위해 a + 1이라는 식을 a에 다시 할당하는 방식을 사용했습니다. 이처럼 값을 1씩 증가시킬 때 연산자 2개를 사용하지 않고 ++ 연산자를 사용해도 됩니다. 따라서 앞의 코드는 다음과 같이 작성해도 같은 결과를 얻습니다.

3.2 **연산자**.c
```
int main(void) {
    int a = 10;
    printf("a는 %d\n", a);
    a++;
    printf("a는 %d\n", a);
    return 0;
}
```

실행결과

a는 10
a는 11

여기에 ++ 연산자를 한 번 더 사용하면 어떻게 될까요?

3.2 **연산자**.c
```
int main(void) {
    int a = 10;
    printf("a는 %d\n", a);
    a++;
    printf("a는 %d\n", a);
    a++;
    printf("a는 %d\n", a);
    return 0;
}
```

실행결과

a는 10
a는 11
a는 12

a++를 한 번 더 작성하고 출력했더니 a는 10, 11, 12와 같이 1씩 증가합니다. 이를 보면 a++가 a = a + 1과 같음을 알 수 있습니다. 즉, ++ 연산자는 '변수에 1을 더해 다시 변수에 넣는' 역할을 합니다.

예시를 하나 더 보겠습니다. 다음과 같이 작성하고 실행해 보세요.

3.2 연산자.c
```c
int main(void) {
    int b = 20;
    printf("b는 %d\n", ++b);
    printf("b는 %d\n", b++);
    printf("b는 %d\n", b);
    return 0;
}
```

실행결과
```
b는 21
b는 21
b는 22
```

첫 번째와 두 번째는 21이 나오고 세 번째만 22가 나왔습니다. 첫 번째와 두 번째 값이 왜 같을까요? 이는 ++ 연산자의 위치에 따라 연산 순서가 달라지기 때문에 그렇습니다. ++b처럼 ++ 연산자가 변수 앞에 있을 때(**전위**라고 함)는 먼저 1 증가 연산을 한 후에 출력 작업을 수행합니다. 그리고 b++처럼 ++ 연산자가 변수 뒤에 있을 때(**후위**라고 함)는 먼저 출력 작업을 수행한 후에 다음 줄로 넘어가기 전에 1 증가 연산을 수행합니다.

그림 3-2 ++ 연산자의 연산 순서

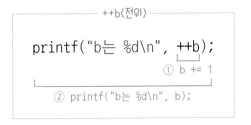

첫 번째 printf() 문은 ++b이므로 b = b + 1을 수행하고 난 뒤에 출력해서 21입니다. 두 번째 printf() 문은 b++이므로 현재 b 값을 먼저 출력해서 첫 번째 출력값과 동일한 21입니다. 그러고 나서 다음 줄로 넘어갈 때 1 증가 연산을 수행하므로 이때 b의 값은 22가 됩니다. 마지막 printf() 문은 아무런 연산이 없으므로 현재 b의 값인 22를 그대로 출력합니다.

이처럼 ++ 연산자는 연산자가 앞에 있을 때와 뒤에 있을 때 연산 순서가 달라서 코드를 바로 이해하기 쉽지 않습니다. 하지만 반복문에서 ++ 연산자가 자주 쓰이니 꼭 이해하고 넘어가길 바랍니다.

여기서는 값을 증가시키는 ++ 연산자만 배웠지만, 값을 감소시키는 -- 연산자도 있습니다. 연산 순서는 ++ 연산자와 같습니다. 이처럼 변수 앞뒤에 사용해 값을 1씩 변화시키는 연산자를 **증감 연산자**라고 합니다.

> Note　**C 언어에서 자주 사용하는 연산자**
>
> C 언어에서 자주 사용하는 연산자의 종류는 다음과 같습니다. 아직 다루지 않은 연산자들은 해당 연산자를 사용할 때 조금씩 배우겠습니다.

표 3-1 주요 연산자

구분	연산자	설명
산술 연산자	+	왼쪽에 있는 값과 오른쪽에 있는 값 더하기
	-	왼쪽에 있는 값에서 오른쪽에 있는 값 빼기
	*	왼쪽에 있는 값과 오른쪽에 있는 값 곱하기
	/	왼쪽에 있는 값을 오른쪽에 있는 값으로 나누기
	%	왼쪽에 있는 값을 오른쪽에 있는 값으로 나눈 나머지
대입 연산자	=	오른쪽에 있는 값을 왼쪽에 대입
	+=	왼쪽에 있는 값과 오른쪽에 있는 값을 더한 뒤 왼쪽에 대입
	-=	왼쪽에 있는 값에서 오른쪽에 있는 값을 뺀 뒤 왼쪽에 대입
	*=	왼쪽에 있는 값과 오른쪽에 있는 값을 곱한 뒤 왼쪽에 대입
	/=	왼쪽에 있는 값을 오른쪽에 있는 값으로 나눈 뒤 왼쪽에 대입
	%=	왼쪽에 있는 값을 오른쪽에 있는 값으로 나눈 나머지를 왼쪽에 대입
증감 연산자	++a	a의 값 1 증가 후 연산 진행
	a++	연산한 후 a의 값 1 증가
	--a	a의 값 1 감소 후 연산 진행
	a--	연산한 후 a의 값 1 감소

⊕ 계속

구분	연산자	설명
비교 연산자 (관계 연산자)	<	왼쪽에 있는 값이 오른쪽에 있는 값보다 작은가?
	>	왼쪽에 있는 값이 오른쪽에 있는 값보다 큰가?
	<=	왼쪽에 있는 값이 오른쪽에 있는 값보다 작거나 같은가?
	>=	왼쪽에 있는 값이 오른쪽에 있는 값보다 크거나 같은가?
	==	왼쪽에 있는 값과 오른쪽에 있는 값이 같은가?
	!=	왼쪽에 있는 값과 오른쪽에 있는 값이 다른가?
논리 연산자	&&	왼쪽 피연산자와 오른쪽 피연산자가 모두 참(true)이면 참, 하나라도 거짓(false)이면 거짓
	||	왼쪽 피연산자 또는 오른쪽 피연산자 중 하나라도 참이면 참, 모두 거짓이면 거짓
	!	피연산자가 참이면 거짓, 거짓이면 참

1분 퀴즈

해설 노트 p.403

1. 다음 코드의 실행결과로 맞는 것을 고르세요.

```
int num = 10;
printf("%d\n", num++);
printf("%d\n", ++num);
```

①

②

③

④

3.3

반복문의 종류

1.2 첫 번째 C 프로그램 작성하기에서는 Hello World를 한 번만 출력했습니다. 이번에는 Hello World를 10번 출력하고 싶습니다. 어떻게 할까요? 아마도 다음과 같이 printf() 문을 10번 복사해서 붙여 넣을 겁니다. 그리고 실행하면 Hello World가 10번 출력되겠죠.

3.3 **반복문.c**

```
int main(void) {
    printf("Hello World \n");
    printf("Hello World \n");
    printf("Hello World \n");
    printf("Hello World \n");
    printf("Hello World \n");
    printf("Hello World \n");
    printf("Hello World \n");
    printf("Hello World \n");
    printf("Hello World \n");
    printf("Hello World \n");
    return 0;
}
```

실행결과	— □ ×
Hello World	
Hello World	
Hello World	
Hello World	
Hello World	
Hello World	
Hello World	
Hello World	
Hello World	
Hello World	

이 코드에 ++ 연산자를 적용해 다음과 같이 작성하면 어떻게 출력될까요?

```
int main(void) {
    int i = 1;
    printf("Hello World %d\n", i++);
    printf("Hello World %d\n", i++);
    printf("Hello World %d\n", i++);
    printf("Hello World %d\n", i++);
    printf("Hello World %d\n", i++);
    printf("Hello World %d\n", i++);
    printf("Hello World %d\n", i++);
    printf("Hello World %d\n", i++);
    printf("Hello World %d\n", i++);
    printf("Hello World %d\n", i++);
    return 0;
}
```

```
실행결과                          —    □    ×
Hello World 1
Hello World 2
Hello World 3
Hello World 4
Hello World 5
Hello World 6
Hello World 7
Hello World 8
Hello World 9
Hello World 10
```

1부터 10까지 숫자가 1씩 커지면서 Hello World가 출력되는 걸 볼 수 있습니다. 코드를 보면 변수 i를 선언하고 1로 초기화합니다. 그리고 printf() 문 10개에서 i++ 연산을 수행합니다. 따라서 변수 i 값을 먼저 출력하고 나서 다음 줄로 넘어갈 때 증가 연산을 수행합니다. 그러면 첫 번째 printf() 문에서 출력하는 i 값은 뭘까요? 현재 i 값을 그대로 출력하니 1을 출력합니다. 그리고 다음 줄로 넘어갈 때 1을 더해 i 값은 2가 됩니다. 다음 줄은 현재 i 값을 그대로 출력하니 2를 출력하고 다시 다음 줄로 넘어갈 때 증가 연산을 수행해서 i 값은 3이 됩니다. 이런 상태로 10번째 printf() 문까지 갑니다.

그런데 이렇게 같은 문장을 10번 작성하는 대신 아주 짧고 간단하게 작성하는 방법이 있습니다. 바로 **반복문**입니다. 반복문은 앞의 코드처럼 똑같은 문장을 반복해서 수행하게 하는 명령문입니다. 반복문의 종류에는 for 문, while 문, do while 문이 있습니다.

3.3.1 for 문

for 문부터 알아보겠습니다. for 문의 형식은 다음과 같습니다. for라는 키워드로 시작하고, 소괄호 안에 선언, 조건, 증감 부분이 있습니다. 그리고 중괄호 안에 수행할 문장이 들어 있습니다. for 문은 변수를 선언하고 초기화한 후 변수의 조건을 확인합니다. 조건에 해당하면 중괄호 안 문장을 수행한 다음, 변수의 값을 증감한 후 다시 조건을 확인하는 순서로 진행합니다.

형식
```
for (선언; 조건; 증감) {
    // 수행할 문장
}
```

형식만 봐서는 바로 이해하기 어려우니 형식을 참고해 for 문을 작성해 봅시다. 작성하고 나면 일단 실행해서 결과를 먼저 보겠습니다.

3.3.1 for.c

```
int main(void) {
    for (int i = 1; i <= 10; i++) {
        printf("Hello World %d\n", i);
    }
    return 0;
}
```

```
실행결과                    —  □  ×
Hello World 1
Hello World 2
Hello World 3
Hello World 4
Hello World 5
Hello World 6
Hello World 7
Hello World 8
Hello World 9
Hello World 10
```

printf() 문을 10번 작성했을 때와 마찬가지로 Hello World 1부터 Hello World 10까지 출력합니다. 그럼 결과를 바탕으로 for 문이 어떻게 작동하는지 살펴봅시다.

for 문에 i라는 정수형 변수를 선언하고 1로 초기화합니다. 그리고 i가 10보다 작거나 같다는 조건을 제시합니다. i의 값이 조건에 해당하면 중괄호 안에 있는 문장을 수행합니다. i는 초깃값이 1이므로 중괄호 안에 있는 문장을 수행하겠죠. 따라서 Hello World와 현재 i 값을 출력하는 printf() 문을 수행합니다. 이렇게 중괄호 안에 있는 문장을 수행하고 나면 증감 부분으로 갑니다. i++이므로 i에 1을 더합니다. 이제 i는 2가 됩니다. 선언 부분은 for 문을 시작할 때만 사용하므로 다시 조건으로 돌아갑니다. 현재 i 값인 2는 10보다 작기 때문에 중괄호 안에 있는 문장을 다시 수행합니다. i는 2이므로 Hello World와 2를 출력합니다.

그림 3-3 for 문의 작동 순서

```
for (int i = 1; i <= 10; i++) {
        ① 선언    ②⑤ 조건 확인  ④ 증가

    printf("Hello World %d\n", i);
            ③⑥ 문장 수행
}
```

문장이 끝나면 증감으로 가서 i++를 하면 3이 되겠죠. 그럼 다시 조건으로 와서 3은 10보다 작으므로 문장을 수행하고 i++를 해서 i는 4가 됩니다. 이렇게 계속 반복하다가 i가 10이 됩니다. i가 10일 때도 i는 10보다 작거나 같은 조건을 만족하기 때문에 문장을 수행하고 i++를 해서 11이 됩니다. 그런데 이때는 i가 10보다 크죠. 따라서 조건에 맞지 않으므로 문장을 수행하지 않고 for 문을 탈출합니다.

for 문은 이와 같은 방식으로 작동합니다.

3.3.2 while 문

다음으로 while 문을 알아보겠습니다. while 문의 형식은 다음과 같습니다.

형식
```
선언;
while (조건) {
    // 수행할 문장(증감 포함)
}
```

for 문과 똑같이 Hello World를 출력하는 코드를 작성해 봅시다. 코드를 똑같이 작성하려면 선언하는 부분이 필요한데, while 문에서는 이 부분을 반복문 밖에 합니다. 즉, while 문 위에 변수를 선언하고 초기화하면 됩니다. 그럼 조건은 무엇일까요? i <= 10이죠. 이를 while 문의 조건 부분에 그대로 넣습니다. 그리고 수행할 printf() 문을 중괄호 안에 작성합니다.

3.3.2 **while.c**
```
int main(void) {
    int i = 1;
    while (i <= 10) {
        printf("Hello World %d\n", i);
    }
    return 0;
}
```

작성한 코드를 보면 while 문이 for 문보다 읽기가 편하죠. 코드를 해석하면 'i는 1이고 i가 10보다 작거나 같으면 문장을 수행하라. 수행하고 나서 다시 조건으로 돌아가 조건에 맞으면 다시 문장을 수행하라'가 됩니다.

그런데 for 문과 비교했을 때 한 가지 빠진 게 있죠. 선언은 while 문 위에 했고 조건도 넣었는데, 증감하는 i++ 부분이 없습니다. 이 부분은 어디에 넣어야 할까요? 증감 부분은 printf() 문 다음에 넣어도 되고 printf() 문 안에 넣어도 상관없습니다. i++는 문장을 수행하고 나서 다음 문장으로 넘어갈 때 i에 1을 더하기 때문입니다.

3.3.2 **while.c**

```c
int main(void) {
    int i = 1;
    while (i <= 10) {
        printf("Hello World %d\n", i++);
        // i++;
    }
    return 0;
}
```

맞는지 확인해 봅시다. 처음에 i를 선언하고 1로 초기화했고, while 문에서 i 값이 조건에 맞는지 확인합니다. i가 10보다 작으니까 printf() 문을 수행하고 넘어갈 때 i에 1을 더해 2가 됩니다. 다시 while 문의 조건과 맞는지 확인하고 이번에도 i가 10보다 작으니 문장을 수행하고 다시 i에 1을 더해 3이 됩니다.

그림 3-4 while 문의 작동 순서

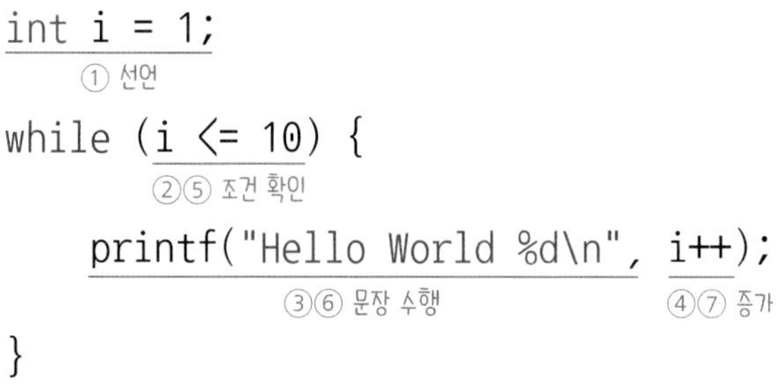

```
int i = 1;
     ① 선언
while (i <= 10) {
        ②⑤ 조건 확인
    printf("Hello World %d\n", i++);
            ③⑥ 문장 수행              ④⑦ 증가
}
```

i가 3이면 10보다 작으니까 역시 조건을 만족해서 문장을 다시 수행합니다. 이렇게 반복하다가 i가 11이 되면 조건과 맞지 않으므로 while 문을 탈출합니다. 코드를 실행해서 결과를 확인해 봅시다.

```
Hello World 1
Hello World 2
Hello World 3
Hello World 4
Hello World 5
Hello World 6
Hello World 7
Hello World 8
Hello World 9
Hello World 10
```

for 문처럼 Hello World 1부터 Hello World 10까지 출력됩니다. i++의 위치를 바꿔서도 실행해 보세요.

3.3.3 do-while 문

마지막으로 do-while 문을 확인해 보겠습니다. do-while 문의 형식은 다음과 같습니다.

형식
```
선언;
do {
    // 수행할 문장
} while (조건);
```

do-while 문은 while 문과 비슷한데, 배치가 조금 다릅니다. do-while 문은 do 뒤의 중괄호 안에 수행할 문장을 작성하고 while 뒤에 문장을 수행할 조건을 넣습니다. 그리고 변수 선언은 do-while 문 앞에 합니다. 한 가지 중요한 점은 do-while 문의 조건 뒤에 세미콜론을 빼먹으면 안 된다는 점입니다.

형식을 참고해 코드를 작성하면 다음과 같습니다.

3.3.3 do_while.c
```
int main(void) {
    int i = 1;
    do {
```

```
        printf("Hello World %d\n", i++);
    } while (i <= 10);
    return 0;
}
```

실행해 보면 기존과 같은 결과가 나오는 것을 볼 수 있습니다.

그림 3-5 do-while 문의 작동 순서

```
int i = 1;
     ① 선언

do {
    printf("Hello World %d\n", i++);
         ②⑤ 문장 수행          ③⑥ 증가
} while (i <= 10);
         ④⑦ 조건 확인
```

while 문은 조건을 먼저 확인하고 나서 참이면 문장을 수행하지만, do-while 문은 일단 무조건 한 번은 실행하고 난 뒤에 조건을 확인한다는 점이 다릅니다. while 문은 조건에 따라 문장을 아예 실행하지 않을 수도 있습니다.

> Note **while (1)**
>
> 프로그래밍을 하다 보면 '**무한 반복**(infinite loop)에 빠졌다'는 표현을 많이 듣습니다. 이는 반복문을 탈출하지 못하고 문장이 끝없이 반복 수행하는 것을 의미합니다. C 언어에서는 0을 거짓, 0이 아닌 수를 참으로 인식합니다. 일반적으로는 코드에서 참을 표현하기 위해 1을 사용합니다. 그래서 앞 예제에서 while (i <= 10) 부분을 while (1)로 바꾸면 조건이 항상 참이 되어 무한 반복에 빠지게 됩니다. 또는, 실수로 printf() 문의 i++를 i로 잘못 적어도 i <= 10는 조건이 항상 성립하므로 무한 반복에 빠지게 되지요. 의도적으로 무한 반복을 생성하는 경우도 있지만, 탈출 조건을 제대로 설정하지 않아서 무한 반복에 빠지는 경우가 많습니다. 프로그램을 실행했을 때 기대했던 것과 다르게 계속해서 값이 출력되거나 아무런 반응 없이 커서만 깜빡인다면 무한 반복에 빠졌을 가능성이 큽니다. 이때 [Ctrl] + [C]를 누르면 실행을 강제로 종료할 수 있습니다.

2. '파이팅' 글자를 3번 출력하기 위해 다음 코드에서 🔲가🔲와 🔲나🔲에 들어갈 올바른 값을 고르세요.

```
🔲가🔲 (int i = 0; 🔲나🔲; i++) {
    printf("파이팅\n");
}
```

🔲가🔲 - 🔲나🔲

① for   - i < 3

② for   - i = 3

③ for   - i <= 3

④ while - i <= 2

3. 다음 중 🔲가🔲에 넣었을 때 실행결과가 <u>다른</u> 것을 고르세요.

```
int i = 0;
while (🔲가🔲) {
    printf("좋았어\n");
    i++;
}
```

① i != 5   ② i <= 4   ③ i < 5   ④ i == 4

4. 다음 코드를 실행했을 때 '오케이'는 몇 번 출력될까요?

```
int i = 3;
do {
    printf("오케이\n");
    i--;
} while (i > 3);
```

① 1번   ② 2번   ③ 3번   ④ 출력되지 않음

3.4

이중 반복문 사용하기

이번에는 **이중 반복문**을 배워 봅시다. 이중 반복문은 for 문 안에 for 문을 겹치게 작성하는 것으로, **중첩 반복문**이라고도 합니다. 어떻게 작성하는지 예제로 살펴봅시다.

형식대로 첫 번째 for 문을 작성합니다. i를 선언해 1로 초기화하고, i가 3보다 작거나 같을 때까지로 조건을 지정합니다. 그러면 문장 수행을 3번 반복할 거예요. 실행해 보면 결과는 1, 2, 3이 나옵니다.

3.4 **이중반복문.c**

```c
int main(void) {
    for (int i = 1; i <= 3; i++) {
        printf("첫 번째 반복문 : %d\n", i);
    }
    return 0;
}
```

실행결과		— ☐ ✕
첫 번째 반복문 : 1		
첫 번째 반복문 : 2		
첫 번째 반복문 : 3		

첫 번째 for 문 안에 두 번째 for 문을 추가합니다. 그러면 두 번째 for 문도 3번을 반복하겠죠? 두 번째 for 문도 for 문의 형식대로 작성합니다. 이때 두 번째 for 문은 첫 번째 for 문에 속하므로 printf() 문과 들여쓰기를 맞춥니다. 앞에서 변수 i를 선언했으니 여기서는 변수 j를 사용합니다. 조건은 j가 5보다 작거나 같을 때까지로 넣습니다. 증감 부분은 j++라고 적고, 중괄호 안에는 수행할 문장을 넣습니다. 여기서는 출력 문장은 구분할 수 있게 빈칸 4개를 넣고 두 번째 반복문이라고 적습니다.

```
int main(void) {
    for (int i = 1; i <= 3; i++) {
        printf("첫 번째 반복문 : %d\n", i);
        for (int j = 1; j <= 5; j++) {
            printf("____두 번째 반복문 : %d\n", j);
        }
                    ↑
              빈칸 4개 넣기
    }
    return 0;
}
```

실행결과   — □ ✕

첫 번째 반복문 : 1
    두 번째 반복문 : 1
    두 번째 반복문 : 2
    두 번째 반복문 : 3
    두 번째 반복문 : 4
    두 번째 반복문 : 5
첫 번째 반복문 : 2
    두 번째 반복문 : 1
    두 번째 반복문 : 2
    두 번째 반복문 : 3
    두 번째 반복문 : 4
    두 번째 반복문 : 5
첫 번째 반복문 : 3
    두 번째 반복문 : 1
    두 번째 반복문 : 2
    두 번째 반복문 : 3
    두 번째 반복문 : 4
    두 번째 반복문 : 5

두 번째 for 문은 printf() 문을 5번 수행합니다. 그래서 결과로 1부터 5까지 출력하고요. 순서를 정리해 보면 첫 번째 for 문에서 1을 출력하고 나서 두 번째 for 문에서 1, 2, 3, 4, 5를 출력합니다. 그리고 첫 번째 for 문으로 돌아가서 2를 출력하고 두 번째 for 문에서 1, 2, 3, 4, 5를 출력합니다. 첫 번째 for 문이 3일 때도 두 번째 for 문에서 1, 2, 3, 4, 5 출력을 반복하고 다시 첫 번째 for 문으로 돌아갑니다. 이때는 i가 3보다 작거나 같다는 조건에 맞지 않으므로 반복문을 빠져나옵니다.

이중 반복문이 어떻게 돌아가는지 실행해 보면 더 명확하게 알 수 있습니다.

3.4.1 실습 1: 구구단 출력하기

구구단을 이중 반복문으로 작성해 출력하겠습니다. 구구단은 다음과 같은 형태죠.

$2 \times 1 = 2$

$2 \times 2 = 4$

$2 \times 3 = 6$

...

$9 \times 7 = 63$

$9 \times 8 = 72$

$9 \times 9 = 81$

그럼 코드를 짜 봅시다. 완성된 코드를 먼저 보지 말고 ❶~❸ 설명을 보면서 직접 짜 보세요.

❶ for 문의 기본 형태를 작성합니다. 선언 부분은 어떻게 하면 좋을까요? 구구단은 보통 2단 부터 시작하니까 i는 2로 초기화하면 되겠네요. 구구단은 9단까지 있으니 조건은 i가 9보 다 작거나 같을 때까지로 하면 됩니다. 마지막에 증감 부분인 i++도 잊지 말고요. 그리고 단을 구분하기 위해 '몇 단 출력'이라고 넣겠습니다. printf() 함수를 사용하면 되는데, 여 기서 몇 단에 해당하는 값이 바뀌니 단을 나타내는 변수 i를 가져와 출력합니다.

❷ 이중 반복문이므로 for 문 안 출력 문장 아래에 for 문을 하나 더 작성합니다. 두 번째 for 문의 선언에는 i 대신 j를 넣습니다. 초깃값은 뭘 넣어야 할까요? 구구단은 단에 1부터 9까 지 숫자를 곱하잖아요. 첫 번째 for 문에서는 단을 넣었으니 두 번째 for 문에는 곱하는 숫 자를 넣으면 됩니다. 따라서 초깃값은 1입니다. 그리고 조건은 j가 9보다 작거나 같을 때까 지로 하고 증감 부분에는 j++를 넣으면 됩니다.

❸ 값을 출력해야 하는데, 앞에 구구단을 보면 '숫자 × 숫자 = 숫자' 형태죠. %d × %d = %d로 작성하면 되겠네요. 그리고 변수 자리에는 i와 j 그리고 i * j를 넣습니다. 이때 곱하기는 × 가 아닌 *를 넣어야 함을 잊지 마세요.

그럼 코드를 작성하고 실행해 보세요. 구구단이 제대로 나왔나요? 예상한 결과와 다르다면 책 에 있는 코드와 무엇이 다른지 비교해 보세요.

```c
int main(void) {
    for (int i = 2; i <= 9; i++) {  ----------------------- ❶ 첫 번째 for 문
        printf("%d단 출력\n", i);
        for (int j = 1; j <= 9; j++) {  ------------------- ❷ 두 번째 for 문
            printf("%d × %d = %d\n", i, j, i * j);  ------ ❸ 구구단 출력
        }
    }
    return 0;
}
```

실행결과   — □ ×

```
2단 출력
2 × 1 = 2
2 × 2 = 4
2 × 3 = 6
(중략)
9 × 7 = 63
9 × 8 = 72
9 × 9 = 81
```

결과를 보면 2단의 2 × 1 = 2부터 9단의 9 × 9 = 81까지 구구단이 출력됐습니다. 코드는 중괄호를 제외하고 단 4줄만에 끝났는데, 결과는 80줄이 나오네요. 이처럼 반복문은 간편하면서도 아주 강력합니다. 반복문을 몰랐다면 구구단을 어떻게 짰을까요? printf("2 × 1 = 2\n") 형태로 printf() 문을 엄청 많이 작성했겠죠. 이처럼 수많은 문장을 간편하게 줄일 수 있는 점이 반복문의 강력한 특징입니다.

3.4.2 실습 2: 별표 출력하기

'피라미드를 쌓아라' 프로그램을 작성하기 위해 다음 예제를 먼저 연습해 볼게요. 다음과 같이 별표가 1개부터 시작해 줄별로 1개씩 증가하면서 5줄을 출력한다고 해 봅시다. 어떻게 작성해야 할지 잠깐 생각해 보고 다음 내용을 보세요.

코드는 다음과 같이 작성합니다.

3.4.2 별표출력하기.c

```c
int main(void) {
    for (int i = 0; i < 5; i++) {
        for (int j = 0; j <= i; j++) {
            printf("*");
        }
    }
    return 0;
}
```

별표 1개부터 시작해 줄별로 1개씩 증가하면서 총 5줄을 출력합니다. 구구단에서 단을 첫 번째 반복문의 조건으로 넣은 것처럼 여기서는 첫 번째 반복문에서 줄 수만큼 반복하도록 for 문을 작성합니다. 따라서 5번 반복하면 됩니다. 이때 한 가지 주의할 점은 앞에서는 i를 1부터 시작하게 선언했는데, 여기서는 0부터 시작하도록 선언한다는 점입니다. 5번 반복해야 하니 조건은 i가 5보다 작을 때까지로 합니다. 이렇게 하면 for 문은 i가 0부터 4가 될 때까지 총 5번을 반복합니다.

두 번째 반복문에서는 줄 번호만큼 별표를 출력하도록 for 문을 작성합니다. 줄 번호는 구구단의 단에 해당하므로 첫 번째 반복문의 i와 같습니다. 따라서 두 번째 반복문은 첫 번째 반복문의 i만큼 반복하며 별표를 출력하면 됩니다. 이때 j는 첫 번째 반복문과 마찬가지로 0부터 시작하고 조건은 j가 i보다 작거나 같을 때까지로 넣습니다. 그리고 실행할 문장에는 별표 하나를 출력하는 printf() 문을 작성합니다.

이중 반복문이 어떻게 동작하는지 i와 j 값을 넣어 생각해 볼까요? i가 0일 때 j도 0입니다. 그리고 j가 i보다 작거나 같을 때 별표를 한 번 출력하죠. 그리고 j++를 하면 j가 1이 되어 i보다 크게 됩니다. 따라서 문장을 수행하지 않고 빠져나갑니다. 다시 첫 번째 반복문으로 돌아가서 i++를 하면 i는 1이 됩니다. 그리고 두 번째 반복문으로 가서 이번에 j는 0일 때 한 번, 1일 때 한 번, 총 두 번을 출력하고 빠져나갑니다. 다시 i가 2가 됐을 때는 j는 0, 1, 2, 세 번을 출력하고 빠져나가고 이를 i가 4일 때까지 반복합니다.

그런데 두 번째 반복문에서 별을 출력한 후에 그대로 끝내면 다음처럼 별표가 연속적으로 출력되어 원하는 형태가 나오지 않습니다.

따라서 첫 번째 반복문에서 반복이 1번 끝나면 줄바꿈(\n)하도록 작성해야 원하는 피라미드 형태가 나옵니다.

3.4.2 별표출력하기.c

```
int main(void) {
    for (int i = 0; i < 5; i++) {
        for (int j = 0; j <= i; j++) {
            printf("*");
        }
        printf("\n");
    }
    return 0;
}
```

```
실행결과              —  □  ×

*
**
***
****
*****
```

이중 반복문의 실행 과정을 말로 설명하니 조금 복잡해 보이죠. 한눈에 확인할 수 있게 표로 정리해 보겠습니다. 이중 반복문을 처음 공부하면 실제로 어떻게 작동하는지, i와 j 값이 어떻게 바뀌는지 헷갈릴 수 있습니다. 이럴 때는 직접 표를 그려가면서 값을 확인해 보면 이해하는 데 도움이 됩니다.

표 3-2 이중 반복문의 실행 과정

반복 횟수	i 값	j 값	실행결과
1	0	0	*(줄바꿈)
2	1	0, 1	**(줄바꿈)
3	2	0, 1, 2	***(줄바꿈)
4	3	0, 1, 2, 3	****(줄바꿈)
5	4	0, 1, 2, 3, 4	*****(줄바꿈)

표로 작성하니 이중 반복문의 실행 과정을 훨씬 이해하기 쉽죠? 과정을 파악하기 어렵다면 이처럼 표로 정리해서 꼭 이해하고 넘어가길 바랍니다.

> **Note   반복문에서 초깃값을 0부터 시작하는 이유**
>
> 변수는 하나의 값만 저장할 수 있습니다. 그런데 **배열**(array)을 이용하면 여러 값을 한 번에 관리할 수 있습니다. 배열은 여러 값이 연속된 공간에 순서대로 존재하고 각 값은 **인덱스**(index)를 통해 접근할 수 있습니다. 그리고 배열의 인덱스는 0부터 시작합니다. for 문으로 배열의 모든 값에 접근하려면 i를 0부터 시작해 1씩 증가하도록 해야 합니다. 이런 이유로 for 문에서는 보통 i를 0부터 시작합니다.
>
> 그러나 항상 그런 것은 아닙니다. 가령 크기가 3인 배열이 있을 때 이 배열의 인덱스는 0, 1, 2이므로 배열의 마지막 값부터 역순으로 접근하려면 인덱스 2부터 시작하도록 i는 배열의 전체 크기인 3에서 1을 빼고 1씩 감소하도록 해야 합니다.
>
> 배열에 관한 내용은 **6장 배열과 문자열**에서 자세히 다루니 여기서는 이런 이유로 for 문의 i가 보통 0부터 시작한다는 점만 알고 넘어가도 됩니다.

3.4.3 실습 3: 오른쪽 정렬로 별표 출력하기

별표를 똑같이 5줄 출력하는데, 이번에는 오른쪽으로 정렬하고 싶습니다. 어떻게 하면 될까요?

```
    ☆
   ☆ ☆
  ☆ ☆ ☆
 ☆ ☆ ☆ ☆
☆ ☆ ☆ ☆ ☆
```

힌트를 조금 주면 첫 줄에 별표가 하나만 보이는데 실제로는 앞에 빈칸이 4개 있습니다. 이를 스페이스를 뜻하는 S로 표시해 보세요. 그러면 첫째 줄은 S가 4개, 둘째 줄은 3개, 셋째 줄은 2개, 넷째 줄은 1개가 들어가고 별표의 개수는 실습 2와 똑같습니다. 이를 활용해 보세요.

```
S  S  S  S  ☆
S  S  S  ☆ ☆
S  S  ☆ ☆ ☆
S  ☆ ☆ ☆ ☆
☆ ☆ ☆ ☆ ☆
```

출력 결과를 보면 S가 별표보다 먼저 출력되죠? 그래서 이번에는 S를 출력할 반복문과 별표를 출력할 반복문 2개가 필요합니다. 이를 위해 이중 반복문의 두 번째 반복문 위치에 for 문을 하나 더 만들고 여기서 S를 출력하게 합니다. 구분하기 쉽게 기존 첫 번째 반복문은 바깥쪽 반복문, 두 번째 반복문은 안쪽 반복문이라고 할게요. 안쪽 반복문 위치에 for 문을 2개 작성합니다. 먼저 S를 출력할 반복문을 작성해 볼까요?

3.4.3 오른쪽정렬하기.c

```c
int main(void) {
    for (int i = 0; i < 5; i++) {
        for (int j = i; j < 5 - 1; j++) { // 빈칸 출력
            printf("S"); // printf(" ");
        }
        printf("\n");
    }
    return 0;
}
```

S의 출력 유형을 보면 처음에는 4번이었다가 3번, 2번, 1번으로 줄어듭니다. 이번에도 역시 i 값을 활용합니다. 먼저 j는 i와 같다고 선언합니다. 그리고 조건은 j < 5 − 1로 작성합니다. 바깥쪽 반복문에서 i가 0부터 시작하므로 4까지 5번을 반복하는데, i가 0일 때 첫째 줄에서 S를 4번 출력합니다. 그래서 5보다 1 작은(5 − 1) 4까지만 반복하도록 조건을 넣습니다. 그러면 i가 0일 때 j는 0, 1, 2, 3까지 반복하며 printf() 문을 실행하고, j가 4일 때는 조건에 맞지 않아서 바로 탈출합니다. 같은 방식으로 i가 1일 때 j는 1, 2, 3까지 반복하고 3번 출력합니다. 다음 반복에는 2번, 마지막에는 1번 출력하고 반복문을 빠져나옵니다.

그리고 나서 별표를 출력하는 반복문을 작성합니다. 별표는 S와 같은 줄에 출력하므로 위상이 같아야 합니다. 따라서 두 번째 for 문은 안쪽 첫 번째 for 문과 들여쓰기를 맞춥니다. 두 번째 for 문은 **실습 2**의 두 번째 for 문을 그대로 사용하되 변수를 j 대신 k로 바꿉니다.

3.4.3 오른쪽정렬하기.c

```c
int main(void) {
    for (int i = 0; i < 5; i++) {
        for (int j = i; j < 5 - 1; j++) {
            printf("S"); // printf(" ");
        }
        for (int k = 0; k <= i; k++) { // 별표 출력
```

```
            printf("*");
        }
        printf("\n");
    }
    return 0;
}
```

코드를 작성하고 실행해 보면 S와 별표가 줄별로 나옵니다. 그런데 우리가 최종으로 원하는 값은 S가 아니라 빈칸이죠? S를 빈칸으로 바꿔 다시 실행해 보면 예상한 결과가 나오는 것을 볼 수 있습니다.

1분 퀴즈

해설 노트 p.404

5. 다음은 구구단 프로그램의 일부를 수정한 코드입니다. 여기서는 구구단을 5~7단만 출력하고, 각 단은 3~5만 곱합니다. 실행결과와 똑같이 나오게 하려면 <kbd>가</kbd>와 <kbd>나</kbd>에 들어갈 내용은 무엇일까요?

```
for (int i = 5; i < 가; i++) {
    printf("%d단 출력\n", i);
    for (int j = 3; j < 나; j++) {
        printf("%d × %d = %d\n", i, j, i * j);
    }
}
```

① 7, 3　　② 7, 5　　③ 8, 5　　④ 8, 6

실행결과 — □ ×
```
5단 출력
5 × 3 = 15
5 × 4 = 20
5 × 5 = 25
6단 출력
6 × 3 = 18
6 × 4 = 24
6 × 5 = 30
7단 출력
7 × 3 = 21
7 × 4 = 28
7 × 5 = 35
```

3.5

프로젝트: 피라미드를 쌓아라

프로젝트 학습 진도

게임 구성 이해하기 ☐
코드 따라 하기 ☐
코드 이해하기 ☐
직접 구현하기 ☐

지금까지 배운 내용으로 '피라미드를 쌓아라' 게임을 만들어 보겠습니다. **3.5_프로젝트.c**라는 이름으로 새로운 소스 파일을 생성해 주세요. 원하는 이름으로 작성해도 됩니다.

자, 피라미드는 어떻게 생겼죠? 앞에서처럼 별표를 이용해 다음과 같이 간단히 그릴 수 있습니다. 그림을 보면 별표가 1, 3, 5, 7, 9로 둘씩 늘어나고 있습니다. 이를 참고해서 코드를 작성해 봅시다.

```
        ☆
      ☆ ☆ ☆
    ☆ ☆ ☆ ☆ ☆
  ☆ ☆ ☆ ☆ ☆ ☆ ☆
☆ ☆ ☆ ☆ ☆ ☆ ☆ ☆ ☆
```

❶ 처음에 몇 층으로 쌓을지 물어보죠. 질문은 쉽습니다. printf() 문으로 질문을 그대로 출력하면 됩니다.

❷ 다음으로 층을 입력받습니다. 키보드로 입력받아야 하므로 scanf_s() 문을 사용합니다. 이때 입력받은 값을 저장할 변수를 넣어야 합니다. 변수는 사용하기 전에 선언해야 하므로 main() 함수 가장 위에 floor라는 이름으로 선언합니다.

❸ 5~100의 숫자를 입력받아야 하므로 scanf_s() 문에 서식 지정자를 %d로 작성합니다. 그리고 입력값을 앞에서 선언한 변수 floor에 저장합니다.

3.5 **프로젝트**.c

```c
#include <stdio.h>

int main(void) {
    int floor; ------------------------------ ❷ 변수 선언
    printf("몇 층으로 쌓겠습니까?(5~100) "); ---- ❶ 질문 출력
    scanf_s("%d", &floor); -------------------- ❸ 층 입력받기
    return 0;
}
```

다음으로 입력받은 값만큼 별표로 피라미드를 쌓는 부분 작성해 봅시다. **실습 3**에서 작성한 이 중 반복문을 활용하면 되겠죠?

❶ 바깥쪽 반복문에서는 입력받은 값만큼 피라미드를 쌓으면 됩니다. i는 0부터 시작한다고 선언합니다. 피라미드는 언제까지 쌓아야 할까요? floor까지죠. 따라서 i는 floor보다 작 을 때까지로 조건을 정하고 마지막에 i++를 넣어 반복할 때마다 한 층씩 쌓으면 됩니다.

❷ 안쪽 반복문도 똑같습니다. 빈칸에 S가 있다고 생각하세요. 빈칸만큼 S를 출력하고 별표를 출력하면 되니 그대로 작성하면 됩니다. **실습 3**에서 조건의 5는 무엇이었죠? 몇 줄을 출력할 건지였죠. 여기서는 몇 층을 쌓을지가 되겠네요. 층수는 floor이므로 조건은 floor - 1이 됩니다. 수행할 문장은 출력할 내용인데, 빈칸이니 우선 알아보기 쉽게 S를 출력하도록 넣 습니다.

❸ 안쪽 두 번째 반복문은 **실습 3**의 코드를 그대로 복사해서 사용하고 조건만 따로 생각해 보 죠. 두 번째 반복문에서는 별표를 출력하는데, 처음에는 별표 1개, 그다음은 3개, 5개, 7개, 9개로 2씩 커지고 있습니다. 숫자를 보면 알겠지만, 홀수입니다. 2씩 커지는 값을 어떻게 구하죠? 2를 곱해 볼까요? 그리고 홀수니까 + 1을 해 봅시다. 그럼 i가 0부터 시작하니까 첫째 줄은 0(i) × 2 + 1 = 1이 되므로 별표가 하나, 둘째 줄은 1(i) × 2 + 1 = 3이 되므로 별표가 셋, 셋째 줄은 2(i) × 2 + 1 = 5가 되므로 별표가 다섯이 됩니다. 홀수를 구하는 방 법은 책에 나온 방법 외에도 많으니 다른 방법을 사용해도 됩니다.

❹ 마지막에 층을 구분하기 위해 줄바꿈하는 것도 잊지 마세요.

이해하기 쉽도록 실행 과정을 표로 정리해 봅시다.

표 3-3 실행 과정(5를 입력받은 경우)

반복 횟수	i 값	floor − 1	j 값	i * 2 + 1	k 값	실행결과
1	0	4	0, 1, 2, 3	1	0	SSSS*(줄바꿈)
2	1	4	1, 2, 3	3	0, 1, 2	SSS***(줄바꿈)
3	2	4	2, 3	5	0, 1, 2, 3, 4	SS*****(줄바꿈)
4	3	4	3	7	0, 1, 2, 3, 4, 5, 6	S*******(줄바꿈)
5	4	4	4	9	0, 1, 2, 3, 4, 5, 6, 7, 8	*********(줄바꿈)

설명대로 코드를 완성하면 다음과 같습니다.

3.5 **프로젝트**.c

```
int main(void) {
    int floor;
    printf("몇 층으로 쌓겠습니까?(5~100) ");
    scanf_s("%d", &floor);
    for (int i = 0; i < floor; i++) { --------------- ❶ 입력받은 값(층)만큼 반복
        for (int j = i; j < floor - 1; j++) { ------- ❷ 빈칸(S) 출력
            printf("S"); // printf(" ");
        }
        for (int k = 0; k < i * 2 + 1; k++) { ------- ❸ 별표 출력
            printf("*");
        }
        printf("\n"); ------------------------------- ❹ 줄바꿈(층 구분)
    }
    return 0;
}
```

실행결과   — ☐ ✕

```
몇 층으로 쌓겠습니까?(5~100) 5
SSSS*
SSS***
SS*****
S*******
*********
```

작성한 코드를 실행해서 5를 입력하면 5층짜리 피라미드가 생깁니다. 확인하고 나서 S를 빈칸으로 바꾸면 별표로 이루어진 예쁜 피라미드가 만들어집니다. 원하는 값을 넣으며 여러 번 실행해 보세요.

이렇게 해서 반복문으로 '피라미드를 쌓아라' 게임의 핵심 부분을 구현해 봤습니다.

마무리

1. 연산자

반복문에서 자주 사용하는 연산자는 다음과 같습니다.

구분	연산자	설명
증감 연산자	++a	a의 값 1 증가 후 연산 진행
	a++	연산한 후 a의 값 1 증가
	--a	a의 값 1 감소 후 연산 진행
	a--	연산한 후 a의 값 1 감소
비교 연산자 (관계 연산자)	<	왼쪽에 있는 값이 오른쪽에 있는 값보다 작은가?
	>	왼쪽에 있는 값이 오른쪽에 있는 값보다 큰가?
	<=	왼쪽에 있는 값이 오른쪽에 있는 값보다 작거나 같은가?
	>=	왼쪽에 있는 값이 오른쪽에 있는 값보다 크거나 같은가?
	==	왼쪽에 있는 값과 오른쪽에 있는 값이 같은가?
	!=	왼쪽에 있는 값과 오른쪽에 있는 값이 다른가?

2. 반복문

같은 작업을 반복 수행해야 할 때 for 문, while 문, do-while 문을 사용해 짧고 간단하게 작성할 수 있습니다.

3. for 문

변수 선언과 초기화(선언) → 변수의 값과 조건 비교(조건) → 문장 수행 → 증감의 순서로 작동합니다.

```
형식    for (선언; 조건; 증감) {
            // 수행할 문장
        }
```

4. while 문

for 문과 달리 선언은 while 문 앞에 합니다. 그리고 증감은 수행할 문장과 함께 작성합니다.

```
형식    선언;
        while (조건) {
            // 수행할 문장(증감 포함)
        }
```

5. do-while 문

① do-while 문도 선언은 do-while 문 앞에 합니다. 수행할 문장은 do 뒤의 중괄호 안에 작성
하고 중괄호 다음에 오는 while 뒤에 문장을 수행할 조건을 넣습니다. 마지막으로 조건 뒤에
세미콜론을 꼭 넣어야 합니다.

```
형식    선언;
        do {
            // 수행할 문장
        } while (조건);
```

② while 문은 조건을 먼저 확인하고 나서 참이면 문장을 수행하지만, do-while 문은 무조건 한
번 실행하고 난 뒤에 조건을 확인합니다.

6. 이중 반복문

for 문 안에 for 문을 겹치게 작성하는 것으로, **중첩 반복문**이라고도 합니다.

```
형식    for (선언; 조건; 증감) {
            for (선언; 조건; 증감) {
                // 수행할 문장
            }
        }
```

셀프체크

해설 노트 p.404

문제 **별표가 다음과 같이 출력되도록 이중 반복문으로 코드를 작성해 보세요.**

힌트 ++ 연산자와 반대 역할을 하는 -- 연산자가 있습니다.

실행결과	— ☐ ✕
*****	
****	
***	
**	
*	

4장

조건에 따라 다른 일하기: 조건문

이 장에서는 조건에 따라 분기하는 조건문에 관해 배웁니다. if-else 문, break 문, continue 문, switch-case 문을 공부하고, 조건문을 활용해 '숫자 맞히기' 게임의 핵심 부분을 만들어 봅니다.

4.1

프로그램 실행
영상 보기

이 장에서 만드는 프로그램

먼저 게임을 살펴볼까요? 초기 화면에는 '숫자 맞히기'라는 제목이 적혀 있습니다. 화면 아래 시작하기를 누르면 컴퓨터가 대결을 준비합니다. 시작하기를 한 번 더 누르면 1~100의 수를 입력해 정답을 맞혀 보라고 나옵니다. 기회는 총 5번입니다. 화면 아래 키패드로 생각하는 번호를 입력하고 OK를 누릅니다.

그림 4-1 숫자 맞히기 게임 구성 1

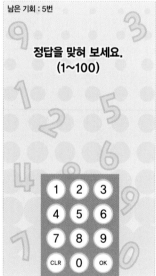

컴퓨터가 설정한 숫자보다 입력한 숫자가 크면 'DOWN'이라고 나오고, 작으면 'UP'이라고 나옵니다. 계속 숫자를 좁혀가다가 정답을 맞히면 게임이 끝납니다.

그림 4-2 숫자 맞히기 게임 구성 2

이와 같이 숫자 맞히기 게임은 상대방이 고른 무작위 숫자를 제한된 횟수 안에서 맞히면 됩니다. 어떤 게임인지 알겠죠? 이런 게임을 해 본 적이 있을 것 같은데요. 4장에서는 이 숫자 맞히기 게임의 기본 로직을 짜 볼 겁니다.

4.2

조건에 따라 분기하기

4장에서 사용할 새로운 프로젝트를 만듭니다. 그런 다음 솔루션 탐색기로 가서 소스 파일에 **condition.c**라는 새로운 파일을 추가합니다. 편집기 창이 뜨면 여기에 기본 코드를 작성하고 시작해 봅시다.

condition.c
```c
#include <stdio.h>

int main(void) {
    return 0;
}
```

4.2.1 if-else 문

먼저 조건문이 무엇인지 알아보겠습니다. 조건문에서 가장 기본은 if-else 문으로, 기본 형식은 다음과 같습니다.

형식
```c
if (조건) {
    // 조건을 만족할 때 수행할 문장
} else {
    // 조건을 만족하지 않을 때 수행할 문장
}
```

if 문 뒤에는 조건이 들어가는데, 조건을 만족하면 if 문의 중괄호 영역을 실행하고 조건을 만족하지 않는 모든 경우에는 else 문의 중괄호 영역을 실행하라는 의미입니다. 조건에 따라 두 방향으로 분기하죠. 즉, **조건문**은 프로그램을 실행하는 중에 조건에 따른 분기가 필요할 때 사용합니다.

그럼 한번 가정해 봅시다. 여러분이 청소년일 수도 있고, 성년일 수도 있습니다. 성년 기준을 20세 이상으로 한다고 했을 때 나이가 15세라면 코드를 다음과 같이 작성할 수 있습니다. 여기서 조건은 20세 이상이라는 나이가 되겠죠?

4.2.1 if_else.c

```c
int main(void) {
    int age = 15;
    if (age >= 20) {
        printf("성년입니다.\n");
    } else {
        printf("청소년입니다.\n");
    }
    return 0;
}
```

실행결과   — □ ×

청소년입니다.

실행해 보면 age가 15이므로 조건을 만족하지 않아서 if 문의 문장을 수행하지 않고 else 문의 문장을 수행합니다. 나이를 25세라고 바꾸면 age가 20보다 크거나 같은 조건을 만족하므로 '성년입니다.'를 출력합니다.

TIP —— if-else 문 안에 수행할 문장이 하나만 있을 때는 중괄호를 생략해도 됩니다. 하지만 가독성을 위해 중괄호를 생략하지 않는 것이 좋습니다.

> **Note   if 문 단독 사용**
>
> if 문은 else 문 없이 단독으로도 사용할 수 있습니다. 단독으로 사용할 때는 조건을 만족하는 경우에만 if 문의 문장을 수행하고 그렇지 않은 경우에는 별다른 동작 없이 계속해서 프로그램을 수행합니다. if 문을 단독으로 사용할 때는 오른쪽과 같이 작성할 수 있습니다. 이 코드를 실행하면 age가 15이므로 if 문의 조건을 만족하지 않아서 '성년입니다.'를 출력하는 if 문의 문장을 건너뛰고 프로그램을 종료합니다.
>
> ```c
> int main(void) {
>     int age = 15;
>     if (age >= 20) {
>         printf("성년입니다.\n");
>     }
>     return 0;
> }
> ```

4.2.2 if-else if-else 문

청소년과 성년을 구분하는 것은 조건이 간단하죠. 조건에 따라 두 방향으로 분기하면 됩니다. 그런데 청소년을 초등학생, 중학생, 고등학생으로 나누면 어떨까요? 이때 나이 기준이 초등학생은 8~13세, 중학생은 14~16세, 고등학생은 17~19세라면요? 이러면 조건이 많아지죠. 이럴 때 else if 문이 필요합니다. 형식은 이따가 알아보고 코드를 먼저 작성해 봅시다.

4.2.2 if_elseif_else.c

```c
int main(void) {
    int age = 9;
    if (age >= 8 && age <= 13) {
        printf("초등학생입니다.\n");
    } else if (age >= 14 && age <= 16) {
        printf("중학생입니다.\n");
    } else if (age >= 17 && age <= 19) {
        printf("고등학생입니다.\n");
    }
    return 0;
}
```

실행결과

초등학생입니다.

먼저 if 문을 보면 조건에 && 표시가 있죠. &&는 논리 연산자(**표 3-1 주요 연산자** 참고)의 하나인 **AND 연산자**입니다. 자세한 내용은 **4.2.3 AND와 OR 연산자**에서 다루니 여기서는 의미만 알아 두세요. if 문에서 AND 연산자는 '조건이 둘 다 참이면 참'이라는 뜻입니다.

코드를 보면 age >= 8 조건과 age <= 13 조건 사이에 &&가 있습니다. 따라서 'age가 8보다 크거나 같고 13보다 작거나 같으면 참'을 의미하죠. 그리고 두 조건을 모두 만족하면 printf() 문을 실행해 '초등학생입니다.'를 출력합니다. 마찬가지로 else if 문에서도 age가 14보다 크거나 같으면서 16보다 작거나 같으면 '중학생입니다.'를 출력합니다.

그런데 else if 문이 하나 더 있습니다. if 문이나 else 문과 달리 else if 문은 여러 번 나올 수 있습니다. 그래서 초등학생, 중학생, 고등학생처럼 조건이 3가지일 때는 else if 문을 두 번 사용하면 됩니다. 조건이 3가지지만, 첫 번째 if 문의 조건을 만족하면 나머지 else if 문을 살펴보지 않고 if 문 전체를 탈출합니다. 또한, if 문의 조건을 만족하지 않고 첫 번째 else if 문의 조건을 만족하면 두 번째 else if 문을 살펴보지 않고 탈출합니다. 조건이 맞을 때까지만 확인하는 것이죠.

실행결과를 보면 age가 9니까 초등학생이라고 나옵니다. 또한, age를 15로 바꾸면 중학생이라고 나오고, 19로 바꾸면 고등학생이라고 나오겠죠. 그럼 25일 때는 어떨까요? 25세는 8~13세도 아니고, 14~16세도 아니고, 17~19세도 아닙니다. 즉, if 문과 else if 문의 조건 어디에도 해당하지 않습니다. 그래서 아무것도 출력하지 않습니다.

그런데 25세일 때도 뭔가를 출력하고 싶다면 어떻게 해야 할까요? 이때는 else 문을 사용합니다. 앞에서 else 문의 문장은 모든 조건을 만족하지 않을 때 수행한다고 했습니다. 따라서 앞의 조건을 모두 만족하지 않으면 '청소년이 아닙니다.'라고 출력해 보겠습니다. 앞의 코드에서 age 값을 25로 수정하고 마지막 else if 문 뒤에 else 문을 추가한 후 다시 실행해 봅시다.

4.2.2 if_elseif_else.c

```c
int main(void) {
    int age = 25;
    if (age >= 8 && age <= 13) {
        printf("초등학생입니다.\n");
    } else if (age >= 14 && age <= 16) {
        printf("중학생입니다.\n");
    } else if (age >= 17 && age <= 19) {
        printf("고등학생입니다.\n");
    } else {
        printf("청소년이 아닙니다.\n");
    }
    return 0;
}
```

실행결과	—	□	×
청소년이 아닙니다.			

예상한 대로 age가 25일 때는 else 문만 수행합니다.

정리해 봅시다. if 문에서 조건을 만족하면 문장을 수행하고 조건문을 끝냅니다. 그런데 조건을 만족하지 않으면 다음 조건으로 넘어갑니다. 다음에 있는 else if 문에서도 조건을 확인하고 만족하면 수행하고 조건문을 끝냅니다. 또는, 이번에도 조건을 만족하지 않으면 다음 조건으로 갑니다. 이렇게 계속 조건을 확인하다가 모두 만족하지 않으면 마지막에 else 문으로 가서 해당 문장을 수행하고 끝냅니다.

형식
```
if (조건) {
    // 수행할 문장
} else if (조건) {
    // 수행할 문장
} else if (조건) {
...
} else {
    // 수행할 문장
}
```

4.2.3 AND와 OR 연산자

앞에서 나온 AND 연산자와, OR 연산자를 잠시 알아보겠습니다.

● AND 연산자

코드를 다시 보면 조건이 2개인데, 두 조건을 모두 만족하면 '초등학생입니다.'를 출력합니다. 여기서 AND 연산자는 **두 조건이 모두 참이면 참**이라고 했습니다.

4.2.2 if_elseif_else.c 코드 일부
```
if (age >= 8 && age <= 13) {
    printf("초등학생입니다.\n");
}
```

다음 코드를 봅시다. if 문의 조건이 a == b와 c == d죠. 조건에서 ==는 연산자 왼쪽과 오른쪽의 두 값이 같은지를 비교하는 연산자로, **비교 연산자** 또는 **관계 연산자**라고도 합니다. 즉, a와 b의 값이 같은지, c와 d의 값이 같은지를 비교합니다. 이 두 조건 사이에 && 연산자가 있습니다. 따라서 두 조건이 모두 참일 때 if 문 안의 printf() 문을 수행합니다.

4.2.3 and.c
```
int main(void) {
    int a = 10;
    int b = 11;
    int c = 12;
    int d = 13;
```

```
        if (a == b && c == d) {
            printf("a와 b가 같고 c와 d도 같습니다.\n");
        }
        return 0;
    }
```

실행결과   — □ ×

실행결과를 보면 아무것도 출력하지 않습니다. 변수 선언 부분을 보면 a, b, c, d의 값이 모두 다르기 때문입니다. 이렇게 조건에 맞지 않을 때 수행할 else 문을 if 문 아래에 추가하겠습니다. else 문을 추가하고 다시 실행하면 값이 서로 다르다는 문장이 출력됩니다.

4.2.3 and.c
```
else {
    printf("값이 서로 다릅니다.\n");
}
```

실행결과   — □ ×
값이 서로 다릅니다.

그럼 변수의 값을 b는 10, d는 12로 바꾸면 어떻게 될까요? a와 b가 같고 c와 d도 같기 때문에 if 문의 문장이 출력됩니다.

● OR 연산자

이번에는 한쪽이라도 두 변수의 값이 같으면 출력하고 싶습니다. 예를 들어, a와 b는 10으로 같고 c는 12, d는 13으로 값이 다른 경우처럼요. 이럴 때는 AND 연산자 대신에 **OR 연산자**를 사용합니다. OR 연산자는 **두 조건 중 하나라도 참이면 참**을 뜻하고 ‖로 표시합니다.

TIP ── ‖는 키보드에서 역슬래시(\) 또는 원화 기호(₩)와 같은 키에 있는 직선 모양의 기호(|)를 [Shift]와 함께 2번 연속 누르면 됩니다. 이 기호는 수직선 기호(vertical bar)라고도 하고 파이프 문자(pipe)라고도 합니다.

다음 코드를 해석하면 ‘a와 b가 같거나 c와 d가 같으면 문장을 출력하라’는 뜻입니다. AND 연산자는 두 조건을 모두 만족할 때 if 문 안의 문장을 실행하죠. 그러나 OR 연산자는 두 조건 중 하나라도 만족하면 실행합니다.

110

4.2.3 or.c

```c
int main(void) {
    int a = 10;
    int b = 10;
    int c = 12;
    int d = 13;
    if (a == b || c == d) {
        printf("a와 b 또는 c와 d의 값이 같습니다.\n");
    }
    return 0;
}
```

실행결과   — □ ×

a와 b 또는 c와 d의 값이 같습니다.

c와 d는 값이 다르지만, a와 b의 값은 10으로 같아서 printf() 문을 실행합니다. 이번에는 b를 11로, c는 13으로 바꿔 봅시다. a와 b는 값이 다르지만, c와 d는 같기 때문에 뒤의 조건을 만족합니다. OR 연산자는 앞의 조건이든 뒤의 조건이든 두 조건 중 하나라도 만족하면 실행하므로 이번에도 printf() 문을 실행합니다. 직접 코드를 수정해서 결과를 확인해 보세요.

1분 퀴즈
해설 노트 p.404

1. 다음 중 조건문에 관한 설명으로 틀린 것을 고르세요.

① 조건에 따라 프로그램을 분기하기 위해 사용한다.

② if 문의 조건이 거짓일 때 수행될 else 문은 여러 번 정의할 수 있다.

③ if 문의 조건이 거짓일 때 또 다른 조건을 확인하려면 else if 문을 사용한다.

④ else if 문은 여러 번 사용할 수 있다.

2. 다음은 어느 카페에 있는 키오스크 프로그램의 일부입니다. 실행결과로 올바른 것을 고르세요.

```c
int main(void) {
    int bread = 1; // 빵 1개 주문
    int coffee = 3; // 커피 3잔 주문
```

```
    if (bread > 0) {
        printf("빵은 조리시간이 5분 이상 걸릴 수 있습니다.\n");
    }
    if (coffee > 0) {
        printf("매장 안에서는 일회용 컵을 사용할 수 없습니다.\n");
    }
    printf("주문이 완료됐습니다.\n");
    return 0;
}
```

① 빵은 조리시간이 5분 이상 걸릴 수 있습니다.

② 매장 안에서는 일회용 컵을 사용할 수 없습니다.

③ 빵은 조리시간이 5분 이상 걸릴 수 있습니다.

 주문이 완료됐습니다.

④ 빵은 조리시간이 5분 이상 걸릴 수 있습니다.

 매장 안에서는 일회용 컵을 사용할 수 없습니다.

 주문이 완료됐습니다.

4.3

실행 중단하기

C 프로그램은 명령문이 처음부터 끝까지 순서대로 실행됩니다. 이러한 순차적인 흐름은 앞에서 배운 반복문과 조건문을 통해 제어할 수 있습니다. 이번에는 반복문 안에서 필요에 따라 코드의 일부만 실행하고 다음 반복으로 넘어가거나 더 이상 반복하지 않고 반복문을 탈출하는 방법을 알아보겠습니다.

4.3.1 break 문

어느 반에 학생이 1번부터 30번까지 있습니다. 이 중에서 1번 학생부터 5번 학생까지 조별 발표를 합니다. 이를 코드로 작성해 보겠습니다. 1번부터 30번이라는 숫자 범위를 보니 뭔가 떠오르지 않나요? 앞에서 배운 반복문이 생각난다면 훌륭합니다. 그럼 for 문으로 기본 형태를 작성해 봅시다.

학생 번호는 바뀌므로 정수형 변수 i로 표시합니다. 1번부터 30번까지 있으니 조건은 30보다 작거나 같을 때로 작성합니다. 그리고 ++ 연산자로 번호를 증가시켜야겠죠. 그런 다음 수행할 문장을 적습니다. 1~5번 학생이 조별 발표를 한다고 했으니 우선 이 내용을 출력하겠습니다. 번호는 변수 i에 저장되므로 %d를 지정해 출력하게 합니다. 다음과 같이 작성하고 실행해 보면 1번 학생부터 30번 학생까지 출력합니다.

4.3.1 **break.c**

```
int main(void) {
    for (int i = 1; i <= 30; i++) {
        printf("%d번 학생은 조별 발표를 준비하세요.\n", i);
```

```
        }
    return 0;
}
```

그런데 제시한 조건은 1번부터 5번까지만이었습니다. 그러면 6번 이후부터는 출력할 필요가 없죠. 번호가 6보다 크거나 같으면 1~5번 학생이 아니므로 '나머지 학생은 집에 가세요.'라고 출력해 봅시다.

4.3.1 break.c

```
int main(void) {
    for (int i = 1; i <= 30; i++) {
        if (i >= 6) {
            printf("나머지 학생은 집에 가세요.\n");
        }
        printf("%d번 학생은 조별 발표를 준비하세요.\n", i);
    }
    return 0;
}
```

114

이 상태로 실행하니 i가 6 이상일 때는 30번까지 두 문장을 연달아 출력합니다. 어디선가 실행을 끊어야 됩니다. 끊어야 하는 부분은 어딜까요?

if 문의 조건을 만족하면 '나머지 학생은 집에 가세요.'라고 출력하고 나머지 번호를 반복하지 않도록 for 문을 탈출해야 합니다. 이럴 때는 break 문을 사용합니다. for 문을 수행하다가 break 문을 만나면 조건을 만족하든 안 하든 상관없이 for 문을 탈출합니다.

그럼 if 문에 break 문을 넣고 다시 실행해 봅시다.

4.3.1 **break.c**

```c
int main(void) {
    for (int i = 1; i <= 30; i++) {
        if (i >= 6) {
            printf("나머지 학생은 집에 가세요.\n");
            break;
        }
        printf("%d번 학생은 조별 발표를 준비하세요.\n", i);
    }
    return 0;
}
```

실행결과   — □ ×

```
1번 학생은 조별 발표를 준비하세요.
2번 학생은 조별 발표를 준비하세요.
3번 학생은 조별 발표를 준비하세요.
4번 학생은 조별 발표를 준비하세요.
5번 학생은 조별 발표를 준비하세요.
나머지 학생은 집에 가세요
```

드디어 원했던 결과가 나오네요. for 문으로 1부터 반복합니다. 반복문 안에서 if 문을 만나 번호가 6보다 크거나 같은 조건을 만족하면 '나머지 학생은 집에 가세요.'를 출력합니다. 그리고 뒤에 오는 break 문을 만나면 반복문을 더 실행하지 않고 for 문을 바로 탈출해 프로그램을 종료합니다.

4.3.2 continue 문

이번에는 1번부터 30번까지 있는 반에서 7번 학생이 아파서 결석했다고 합시다. 그래서 7번을 제외하고 6번부터 10번까지 조별 발표를 하라고 조건을 주겠습니다. 어떻게 작성할까요? 코드를 먼저 보지 말고 직접 코드를 작성한 후에 비교해 보세요.

4.3.2 **continue.c**

```c
int main(void) {
    for (int i = 1; i <= 30; i++) {
        if (i >= 6 && i <= 10) {
            if (i == 7) {
                printf("%d번 학생은 결석입니다.\n", i);
            }
            printf("%d번 학생은 조별 발표를 준비하세요.\n", i);
        }
    }
    return 0;
}
```

실행결과

```
6번 학생은 조별 발표를 준비하세요.
7번 학생은 결석입니다.
7번 학생은 조별 발표를 준비하세요.
8번 학생은 조별 발표를 준비하세요.
9번 학생은 조별 발표를 준비하세요.
10번 학생은 조별 발표를 준비하세요.
```

for 문의 조건은 그대로입니다. 그리고 6~10번 학생이 발표해야 하니까 if 문의 조건으로 6보다 크거나 같고 10보다 작거나 같으면 조별 발표를 준비하도록 설정합니다. 그런데 7번 학생은 결석했으니 발표할 수 없겠죠. 조건 안에 예외 조건이 있으므로 이런 경우에는 if 문 안에 또 다른 if 문을 넣습니다. 그래서 조건으로 i가 7이면 printf() 문을 실행하도록 작성합니다. 이처럼 if 문도 for 문처럼 중첩해서 사용할 수 있습니다.

그런데 실행결과를 보면 7번 학생이 결석이라고 나오고 연달아 조별 발표를 준비하라고 나오네요. 안쪽 if 문에서 i는 7이라는 조건을 만족해 문장을 출력하고 두 번째 if 문은 빠져나왔습니다. 하지만 바깥쪽 if 문에 속하는 printf() 문이 있어서 7번 학생은 결석했는데도 발표를 준비해야 하는 불쌍한 상황이 생겼습니다.

이런 상황을 막고 싶겠죠? 이럴 때는 continue 문을 사용합니다. 앞에서 조건을 만족하고 수행하다가 break 문을 만나면 다음 문장을 수행하지 않고 바로 반복문을 탈출했죠? continue 문은 조건을 만족하고 수행하다가 continue 문을 만나면 다음 문장을 수행하지 않는 부분까지는 break 문과 같습니다. 그런데 break 문과 달리 반복문을 탈출하지 않고 이번 반복만 종료한 후 다음 반복으로 넘어갑니다. 그래서 i가 7일 때 '7번 학생은 결석입니다.'를 출력하고 continue 문을 만나면 바깥쪽 if 문에 속하는 printf() 문을 수행하지 않고 i++를 수행한 후 다음 반복으로 넘어갑니다.

4.3.2 **continue.c**

```c
int main(void) {
    for (int i = 1; i <= 30; i++) {
        if (i >= 6 && i <= 10) {
            if (i == 7) {
                printf("%d번 학생은 결석입니다.\n", i);
                continue;
            }
            printf("%d번 학생은 조별 발표를 준비하세요.\n", i);
        }
    }
    return 0;
}
```

실행결과   — □ ×

6 번 학생은 조별 발표를 준비하세요.
7 번 학생은 결석입니다.
8 번 학생은 조별 발표를 준비하세요.
9 번 학생은 조별 발표를 준비하세요.
10 번 학생은 조별 발표를 준비하세요.

실행결과를 보면 break 문과 continue 문이 어떻게 다른지 알 수 있습니다. break 문과 continue 문은 프로그램의 실행 흐름을 제어할 때 자주 사용하므로 꼭 익혀 두기 바랍니다.

3. 다음 중 반복문의 동작을 멈추고 즉시 탈출할 때 사용하는 키워드는 무엇일까요?

① continue   ② break   ③ exit   ④ quit

4. 다음 코드의 실행결과로 올바른 것을 고르세요.

```c
for (int i = 0; i < 5; i++) {
    if (i == 3) {
        continue;
    }
    printf("%d", i);
}
```

① 012   ② 01234   ③ 0124   ④ 01245

4.4

여러 방향으로 분기하기

마지막으로 switch 문을 배워 봅시다. 그런데 그 전에 한 가지 알아야 할 내용이 있어서 이를 먼저 살펴보겠습니다.

4.4.1 난수 생성하기

프로그래밍할 때 자주 사용하는 것 중 하나가 난수입니다. 예를 들어, 컴퓨터에게 '숫자 하나를 골라 봐'라고 시킨다고 합시다. 이럴 때 C 언어에서는 rand( )라는 함수를 사용합니다. 그런데 rand( ) 함수를 사용하려면 stdio.h 파일 외에 time.h, stdlib.h 파일을 추가해야 합니다. **2.2.1 C 소스 파일의 기본 구조**에서 설명한 대로 전처리기 지시문으로 작성하면 됩니다.

TIP —— time.h 파일은 시간 관련 함수를 모아 놓은 헤더 파일이고, stdlib.h 파일은 난수 생성과 문자열 변환 등을 수행하는 함수들을 모아 놓은 헤더 파일입니다.

4.4.1 난수.c
```c
#include <time.h>
#include <stdlib.h>
#include <stdio.h>

int main(void) {
    return 0;
}
```

그럼 rand( ) 함수로 난수를 어떻게 뽑는지 알아봅시다. rand( ) 함수는 다음과 같은 형식으로 사용합니다.

형식   rand( ) % 어떤 수;

여기서 **어떤 수**는 내가 뽑고 싶은 숫자의 범위를 지정하는 역할을 합니다. 만약 컴퓨터에게 '숫자 3개 중에서 하나를 골라 줘'라고 시키고 싶다면 다음처럼 어떤 수에 3을 넣으면 됩니다.

```
rand( ) % 3; // 0~2
```

그러면 컴퓨터는 0, 1, 2 셋 중에서 하나를 뽑게 됩니다. 이때 주의할 점은 시작하는 숫자가 1이 아니라 0이라는 점입니다. 컴퓨터는 숫자를 1이 아닌 0부터 세기 때문입니다. 따라서 1부터 3 사이에서 숫자를 뽑기를 원한다면 앞선 식에 1을 더하면 됩니다. 컴퓨터는 0부터 2 사이에서 숫자를 뽑지만, 여기에 1을 더하니까 1부터 3 사이의 숫자가 나오게 됩니다.

```
rand( ) % 3 + 1; // 1~3
```

그리고 난수를 뽑을 때는 항상 초기화해 줘야 합니다. 초기화하지 않으면 난수가 제대로 나오지 않습니다. 초기화 코드는 난수를 뽑는 코드 위쪽에 다음과 같이 작성하면 됩니다.

```
srand(time(NULL)); // 난수 초기화
rand( ) % 3 + 1; // 1~3
```

> **Note** **srand(time(NULL)) 사용 시 데이터 손실 경고 처리 방법**
>
> 난수 초기화를 위해 srand(time(NULL)) 코드를 사용할 때 "warning C4244: '인수': 'time_t'에서 'unsigned int'(으)로 변환하면서 데이터가 손실될 수 있습니다."라는 경고 메시지가 나타날 수 있습니다.
>
> 이는 time( ) 함수로 얻어온 값의 형태(time_t)가 기대한 형태(unsigned int)와 다르다는 뜻입니다. 경고 메시지가 나와도 프로그램이 동작하는 데는 아무런 문제가 없습니다. 하지만 경고 메시지를 없애고 싶다면 time( ) 함수 앞에 명시적으로 (unsigned int)를 붙여 형변환(**7.4.4 어항 물 높이 줄이기** 참고)하면 경고 메시지가 나오지 않습니다.
>
> ```
> srand((unsigned int) time(NULL)); // 난수 초기화
> ```

난수 초기화가 어떤 건지 예제로 살펴봅시다. 다음 예제는 for 문을 사용해 0부터 9 사이에서 숫자를 10번 뽑습니다. 그리고 뽑은 숫자를 출력합니다. 코드를 실행해 볼까요?

4.4.1 난수.c

```c
int main(void) {
    printf("난수 초기화 이전...\n");
    for (int i = 0; i < 10; i++) {
        printf("%d ", rand() % 10);
    }
    return 0;
}
```

실행결과 — □ ×
```
난수 초기화 이전...
1 7 4 0 9 4 8 8 2 4
```

실행했더니 숫자가 무작위로 뽑힌 것처럼 보이죠. 그럼 다시 한번 실행해 보세요. 다시 실행해도 여전히 1 7 4 0 9 4 8 8 2 4가 나옵니다. 여러 번 실행해도 실행할 때마다 똑같은 숫자가 나옵니다. 난수 초기화를 하는 이유는 바로 이 때문입니다. 그러면 난수 초기화를 하고 다시 코드를 실행해 봅시다.

4.4.1 난수.c

```c
int main(void) {
    printf("난수 초기화 이전...\n");
    for (int i = 0; i < 10; i++) {
        printf("%d ", rand() % 10);
    }
    srand(time(NULL)); // 난수 초기화
    printf("\n\n난수 초기화 이후...\n");
    for (int i = 0; i < 10; i++) {
        printf("%d ", rand() % 10);
    }
    return 0;
}
```

실행결과 — □ ×
```
난수 초기화 이전...
1 7 4 0 9 4 8 8 2 4

난수 초기화 이후...
0 1 2 3 4 9 7 6 2 7
```

실행결과를 보면 난수 초기화 이전에는 숫자가 1 7 4 0 9 4 8 8 2 4로 똑같이 나왔습니다. 그런데 난수 초기화 이후에는 다르게 나왔죠. 다시 실행해도 난수 초기화 이선에는 똑같온 숫자가 나오고, 난수 초기화 이후에는 다른 숫자들이 나옵니다. 이처럼 난수를 제대로 뽑으려면 항상 난수 초기화를 한 후에 rand() 함수를 사용해야 합니다.

TIP — 난수 초기화 이후에 나오는 숫자는 이 책과 다르게 나올 수 있습니다. 중요한 점은 난수 초기화를 하지 않으면 동일한 값이 반복해서 출력되지만, 난수 초기화를 하고 나면 매번 다른 값이 나온다는 점입니다.

난수 초기화를 할 때 어떤 난수가 발생할지 예측할 수 없도록 srand( ) 함수를 사용합니다. 이 함수는 초기화할 때 사용되는 씨드(seed) 값을 전달받는데, 같은 씨드 값이 주어지면 항상 같은 난수가 생성됩니다. 그래서 프로그램을 실행할 때마다 다른 난수를 얻고 싶다면 실행할 때마다 다른 씨드 값을 사용해야 합니다. 이때 사용할 수 있는 함수가 time(NULL)입니다. 이 함수를 사용하면 1970년 1월 1일 0시 0분 0초부터 현재 시각까지의 경과 시간을 초 단위로 계산해 반환합니다. 그래서 srand(time(NULL))로 난수 초기화를 하면 프로그램을 실행할 때마다 시간 정보가 달라져 매번 다른 난수를 얻을 수 있습니다.

4.4.2 switch 문

간단한 가위바위보 게임을 만들어 보겠습니다. 컴퓨터가 가위, 바위, 보 중에서 하나를 뽑는 게임인데, 숫자 3개 중에서 하나를 뽑는 것과 마찬가지라서 앞에서 본 난수 생성하기와 방법이 같습니다. 여기서는 가위는 0, 바위는 1, 보는 2로 지정하고 코드를 작성하겠습니다.

먼저 준비 작업으로 time.h 파일과 stdlib.h 파일을 추가하고, 난수 초기화도 합니다. 준비 작업을 끝내면 rand( ) 함수로 숫자 3개 중에서 난수를 뽑으면 됩니다.

4.4.2 **switch.c**

```
#include <time.h>
#include <stdlib.h>
#include <stdio.h>

int main(void) {
    srand(time(NULL)); // 난수 초기화
    rand() % 3; // 0~2 반환
    return 0;
}
```

여기까지는 앞에서 다룬 내용이니 쉽게 작성할 수 있습니다. 그런데 여기서 끝이 아니죠. 우리는 난수를 뽑으려는 게 아니라 가위바위보 게임을 한다고 했습니다. 따라서 컴퓨터가 뽑은 난수와 가위, 바위, 보를 연결해야 합니다. 앞에서 가위는 0, 바위는 1, 보는 2로 지정한다고 했으니 컴퓨터가 숫자를 뽑으면 숫자에 맞게 가위, 바위, 보를 각각 출력하면 됩니다.

컴퓨터가 뽑은 난수를 변수 i에 저장하고 i 값을 조건으로 지정합니다. 그리고 i 값에 따라 if 문으로 조건을 분기해서 가위, 바위, 보를 출력합니다. 추가로 i 값이 0, 1, 2가 아닐 때는 '몰라요'라고 출력합시다.

4.4.2 switch.c

```c
int main(void) {
    srand(time(NULL)); // 난수 초기화
    int i = rand() % 3; // 0~2 반환
    if (i == 0) {
        printf("가위\n");
    } else if (i == 1) {
        printf("바위\n");
    } else if (i == 2) {
        printf("보\n");
    } else {
        printf("몰라요\n");
    }
    return 0;
}
```

실행결과   — □ ×

가위

컴퓨터가 무엇을 낼지 모르지만, 가위, 바위, 보 중에 아무거나 내겠죠. 여기서는 가위를 냈네요. 이런 식으로 간단하게 가위바위보 게임을 구현할 수 있습니다.

앞에서처럼 조건과 일치하는 값에 따라 수행할 문장이 달라질 때는 if-else if-else 문 대신에 switch 문이라는 다른 조건문을 사용할 수도 있습니다. switch 문을 어떻게 사용하는지 형식을 먼저 살펴보겠습니다.

형식
```c
switch (조건) {
    case 값1:
        // 수행할 문장
        break;
    case 값2:
        // 수행할 문장
        break;
    ...
    default:
        // 어떤 값도 해당하지 않을 때 수행할 문장
}
```

switch 문은 조건으로 어떤 값을 받고 이 값과 일치하는 case 문으로 가서 해당 문장을 수행합니다. 그리고 조건과 값이 일치하는 case 문이 없으면 마지막 default 문을 수행합니다.

그럼 앞에서 작성한 가위바위보 게임을 switch 문으로 바꿔 봅시다. i 값이 0인 경우에는 가위를, 1인 경우에는 바위를, 2인 경우에는 보를 출력하고 모두 아닌 경우에는 '몰라요'를 출력하게 case 문을 작성합니다.

4.4.2 **switch.c**
```c
int main(void) {
    srand(time(NULL)); // 난수 초기화
    int i = rand() % 3; // 0~2 반환
    switch (i) {
        case 0:
            printf("가위\n");
        case 1:
            printf("바위\n");
        case 2:
            printf("보\n");
        default:
            printf("몰라요\n");
    }
    return 0;
}
```

실행결과

```
보
몰라요
```

if 문과 비슷하면서도 좀 더 간편해 보이죠. 작성한 코드를 실행하니 '보'가 나왔네요. 아마 i 값이 2였나 봅니다. 그런데 보까지만 출력해야 하는데 '몰라요'도 같이 출력했습니다. 왜 그럴까요?

switch 문의 형식을 보면 값과 일치하는 case 문에서 수행할 문장 다음에 break 문이 있습니다. 잠시 i 값을 1로 바꿔서 실행해 보겠습니다.

4.4.2 **switch.c**
```c
int main(void) {
    int i = 1;
    switch (i) {
        case 0:
            printf("가위\n");
        case 1:
            printf("바위\n");
```

```
        case 2:
            printf("보\n");
        default:
            printf("몰라요\n");
    }
    return 0;
}
```

코드를 실행하면 '바위, 보, 몰라요'가 출력됩니다. 살펴보니 값과 일치하는 case 문을 만날 때까지 아무것도 안 하고 넘어가다가 값과 일치하는 case 문을 만나면 그 이후에 있는 문장을 모두 출력합니다. 이번에는 모든 case 문에 break 문을 넣어 실행해 보세요.

4.4.2 **switch.c**

```
int main(void) {
    int i = 1;
    switch (i) {
        case 0:
            printf("가위\n");
            break;
        case 1:
            printf("바위\n");
            break;
        case 2:
            printf("보\n");
            break;
        default:
            printf("몰라요\n");
    }
    return 0;
}
```

실행결과	—	□	×
바위			

'바위'만 출력합니다. **4.3.1 break** 문에서 for 문을 수행하다가 break 문을 만나면 조건에 해당하든 안 하든 상관없이 for 문을 탈출한다고 했죠. switch 문에서도 break 문은 비슷한 역할을 합니다. switch 문에서 break 문은 값에 맞는 case 문을 만나 수행하고 나면 다른 경우는 살펴보지 않고 무조건 switch 문을 탈출하게 합니다. 앞의 예제에서는 i가 1이므로 case 0은 그대

125

로 지나칩니다. 그리고 case 1에서 printf() 문을 수행하고 break 문을 만나면 나머지 경우는 모두 무시하고 switch 문을 탈출합니다.

이처럼 switch 문에서는 각 case 문이 끝날 때 break 문을 넣어 조건에 맞는 경우만 수행하게 처리합니다. default 문은 switch 문 마지막에 오므로 break 문을 넣지 않아도 됩니다.

4.4.3 실습: 청소년 나이 구분하기

4.2.2 if-else if-else 문에서 작성한 청소년의 나이를 구분하는 예제를 기억하죠? 이 예제를 가져와서 switch 문으로 바꿔 보겠습니다.

4.2.2 **if_elseif_else.c**
```c
int main(void) {
    int age = 9;
    if (age >= 8 && age <= 13) {
        printf("초등학생입니다.\n");
    } else if (age >= 14 && age <= 16) {
        printf("중학생입니다.\n");
    } else if (age >= 17 && age <= 19) {
        printf("고등학생입니다.\n");
    } else {
        printf("청소년이 아닙니다.\n");
    }
    return 0;
}
```

조건을 보면 초등학생은 8~13세, 중학생은 14~16세, 고등학생은 17~19세이고, 나머지 경우에는 '청소년이 아닙니다.'를 출력합니다. 여기서 switch 문과 if-else if-else 문의 다른 점을 알 수 있습니다. switch 문은 if-else if-else 문과 달리 case 문의 조건으로 하나의 값만 작성할 수 있습니다. 값에 범위가 들어갈 수 없습니다. 그래서 다음과 같이 조건을 하나씩 풀어 써 줘야 합니다.

4.4.3 **나이구분.c**
```c
int main(void) {
    int age = 9;
    switch (age) {
```

```c
        case 8:
            printf("초등학생입니다.\n");
            break;
        (중략)
        case 13:
            printf("초등학생입니다.\n");
            break;
        case 14:
            printf("중학생입니다.\n");
            break;
        (중략)
        case 19:
            printf("고등학생입니다.\n");
            break;
        default:
            printf("청소년이 아닙니다.\n");
    }
    return 0;
}
```

실행결과	—	□	×
초등학생입니다.			

age가 9이니 '초등학생입니다.'를 출력합니다. 만약 age가 15라면 case의 값을 확인하다가 15를 찾아 '중학생입니다.'를 출력하고 break 문을 만나 switch 문을 빠져나가겠죠.

그런데 코드를 보니까 똑같은 문장을 여러 번 작성했습니다. 반복 작업을 쉽게 하려고 코드를 작성하는데, 같은 문장을 여러 번 쓰기 싫겠죠? 이를 해결할 방법이 있습니다.

앞에서 값과 일치하는 case 문을 만날 때까지 아무것도 안 하고 넘어가다가 값과 일치하는 case를 만나면 그 이후에 문장을 모두 수행한다고 설명했죠. 그리고 break 문을 만나면 switch 문을 빠져나가고요. 이러한 작동 원리를 적용해 다음처럼 동일한 문장을 없애버리면 됩니다.

4.4.3 나이구분.c

```c
int main(void) {
    int age = 9;
    switch (age) {
        case 8:
        case 9:
        case 10:
        case 11:
        case 12:
```

```
        case 13:
            printf("초등학생입니다.\n");
            break;
    case 14:
    case 15:
    case 16:
            printf("중학생입니다.\n");
            break;
    case 17:
    case 18:
    case 19:
            printf("고등학생입니다.\n");
            break;
    default:
            printf("청소년이 아닙니다.\n");
    }
    return 0;
}
```

앞의 코드에서 age가 8이라고 해 보죠. 그러면 case 8일 때 뭔가를 실행해야 하는데 수행할 문장이 아무것도 없죠. 수행할 문장이 없더라도 컴퓨터는 실행했다고 칩니다. 그런데 break 문이 없죠. 따라서 switch 문을 빠져나가지 않고 case 9로 갑니다. 이 작업을 계속해서 하다가 case 13에서 printf() 문을 만나 '초등학생입니다.'를 출력합니다. 그리고 break 문이 있으니 switch 문을 빠져나갑니다.

age가 15일 때도 마찬가지입니다. case 14일 때까지 그냥 지나치다가 case 15에서 아무것도 수행하지 않은 상태로 실행하고 case 16을 만나면 printf() 문을 만나 '중학생입니다.'를 출력하고 break 문으로 switch 문을 빠져나갑니다. age 값을 직접 바꿔 가면서 실행해 보고 작동 원리를 파악해 보세요.

5. 다음 중 1부터 31까지 범위 안에서 무작위로 수를 하나 뽑아 num 변수에 저장하기 위한 코드로 올바른 것은 무엇일까요?

① int num = rand( ) % 30;

② int num = rand( ) % 31;

③ int num = rand( ) % 30 + 1;

④ int num = rand( ) % 31 + 1;

6. 다음 코드의 실행결과를 고르세요.

```c
int main(void) {
    int n = 2;
    switch (n) {
        case 1: printf("사과\n");
        case 2: printf("딸기\n");
        case 3: printf("수박\n");
    }
    return 0;
}
```

① 사과　　　　② 딸기　　　　③ 수박　　　　④ 딸기
　　　　　　　　　　　　　　　　　　　　　　　　　수박

4.5

프로젝트: 숫자 맞히기

프로젝트 학습 진도

게임 구성 이해하기 ☐
코드 따라 하기 ☐
코드 이해하기 ☐
직접 구현하기 ☐

if 문부터 switch 문까지 조건에 따라 분기하는 조건문을 알아봤습니다. 지금까지 배운 내용을 바탕으로 4장을 시작할 때 설명한 숫자 맞히기 게임을 작성해 보겠습니다. **4.5_프로젝트**.c라는 이름으로 소스 파일을 생성해 주세요.

먼저 프로그램을 어떻게 구성할지 생각해 봅시다.

❶ 숫자 맞히기는 상대방이 정한 숫자를 정해진 횟수 안에 맞혀야 하는 게임입니다. 여기서는 컴퓨터가 상대방 역할을 합니다. 컴퓨터가 숫자를 정하는 부분은 앞에서 배운 난수 생성하기로 하면 됩니다. 난수를 생성해야 하니 헤더 파일을 추가하고 난수 초기화를 합니다.

❷ 난수를 뽑을 범위를 정해야죠. 1부터 100 사이에서 숫자를 뽑도록 합니다. rand( ) 함수를 100으로 나눠서 난수를 생성합니다. 그런데 이렇게 하면 범위가 0부터 시작합니다. 따라서 1을 더해 1부터 100까지의 숫자에서 난수를 뽑을 수 있게 합니다. 난수로 생성한 숫자는 변수 num을 선언해 저장합니다.

❸ 실습이므로 책에서는 컴퓨터가 뽑은 숫자, 즉 정답이 무엇인지 출력해 보여 줍니다.

❹ 사용자가 숫자를 입력하면 이 값을 정답과 비교해야 합니다. 이를 위해 사용자가 입력한 값을 저장할 변수 answer를 선언합니다. 처음에는 입력값이 없으니 0으로 초기화합니다.

❺ 입력을 무한하게 받을 수 없으니 답할 횟수를 정합니다. 사용자는 지정한 횟수 동안 숫자를 입력하고 그 안에 숫자를 맞히지 못하면 게임은 끝납니다. 답할 횟수, 즉 답변 기회는 간단하게 5번으로 합시다. 변수 chance를 선언하고 5를 저장합니다.

❻ 답변 기회는 5번입니다. 답변 기회를 다 쓰면 게임이 끝나야죠. 그래서 숫자를 1번 입력할

때마다 chance에서 1을 차감해 답변 기회를 하나씩 줄입니다. 남은 기회가 몇 번인지 알려 주는 것도 좋겠습니다.

❼ 이제 숫자를 입력받습니다. 사용자가 숫자를 입력하도록 안내하는 문구를 printf()로 출력하고, scanf_s()로 값을 입력받습니다. 입력받은 값은 앞에서 선언한 변수 answer에 저장합니다.

❽ 정답을 맞힐 때까지 숫자를 입력하고 값을 비교하는 작업을 반복합니다. 따라서 반복문으로 작성합니다. for 문, while 문, do-while 문 중에서 어떤 반복문을 작성할지는 개인의 선택입니다. 일반적으로 반복 횟수가 정해진 경우에는 for 문을, 그렇지 않은 경우에는 while 문이나 do-while 문을 사용합니다. 이 프로그램에서는 사용자가 몇 번 만에 정답을 맞힐지 알 수 없으므로 while 문으로 작성합니다. 이때 while 문에서 조건은 무엇으로 정해야 할까요? 게임의 종료 조건이죠. 답변 기회 5번을 다 쓰면 게임이 끝납니다. 따라서 chance가 0보다 클 때까지 답변할 수 있습니다.

❾ 반복할 때마다 입력한 숫자가 정답과 일치하는지 비교합니다. 조건을 비교한 결과에 따라 분기하므로 조건문으로 작성합니다. 조건은 입력한 숫자가 정답보다 클 때, 작을 때, 같을 때 3가지이므로 if-else if-else 문으로 작성합니다. 입력한 숫자가 정답보다 크면 'DOWN ↓'을 출력하도록 if 문으로 작성합니다. 입력한 숫자가 작다면 'UP ↑'을 출력하도록 else if 문을 작성합니다. 그리고 입력한 숫자가 뽑은 숫자와 같다면, 즉 정답을 맞힌다면 '정답입니다!'를 출력하고 break 문으로 반복문을 탈출하도록 else if 문을 작성합니다. 그리고 혹시 모를 예외 상황을 대비한 else 문도 추가합니다.

❿ 마지막에 정답을 맞히지 못하고 기회를 다 썼을 경우에 바로 종료하지 않고 실패했다고 알려 주고 싶습니다. 그런데 while 문의 조건을 chance > 0으로 주면 이 부분을 작성할 수 없습니다. 이를 위해 while 문의 조건을 1로 바꿉니다. 마지막에 추가로 chance가 0일 때를 if 문의 조건으로 줘서 문장을 출력합니다. 그런데 while 문의 조건이 1이면 무한 루프에 빠질 수 있습니다. C 언어에서 1은 참, 0은 거짓으로 인식한다고 했습니다(**3.3.3 do-while 문** 참고). 그래서 조건이 참일 때, 즉 1일 때는 항상 반복문을 실행합니다. 그러므로 while 문의 조건을 1로 줄 때는 조심해야 합니다. 조건을 만족하면 반복문을 탈출할 수 있게 break 문을 넣어 줍니다. 예외 상황이 싫다면 반복문의 조건을 chance > 0으로 주고 마지막 if 문을 빼도 됩니다.

이 내용을 바탕으로 코드를 작성해 봅시다. 책에 나온 코드를 보기 전에 설명한 내용을 참고해서 직접 코드를 작성해 본 후 책의 코드와 비교해 보세요.

4.5 **프로젝트.c**

```c
#include <time.h> ----------------------------------- ❶ 헤더 파일 추가
#include <stdlib.h> --------------------------------- ❶ 헤더 파일 추가
#include <stdio.h>

int main(void) {
    srand(time(NULL)); ------------------------------ ❶ 난수 초기화
    int num = rand() % 100 + 1; --------------------- ❷ 난수 생성하기(1~100 숫자 반환)
    printf("정답 : %d\n", num); --------------------- ❸ 정답 출력
    int answer = 0; --------------------------------- ❹ 입력한 숫자를 저장할 변수
    int chance = 5; --------------------------------- ❺ 답변 기회

    while (1){ // chance > 0 ------------------------ ❽ 정답을 맞힐 때까지 반복
        printf("남은 기회 %d번\n", chance--); -------- ❻ 답변 기회 차감
        printf("숫자를 맞혀 보세요.(1~100) : "); ------ ❼ 안내 문구 출력
        scanf_s("%d", &answer); --------------------- ❼ 숫자 입력받기
        if (answer > num) { ------------------------- ❾ 정답보다 입력한 숫자가 클 때
            printf("DOWN ↓\n\n");
        } else if (answer < num) { ------------------ ❾ 정답보다 입력한 숫자가 작을 때
            printf("UP ↑\n\n");
        } else if (answer == num) { ----------------- ❾ 정답과 입력한 숫자가 같을 때
            printf("정답입니다!\n\n");
            break;
        } else { ------------------------------------ ❾ 예외 상황 대비
            printf("알 수 없는 오류가 발생했어요.\n\n");
        }
        if (chance == 0) { -------------------------- ❿ 5번 안에 정답을 맞히지 못했을 때
            printf("모든 기회를 사용했어요. 아쉽게도 실패했습니다.\n");
            break;
        }
    }
    return 0;
}
```

Note **코드에 화살표 입력하기**

코드에 화살표(↑, ↓)를 작성하려면 키보드로 'ㅁ'을 입력하고 한자를 누릅니다. 그러면 다음과 같은 특수 문자 입력 창이 나옵니다. 이 창에서 PgDn 이나 방향 키로 움직이거나 마우스로 스크롤하다 보면 화살표를 발견할 수 있습니다. 키보드로 숫자 '4', '5'를 입력하거나 방향 키로 화살표 위치까지 이동해 Enter 를 누르면 코드에 입력됩니다.

그림 4-3 특수 문자 넣기

그럼 코드를 실행해 봅시다.

```
실행결과                                                    —  □  ✕
숫자 : 81
남은 기회 5번
숫자를 맞혀 보세요.(1~100) : 50
UP  ↑

남은 기회 4번
숫자를 맞혀 보세요.(1~100) : 80
UP  ↑

남은 기회 3번
숫자를 맞혀 보세요.(1~100) : 90
DOWN  ↓

남은 기회 2번
숫자를 맞혀 보세요.(1~100) : 85
DOWN  ↓

남은 기회 1 번
숫자를 맞혀 보세요.(1~100) : 81
정답입니다!
```

133

먼저 컴퓨터가 뽑은 숫자는 81이라고 알려 줍니다. 참고로 이 값은 난수이므로 여러분이 실행하면 다른 수가 나올 수 있습니다. 일단 컴퓨터가 뽑은 숫자가 무엇인지 모른다고 가정하고 1부터 100 사이에서 수를 맞혀야 합니다. 일단 50을 입력합니다. UP이 출력됐네요. 50보다는 크군요. 그러면 80을 입력해 볼까요? 역시 UP이 출력됩니다. 90을 입력해 보죠. 이번에는 DOWN이 출력됐으니 90에서 80 사이겠죠. 85를 입력합니다. DOWN이 출력됩니다. 81이라는 정답을 입력하면 '정답입니다!'라고 나오고 프로그램이 끝납니다.

여러 번 실행해서 어떤 결과가 나오는지 확인해 보세요. 실제 게임처럼 해 보고 싶다면 처음에 정답을 알려 주는 printf("정답 : %d\n", num); 부분을 다음처럼 마지막 if 문으로 옮기면 됩니다.

4.5 **프로젝트.c**

```c
if (chance == 0) {
    printf("모든 기회를 사용했어요. 아쉽게도 실패했습니다.\n");
    printf("정답 : %d\n", num);
    break;
}
```

실행결과   — □ ✕

```
모든 기회를 사용했어요. 아쉽게도 실패했습니다.
정답 : 78
```

지금까지 조건에 따라 분기하는 조건문을 공부해 봤습니다. 그리고 이 장에서 배운 조건문과 3장에서 배운 반복문을 활용해 숫자 맞히기 게임도 만들어 봤습니다. 이렇게 조건문과 반복문을 조합해 좀 더 복잡한 프로그램을 작성할 수 있습니다.

마무리

1. if-else 문

① 프로그램을 실행하는 중에 조건에 따른 분기가 필요할 때 사용합니다.

② if 문 안에 정의된 조건을 만족하면(참) if 문의 중괄호 영역을, 만족하지 않으면(거짓) else 문의 중괄호 영역을 실행합니다.

형식
```
if (조건) {
    // 조건을 만족할 때 수행할 문장
} else {
    // 조건을 만족하지 않을 때 수행할 문장
}
```

2. if-else if-else 문

① 프로그램을 실행하는 중에 분기 조건이 다양할 때 사용합니다.

② if 문의 조건이 참이면 if 문의 중괄호 영역을 실행하고, 거짓이면 else if 문의 조건을 다시 확인합니다. else if 문 조건 중 하나라도 참이라면 해당 조건의 중괄호 영역을 실행하고 나서 조건문 전체를 빠져나옵니다. 모든 조건이 거짓이라면 else 문을 실행합니다.

형식
```
if (조건) {
    // 수행할 문장
} else if (조건) {
    // 수행할 문장
} else if (조건) {
...
} else {
    // 수행할 문장
}
```

③ if 문과 else 문 사이에는 else if 문을 여러 개 사용할 수 있습니다.

3. break 문

반복문이나 switch 문을 탈출할 때 사용합니다. break 문을 만나면 이후 문장들은 실행하지 않고 반복문 또는 switch 문 전체를 빠져나옵니다.

4. continue 문

반복문에서 해당 반복을 건너뛰고 다음 반복으로 바로 넘어갈 때 사용합니다. continue 문을 만나면 이후 문장들을 실행하지 않고 다음 반복으로 넘어갑니다.

5. AND 연산자와 OR 연산자

① AND 연산자(&&)는 2개 이상의 조건을 모두 만족하는지 확인할 때 사용합니다.

② OR 연산자(¦¦)는 2개 이상의 조건 중 하나라도 만족하는지 확인할 때 사용합니다.

6. rand( )

① 프로그래밍에 필요한 난수를 만들 때 다음과 같은 형식으로 사용합니다.

형식   rand( ) % 어떤 수;

② rand( ) 함수를 사용하려면 time.h, stdlib.h 파일을 추가해야 합니다. 그리고 난수를 만들기 전에 다음 코드를 추가해 항상 초기화해야 합니다.

```
srand(time(NULL));    // 난수 초기화
```

7. switch 문

① if-else 문과 마찬가지로 프로그램을 실행하는 중 조건에 따른 분기가 필요할 때 사용합니다.

형식
```
switch (조건) {
    case 값1:
        // 수행할 문장
        break;
    case 값2:
        // 수행할 문장
        break;
    ...
    default:
        // 어떤 값도 해당하지 않을 때 수행할 문장
}
```

② 조건의 값과 일치하는 case 문을 실행하고 break 문을 만나면 switch 문을 탈출합니다.

③ 조건의 값과 일치하는 case 문이 없다면 default 문을 실행합니다.

셀프체크

해설 노트 p.405

문제 카페 메뉴의 가격을 계산하는 프로그램을 조건문으로 만들어 보세요.

조건

1. 커피 1잔의 가격은 4,500원입니다.

2. 샌드위치 1개의 가격은 6,000원입니다.

3. 샌드위치 구매 시 커피 가격이 할인되어 잔당 3,500원입니다(수량 제한 없음).

실행결과

```
// (예1) 커피 1잔, 샌드위치 0개 구매 시
주문하신 메뉴의 총 금액은 4500원입니다.

// (예2) 커피 0잔, 샌드위치 1개 구매 시
주문하신 메뉴의 총 금액은 6000원입니다.

// (예3) 커피 2잔, 샌드위치 1개 구매 시
주문하신 메뉴의 총 금액은 13000원입니다.
```

5장

같은 일 한곳에서 처리하기:
함수

이 장에서는 함수를 작성하는 방법과 함수의 작동 과정을 알아보고, 함수를 이용해 '비밀번호 마스터'라는 게임의 핵심 부분을 만들어 봅니다.

5.1

이 장에서 만드는 프로그램

프로그램 실행
영상 보기

게임 구조를 먼저 살펴볼까요? 초기 화면에서 시작하기를 누르면 문이 하나 보이고 '1 × 1 = ?' 이라는 숫자 퀴즈가 나옵니다. 키패드로 1을 입력하고 OK를 누르면 맞췄다는 표시가 나오고 화면이 바뀝니다. 이번에는 모양이 다른 문이 나오는데, 방금 전보다 더 어려운 문제가 나옵니다.

그림 5-1 비밀번호 마스터 게임 구성 1

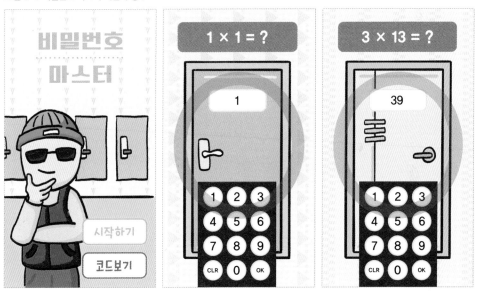

정답을 맞히면 계속 새로운 모양의 문과 문제가 나옵니다. 입력한 값이 틀리면 실패 표시가 나오고 게임이 끝납니다.

그림 5-2 비밀번호 마스터 게임 구성 2

이처럼 '비밀번호 마스터' 게임은 퀴즈를 풀수록 점점 더 어려운 문제가 나오는 방식입니다. 그럼 함수를 사용해 게임을 어떻게 구현하는지 차근차근 살펴보겠습니다.

5.2

함수란

앞에서 계속 함수를 언급했습니다. printf()도 함수고 rand()도 함수라고 했는데, 함수란 무엇일까요? 다음 그림을 봅시다. 첫 번째 그림을 보면 어떤 상자가 있습니다. x라는 값을 상자에 넣으니 안에서 뭔가 작동하고 나서 y라는 값이 나옵니다. 예를 들어, 36이라는 값이 상자에 들어갑니다. 상자 안에 □ + 4라고 적혀 있습니다. 결과로는 입력한 36에 4를 더해 40이 나옵니다.

그림 5-3 함수의 작동 원리

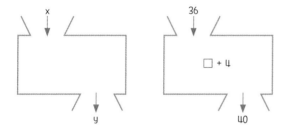

그림의 상자처럼 값을 입력받아 어떤 작업을 한 후 그 결과를 출력하는 것이 **함수**입니다.

5.2.1 사칙연산하기

실습을 통해 함수가 무엇인지 알아보겠습니다. 5장에서 사용할 파일을 만듭니다. 솔루션 탐색기의 소스 파일에서 마우스 오른쪽 버튼을 클릭해 새 파일을 추가하고, 파일명은 **function.c**로 입력합니다. 새로 생긴 파일에 일단 기본 코드를 작성합니다.

```
function.c
#include <stdio.h>

int main(void) {
    return 0;
}
```

이 상태에서 간단한 사칙연산 프로그램을 만들어 보겠습니다. 먼저 정수형 변수 num을 선언하고
2를 저장한 후 num에 저장한 값을 printf() 문으로 출력해 봅니다. 그다음 num에 3을 더합니다.

num = num + 3;으로 작성하면 되겠죠. 현재
num 값이 2이므로 2 + 3을 해서 5가 나올 겁니
다. 이때 num = num + 3;은 num += 3;이라고
작성해도 됩니다.

TIP —— +=는 대입 연산자로, 왼쪽 값에 오른쪽 값을 더한
후 다시 왼쪽에 넣습니다. 이와 비슷한 역할을 하는 대입 연
산자는 += 외에도 -=, *=, /= 등이 있습니다. 자세한 내용은
표 3-1 주요 연산자를 참고하세요.

num에서 다시 1을 빼고 결과를 출력하면 4가 나옵니다. 이어서 num에 3을 곱한 후 출력하면
12가 나오고, 마지막에 6으로 나누면 2가 나옵니다. 곱하기 연산자를 *로 표시한 것처럼 나누기
연산자는 /로 표시합니다.

5.2.1 **사칙연산.c**

```
int main(void) {
    int num = 2;
    printf("num은 %d입니다.\n", num); // 2
    // 2 + 3은?
    num = num + 3; // num += 3;
    printf("num은 %d입니다.\n", num); // 5
    // 5 - 1은?
    num = num - 1; // num -= 1;
    printf("num은 %d입니다.\n", num); // 4
    // 4 × 3은?
    num = num * 3; // num *= 3;
    printf("num은 %d입니다.\n", num); // 12
    // 12 ÷ 6은?
    num = num / 6; // num /= 6;
    printf("num은 %d입니다.\n", num); // 2
    return 0;
}
```

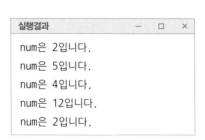

실행결과

num은 2입니다.
num은 5입니다.
num은 4입니다.
num은 12입니다.
num은 2입니다.

Ctrl + F5 를 눌러 실행하면 예상한 대로 2, 5, 4, 12, 2가 출력됩니다. 이렇게 사칙연산을 하는 간단한 프로그램을 만들었습니다. 그런데 코드를 보면 똑같은 printf() 문을 5번이나 사용합니다. 3장에서 printf() 문을 10번 작성해야 할 때 for 문으로 짧게 줄였습니다. 이 코드는 i 가 1부터 10보다 같거나 작을 때까지 10번 반복했었죠.

3.3.1 **for.c**
```c
for (int i = 1; i <= 10; i++) {
    printf("Hello World %d\n", i);
}
```

그런데 여기서는 프로그램 여러 곳에서 printf() 문을 사용하므로 반복문으로 줄일 수 없습니다. 이럴 때는 함수를 사용합니다.

5.2.2 함수로 사칙연산하기

프로그램에서 함수를 사용하려면 컴파일러에 '이런 함수를 쓸 거야'라고 알려야 합니다. 이를 **함수 선언**이라고 하며 main() 함수 위쪽에 작성합니다. 함수 선언을 할 때는 반환형과 함수명을 적고 뒤에 소괄호를 붙입니다. 소괄호 안에는 함수에서 어떤 값을 전달받을지 적고 끝에 세미콜론을 붙여 문장을 종료합니다. 반환형은 함수에서 어떤 동작을 수행하고 나서 결과로 나오는 값의 자료형입니다. 반환형에 관해서는 **5.2.3 사용자 정의 함수**에서 다시 다루겠습니다.

함수 선언을 하고 나면 함수가 어떤 일을 할지 정의해야 하는데, 이를 **함수 정의**라고 합니다. 함수 정의는 main() 함수 아래쪽에 작성합니다. 함수 선언과 비슷하게 작성하면 되는데, 세미콜론은 빼고 main() 함수를 작성할 때처럼 중괄호({})를 붙입니다. 중괄호 안에는 함수에서 수행할 문장을 넣습니다.

형식   반환형 함수명(전달값); // 함수 선언

int main(void) {}

반환형 함수명(전달값) { // 함수 정의
    // 수행할 문장
}

앞에서 작성한 사칙연산 프로그램에 함수를 사용해 봅시다. main() 함수 위에 반환형이 void인 p라는 함수를 선언하고 정수형 값을 전달받도록 괄호 안에 int num을 넣습니다. 여기서는 함수 선언만 하므로 세미콜론으로 문장을 종료합니다.

TIP ── void는 우리말로 '아무것도 없음'을 의미합니다. 그래서 함수를 선언할 때 반환형으로 void를 넣으면 함수의 결과로 아무것도 반환하지 않겠다는 뜻이 됩니다.

그리고 main() 함수 아래쪽에 함수 정의 부분을 작성합니다. 세미콜론을 제외하고 함수 선언을 복사해 붙여 넣은 다음, 중괄호 안에 함수가 수행할 문장을 넣습니다. 여기서는 사칙연산 프로그램에서 반복한 printf("num은 %d입니다.\n", num);을 넣으면 되겠죠.

5.2.2 **함수사칙연산.c**

```
// 함수 선언
void p(int num);

int main(void){ (중략) }

// 함수 정의
void p(int num) {
    printf("num은 %d입니다.\n", num);
}
```

함수를 선언하고 정의했으니 이제 main() 함수에 중복되는 부분을, 함수를 사용하도록 바꿉니다. 함수를 사용한다는 것은 '함수에 어떤 값을 전달해 어떤 작업을 하라'고 명령하는 건데, 이를 **함수 호출**이라고 합니다. 함수를 호출할 때는 함수명을 적고 소괄호 안에 전달할 값을 넣으면 됩니다. 지금까지 모든 문장 끝에 세미콜론을 붙였듯이 함수를 호출할 때도 세미콜론을 붙입니다.

형식
```
void 함수명(전달값); // 함수 선언

int main(void) {
    함수명(전달값); // 함수 호출
}

void 함수명(전달값) {} // 함수 정의
```

사칙연산 프로그램에서 함수를 호출해 보겠습니다. 함수 정의를 살펴보면 함수명은 p이고, 소괄호 안에 int num은 전달받은 값입니다. 따라서 이 함수를 호출하려면 함수명인 p와 전달할 값

num을 써 주고 마지막에 세미콜론을 붙여 p(num);이라고 작성하면 됩니다. 이는 p라는 함수를 호출하면서 num 값을 넘기겠다는 의미입니다. 사칙연산 프로그램의 main() 함수에서 printf() 문을 모두 함수 호출로 바꿔 봅시다.

5.2.2 함수사칙연산.c

```c
void p(int num);

int main(void) {
    int num = 2;
    // printf("num은 %d입니다.\n", num); // 2
    p(num);
    num = num + 3;
    // printf("num은 %d입니다.\n", num); // 5
    p(num);
    num = num - 1;
    // printf("num은 %d입니다.\n", num); // 4
    p(num);
    num = num * 3;
    // printf("num은 %d입니다.\n", num); // 12
    p(num);
    num = num / 6;
    // printf("num은 %d입니다.\n", num); // 2
    p(num);
    return 0;
}

void p(int num) {
    printf("num은 %d입니다.\n", num);
}
```

실행결과 — □ ×

```
num은 2입니다.
num은 5입니다.
num은 4입니다.
num은 12입니다.
num은 2입니다.
```

주석 때문에 복잡해 보이지만, 주석을 지우고 나면 main() 함수가 훨씬 간단해집니다. 실행해 보면 앞에서 작성한 사칙연산 프로그램과 같은 결과가 나옵니다. main() 함수에서 주석 처리한 printf() 문을, p() 함수를 호출해 똑같이 수행하기 때문입니다.

여기서 작성한 프로그램을 보면 함수를 왜 사용하는지 알 수 있습니다. 프로그램에서 어떤 작업을 여러 번 수행해야 할 때 해당 작업을 함수로 만들면 같은 코드를 여러 번 작성할 필요 없이 필요할 때마다 함수를 호출해서 편리하게 사용할 수 있습니다.

함수를 사용하는 이유는 두 가지입니다.

첫째, 코드 중복을 방지하고 효율적으로 프로그래밍할 수 있습니다. 같은 작업을 하는 코드를 여러 곳에 중복해 작성하면 나중에 코드를 수정해야 할 때 일일이 찾아서 모두 수정해야 합니다. 하지만 함수로 만들고 호출해서 사용하면 함수 하나만 수정하면 됩니다. 앞의 예시처럼 코드가 간단하면 체감이 잘 안 될 수 있는데, 수만, 수십만 줄로 작성된 프로그램을 생각해 봅시다. 같은 작업을 하는 코드가 여기저기 흩어져 있다면 수정할 부분을 찾다가 놓치는 경우가 발생할 겁니다. 그런데 함수로 되어 있으면 함수 한 곳만 수정하면 모든 게 해결됩니다.

둘째, 다른 프로젝트에 재사용할 수 있습니다. 함수를 잘 만들어 두면 새로운 프로젝트에 동일한 기능을 하는 코드가 필요한 경우 기존 코드에서 해당 함수 부분만 복사해서 새 프로젝트에 사용할 수 있습니다. 마치 레고를 조립하는 것과 같습니다.

5.2.3 사용자 정의 함수

함수는 크게 표준 함수와 사용자 정의 함수가 있습니다.

- **표준 함수**는 C 언어에 이미 만들어져 있어서 프로그램을 작성할 때 형식에 맞춰 가져다 쓰기만 하면 됩니다. 앞에서 사용한 printf(), scanf(), rand() 함수 등이 대표적인 표준 함수입니다. 표준 함수는 표준 라이브러리 함수, 내장 함수, 시스템 제공 함수라고도 합니다.

- **사용자 정의 함수**는 사용자가 직접 만들어(정의해) 사용하는 함수를 의미합니다. 어떤 작업을 반복해야 하는데 표준 함수가 없을 때 직접 만들 수 있습니다. 앞에서 p() 함수를 작성하면서 살펴본 함수 선언과 함수 정의 형식이 사용자 정의 함수를 만드는 방법입니다.

p() 함수를 이용해 사용자 정의 함수가 어떻게 구성되는지 자세히 살펴봅시다. p는 함수명이고 int num은 전달값입니다. 그리고 맨 앞에는 void라는 **반환형**이 있습니다. 반환형은 함수에서 어떤 작업을 수행하고 나서 결과로 나오는 값의 자료형을 말합니다. 그리고 결과로 나오는 값은 **반환값**이라고 합니다.

그림 5-4 함수의 반환형

<u>void</u> p(int num) { ... }
　반환형

앞에서 함수를 상자에 비유했죠. 36이라는 값을 전달받아 함수에서 4를 더하면 40이 출력된다고요. 여기서 40이 반환값이고, 이 값의 자료형이 반환형입니다. 40은 정수이므로 반환형은 int가 되겠네요.

그림 5-5 반환값과 반환형

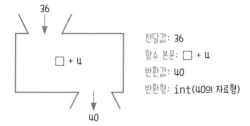

전달값: 36
함수 본문: □ + 4
반환값: 40
반환형: int(40의 자료형)

상자의 작동 원리를 함수로 작성해 봅시다. 함수는 36을 전달받아서 여기에 4를 더한 결과를 반환합니다. 계산하려면 일단 36을 기억해야 합니다. 값을 기억하지 않으면 컴퓨터는 값을 사용할 수 없습니다. 컴퓨터가 값을 기억하려면 변수가 필요하므로 36을 받아 저장할 num이라는 이름의 변수를 만듭니다. 변수를 만들 때 어떤 값을 받을지 자료형도 정해줘야죠. 결국 전달값 자리에는 자료형과 변수명이 들어갑니다. 함수의 전달값 자리에 들어가는 변수는 특별히 **매개변수** (parameter)라고 합니다. 여기서는 매개변수로 정수인 36을 전달받으니 자료형을 int로 합니다.

함수에 36이 들어오면 변수 num에 저장합니다. 함수 본문에서는 여기에 4를 더한 num + 4를 계산해 그 결과인 40을 반환합니다. 반환값 40은 정수이므로 함수의 반환형도 int입니다. 만약 함수의 결과가 실수라면 반환형은 double이나 float로, 문자라면 char로 작성합니다. 또한, 어떤 값도 반환하지 않는 함수도 있습니다. 이럴 때는 반환형을 void로 작성합니다.

함수에서 반환값을 표시할 때는 **return** 문을 사용합니다. '반환형, 반환값'이라고 말할 때 **반환**은 되돌려준다는 뜻입니다. 즉, 반환값 앞에 return을 넣으면 해당 값을 함수를 호출한 곳으로 되돌려줍니다. 이것이 그동안 main() 함수에서 작성한 return 문의 역할입니다. 함수의 반환형을 void로 하면 반환할 값이 없다는 뜻이므로 return 문은 필요 없습니다. 앞의 사칙연산 프로그램을 보면 함수는 반환값 없이 출력만 해서 함수의 반환형이 void입니다.

상자의 작동 원리를 함수로 정의하면 다음과 같습니다.

그림 5-6 함수로 정의한 상자의 작동 원리

```
int box(int num) {
    return num + 4;
}
```
반환형 함수명 매개변수

반환값

추가로, 함수의 매개변수는 하나 이상 넣을 수 있고, 변수마다 자료형을 다르게 받을 수 있습니다. 이때 변수명은 서로 다르게 지어야 합니다. 또한, 매개변수가 여러 개일 때는 쉼표로 구분하고, 매개변수 개수와 전달값은 개수가 같아야 합니다.

그림 5-7 함수의 매개변수

```
void 함수명(int num, int num) { }  ( × )
```
변수명이 같으면 안 됨

여러 자료형 가능
```
void 함수명(int num1, int num2, char c, float f) { } ( ○ )
```
변수명 다르게

함수 선언과 함수 정의는 반환형, 함수명, 매개변수의 종류와 개수를 동일하게 적어야 합니다. 이때 매개변수의 이름은 선언에서는 num1, num2와 같이 작성하고 정의에서는 n1, n2처럼 서로 다르게 작성해도 되지만, 되도록 같은 이름을 사용하는 것이 좋습니다.

그림 5-8 함수 선언과 함수 정의
```
// 함수 선언
void 함수명(int num1, int num2, char c, float f);
```
반환형, 함수명, 매개변수의 종류와 개수가 같아야 함
```
// 함수 정의
void 함수명(int num1, int num2, char c, float f) { }
```

1. **함수에 관한 설명으로 잘못된 것을 고르세요.**

① 함수란 값을 입력받아 어떤 작업을 처리한 후 그 결과를 출력하는 것을 말한다.

② 함수를 선언할 때는 반환형과 함수명을 적고 소괄호 안에 그 함수에서 어떤 값을 전달받을지 적는다.

③ 함수가 어떤 일을 할지 정의하는 것을 함수 정의라고 한다.

④ 함수를 정의할 때는 함수 선언과 똑같이 적어야 된다.

2. **함수를 선언할 때 어떤 작업을 완료한 후에 아무것도 반환하지 않겠다는 의미로 가에 들어갈 단어를 고르세요.**

```
가 my_function(int n);
```

① null   ② void   ③ empty   ④ none

3. **다음 함수를 호출하는 방법으로 올바른 것을 고르세요.**

```
int add(int num1, int num2) {
    return num1 + num2;
}
```

① int num = add();   ② int num = add(1);

③ int num = add(1, 2);   ④ int num = add(1, 2, 3);

5.3

함수의 종류

사용자 정의 함수에서 전달값과 반환값의 의미를 살펴봤습니다. 함수는 전달값과 반환값이 있느냐 없느냐에 따라 5가지로 나눌 수 있습니다.

5.3.1 반환값이 없는 함수

반환값이 없는 함수는 앞에서 봤듯이 반환형을 void로 선언한 함수를 말합니다. main() 함수에서 function_without_return()이라는 함수를 호출해 보겠습니다. 이 함수를 호출하려면 어떻게 해야 할까요? 먼저 함수를 선언합니다. 다음과 같이 main() 함수 위에 함수를 선언합니다. main() 함수 아래에 세미콜론을 뺀 function_without_return() 함수를 똑같이 작성하고 뒤에 중괄호를 붙입니다. 중괄호 안에는 수행할 printf() 문을 작성해 함수를 정의합니다. 그리고 main() 함수에서 함수명으로 function_without_return() 함수를 호출합니다.

5.3.1 반환값이없는함수.c

```c
#include <stdio.h>

void function_without_return(); // 함수 선언

int main(void) {
    function_without_return(); // 반환값이 없는 함수 호출
    return 0;
}

void function_without_return() { // 함수 정의
    printf("반환값이 없는 함수입니다.\n");
}
```

실행결과 — □ ×

반환값이 없는 함수입니다.

코드를 실행하면 문제없이 결과가 출력됩니다. 이처럼 반환값이 없는, void로 선언한 함수도 main() 함수에서 호출할 수 있습니다.

> **Note   함수 선언과 정의 확인하기**
>
> 함수를 호출할 때 함수가 제대로 선언되지 않았거나 정의되지 않았으면 오류가 발생할 수 있습니다. 이를 방지하기 위해 호출한 함수가 잘 선언되고 정의됐는지 확인하는 방법이 있습니다. main() 함수에서 함수 호출 부분에 마우스를 놓고 오른쪽 버튼을 클릭하면 메뉴가 뜹니다. 메뉴에서 **선언으로 이동**을 선택하면 함수 선언으로 이동하고, **정의로 이동**을 선택하면 함수 정의로 이동합니다. 현재는 코드가 간단해서 바로 확인할 수 있지만, 코드가 길어지고 복잡할 때 사용하면 매우 유용합니다.
>
> 그림 5-9 함수 이동 메뉴
>

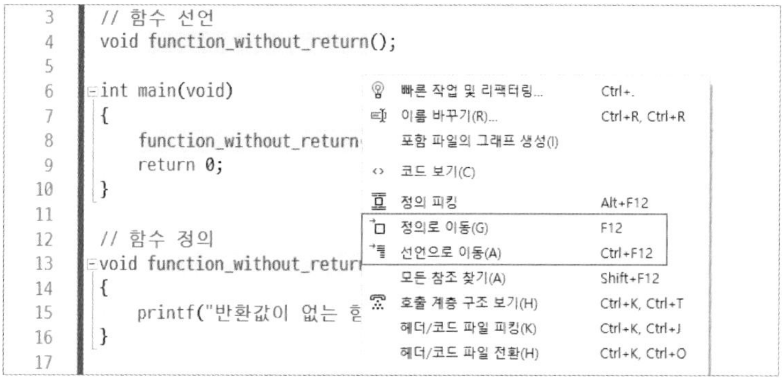

5.3.2 반환값이 있는 함수

이번에는 반환값이 있는 함수를 만들어 보겠습니다. 함수 선언 부분에 function_with_return() 함수를 선언합니다. 이번에는 반환값이 있는 함수라서 void 대신 int를 반환형으로 작성합니다. 이어서 똑같은 이름으로 함수 정의 부분을 작성합니다. 함수 본문에서는 printf() 문으로 '반환값이 있는 함수입니다.'를 출력하고 10을 반환하게 하겠습니다. 반환값을 돌려줄 때는 return 문을 사용한다고 했으니 return 10;으로 작성하면 됩니다.

5.3.2 반환값이있는함수.c

```c
int function_with_return(); // 함수 선언

int main(void) {
```

```
    return 0;
}

int function_with_return() { // 함수 정의
    printf("반환값이 있는 함수입니다.\n");
    return 10;
}
```

함수를 작성했으니 main() 함수에서 호출해 봅시다. 앞에서는 반환값이 없기 때문에 단순히 함수명만으로 호출하면 됐습니다. 그런데 function_with_return() 함수는 10이라는 값을 반환합니다. 그러면 함수를 호출한 곳에서는 반환값을 받아야 합니다. 값을 받으려면 값을 저장할 변수가 필요합니다. 변수 ret을 선언합니다. 반환값이 정수이므로 자료형은 int로 작성합니다. 함수에서 반환한 값을 변수 ret에 저장하고, 반환값을 출력하게 printf() 문도 추가합니다. 코드 줄 수를 줄이고 싶다면 int ret = function_with_return();처럼 변수 선언과 저장을 동시에 해도 됩니다.

5.3.2 반환값이있는함수.c

```
int function_with_return(); // 함수 선언

int main(void) {
    int ret;
    ret = function_with_return();  // 반환값이 있는 함수 호출   ── 함수의 반환값을 변수에 저장
    // int ret = function_with_return();
    printf("%d", ret);
    return 0;
}

int function_with_return() { // 함수 정의
    printf("반환값이 있는 함수입니다.\n");
    return 10;
}
```

실행결과

```
반환값이 있는 함수입니다.  ◀── function_with_return() 함수에서 출력
10  ◀── main() 함수에서 출력
```

154

실행하면 예상한 결과가 나오죠. 여기서 반환값을 출력할 때 printf() 문 대신 **5.2.2 함수로 사칙연산하기**에서 만든 p() 함수를 사용해 보면 어떨까요? p() 함수를 사용하려면 main() 함수에서 호출해야 합니다. 이때 p() 함수는 function_with_return() 함수의 반환값을 출력하므로 ret 변수를 p() 함수로 전달하면 됩니다.

5.3.2 **반환값이있는함수.c**

```
int function_with_return();
void p(int num); // 함수 선언

int main(void) {
    int ret;
    ret = function_with_return();
    p(ret); // 함수 호출
    return 0;
}

int function_with_return() { (중략) }

void p(int num) { // 함수 정의
    printf("num은 %d입니다.\n", num);
}
```

→ ret 변수를 p() 함수의 매개변수로 전달

실행결과   — □ ×

반환값이 있는 함수입니다. ◀—— function_with_return() 함수에서 출력
num은 10입니다. ◀—— p() 함수에서 출력

실행하면 ret 변수의 값인 10이 p() 함수의 매개변수 num에 전달되어 'num은 10입니다.'라는 문구가 출력됩니다. 이제 반환값이 없는 함수와 반환값이 있는 함수의 차이를 알겠죠? 반환값이 있는 함수는 return 문으로 원하는 값이나 함수의 결괏값을, 함수를 호출한 곳으로 반환합니다.

5.3.3 전달값이 없는 함수

전달값은 함수를 호출할 때 함수에 전달하는 값입니다. 함수에서는 이를 매개변수로 받습니다. 그런데 반환값이 없는 함수처럼 전달값이 없는 함수도 만들 수 있습니다. 전달값이 없으면 매개변수도 필요 없으므로 함수를 선언할 때나 정의할 때 함수명 다음에 오는 소괄호에 아무것도

넣지 않습니다. 예를 들어, 반환형이 void이고 전달값이 없는 p( ) 함수는 다음과 같이 선언합니다.

```
void p();
```

사실 앞에서 작성한 function_without_return( ) 함수와 function_with_return( ) 함수도 전달값이 없는 함수입니다. 개념을 이해하기 위해 함수를 작성해서 확인해 봅시다.

5.3.3 전달값이없는함수.c

```
void function_without_params(); // 함수 선언

int main(void) {
    function_without_params(); // 전달값이 없는 함수 호출
    return 0;
}

void function_without_params() { // 함수 정의
    printf("전달값이 없는 함수입니다.\n");
}
```

실행결과   — □ ×

전달값이 없는 함수입니다.

실행하면 function_without_params( ) 함수 안 printf( ) 문이 실행되어 '전달값이 없는 함수입니다.'가 출력됩니다. 함수를 호출할 때도 전달값이 없고 함수에도 매개변수가 없지만, 문제없이 출력됨을 확인할 수 있습니다.

> Note   **매개변수와 인수**
>
> **매개변수**(parameter)는 함수를 호출할 때 전달되는 값이 저장되는 변수이고, **인수**(argument)는 함수를 호출할 때 전달하는 값이나 변수입니다. 다음처럼 함수를 선언할 때 a, b는 매개변수이고, 함수를 호출할 때 1, 2는 인수입니다.
>
> ```
> void function(int a, int b); // 함수 선언
> ...
> function(1, 2); // 함수 호출
> ```

5.3.4 전달값이 있는 함수

이번에는 전달값이 있는 함수를 만들어 봅시다. 앞서 작성한 p( ) 함수도 전달값이 있긴 했지만, 1개였습니다. 이번에는 반환값은 없고 전달값이 정수형 3개인 함수를 만들겠습니다.

함수 선언부터 작성합니다. 반환형이 없으므로 void로 선언하고, 전달값을 받을 매개변수의 자료형과 변수명을 씁니다. 자료형은 정수형이므로 int, 변수명은 자유롭게 정합니다. 전달값이 3개라는 것은 매개변수도 3개라는 뜻이므로 각 매개변수는 쉼표로 구분합니다.

함수 정의도 똑같이 작성하는데, 전달값을 매개변수로 받아 printf( ) 문으로 출력하게 합니다. 그리고 main( ) 함수에서 정수 1, 2, 3을 전달값으로 넣어 함수를 호출합니다.

5.3.4 전달값이있는함수.c

```
void function_with_params(int num1, int num2, int num3); // 함수 선언

int main(void) {
    function_with_params(1, 2, 3); // 전달값이 있는 함수 호출
    return 0;
}

void function_with_params(int num1, int num2, int num3) { // 함수 정의
    printf("전달값이 있는 함수이고, 전달값은 %d, %d, %d입니다.\n", num1, num2, num3);
}
```

실행결과   — □ ×

```
전달값이 있는 함수이고, 전달값은 1, 2, 3입니다.
```

실행결과를 보면 함수를 호출할 때 전달한 값이 그대로 출력됐습니다. 전달값을 바꿔 넣으며 바뀐 값이 그대로 출력되는지 확인해 보세요.

5.3.5 반환값과 전달값이 있는 함수

이번에는 2가지를 합쳐서 전달값도 있고 반환값도 있는 함수를 만들어 보겠습니다. apple( )이라는 함수를 정의하는데, 이 함수는 사과 총 5개 중에서 먹은 사과 2개를 뺐을 때 남은 사과 개수를 반환합니다. 함수를 호출할 때 5와 2를 전달하고 함수 선언부터 함수 정의, 함수 호출까지

다음 순서대로 만듭니다.

❶ 함수 선언(main( ) 함수 위) 반환값이 남은 사과 개수이므로 반환형은 int, 전달값이 사과 총 개수(total)와 먹은 사과 개수(ate)이므로 매개변수도 int로 선언합니다.

```
int apple(int total, int ate);
```

❷ 함수 정의(main( ) 함수 아래) 사과 총 개수에서 먹은 개수를 빼고 남은 개수를 반환하는 내용의 함수를 작성합니다.

```
int apple(int total, int ate) {
    printf("전달값과 반환값이 있는 함수입니다.\n");
    return total - ate;
}
```

❸ 함수 호출(main( ) 함수 안) apple( ) 함수를 호출하며 5와 2를 전달하고, 반환값은 ret 변수에 저장합니다.

```
int ret = apple(5, 2);
```

apple( ) 함수를 작성한 후 main( ) 함수에서 반환값을 출력하는 부분까지 작성하면 프로그램은 끝납니다. 전체 코드는 다음과 같습니다.

5.3.5 반환값과전달값이있는함수.c

```
#include <stdio.h>

int apple(int total, int ate);  ---- ❶ 함수 선언

int main(void) {
    int ret = apple(5, 2);  --------- ❸ 함수 호출
    printf("사과 5개 중에서 2개를 먹으면 %d개가 남습니다.\n", ret);
    return 0;
}
```

```
int apple(int total, int ate) { --- ❷ 함수 정의
    printf("전달값과 반환값이 있는 함수입니다.\n");
    return total - ate;
}
```

전달값과 반환값이 있는 함수입니다.
사과 5개 중에서 2개를 먹으면 3개가 남습니다.

apple() 함수를 호출해 5와 2를 전달하니 3이 반환되어 '사과 5개 중에서 2개를 먹으면 3개가 남습니다.'라고 출력합니다.

코드에서 apple() 함수를 호출해 반환받은 값을 ret 변수에 저장해서 printf() 문으로 출력했습니다. 그런데 반환값을 따로 저장할 필요 없이 printf() 문에 함수 호출을 넣어 바로 반환값을 출력할 수도 있습니다. 사과 10개 중에 4개를 먹고 남은 개수를 출력해 봅시다. 기존 함수 호출과 printf() 문 대신에 다음과 같이 작성합니다.

5.3.5 반환값과전달값이있는함수.c

```
// int ret = apple(5, 2);
// printf("사과 5개 중에서 2개를 먹으면 %d개가 남습니다.\n", ret);
printf("사과 %d개 중에서 %d개를 먹으면 %d개가 남습니다.\n", 10, 4, apple(10, 4));
```

printf() 문에 apple() 함수를 넣어 바로 호출합니다. apple() 함수는 10과 4를 전달받아서 10 − 4, 즉 6을 반환합니다. printf() 문에는 %d가 3개 있으니 정수 3개를 받을 수 있습니다. 순서대로 10, 4와 apple(10, 4) 함수 호출로 반환되는 6이 %d에 매칭되어 출력됩니다. 한번 실행해 볼까요?

전달값과 반환값이 있는 함수입니다.
사과 10개 중에서 4개를 먹으면 6개가 남습니다.

예상한 대로 잘 출력됩니다. 이처럼 printf() 문에서 직접 함수를 사용할 수 있다는 것도 알아 두세요.

4. **다음 중 함수에 관한 설명으로 잘못된 것을 고르세요.**

① 함수의 전달값은 최대 3개까지 사용할 수 있다.

② 전달값이 없는 함수도 있다.

③ 반환값은 함수를 호출한 곳에서 반환받아 사용할 수 있다.

④ 값을 반환할 때 사용하는 키워드는 return이다.

5. **다음 코드의 실행결과를 고르세요.**

```c
#include <stdio.h>

void cal(int num);

int main(void) {
    int num = 3;
    cal(num);
    return 0;
}

void cal(int num){
    num += 2;
    printf("%d", num);
}
```

① 2 　　② 3 　　③ 5 　　④ 오류 발생

5.4

사칙연산 함수 만들기

5.2.2 함수로 사칙연산하기에서 반복되는 printf() 문을 p() 함수로 만들었습니다. 여기서는 더하기, 빼기, 곱하기, 나누기를 각각 함수로 만들어 보겠습니다.

먼저 더하기 부분을 add() 함수로 만듭니다. main() 함수에서 정수형 변수 num을 선언하고 2를 저장하는 부분까지는 동일합니다. 그다음 더하기 부분을 다음 순서대로 작성합니다.

❶ **함수 선언**(main() 함수 위) add() 함수의 반환값과 전달값은 모두 정수입니다. 따라서 반환형을 int로 작성하고, 매개변수도 int형으로 선언합니다. 두 값을 더해야 하므로 매개변수는 2개가 필요합니다.

```
int add(int num1, int num2);
```

❷ **함수 정의**(main() 함수 아래) add() 함수 본문에서는 매개변수로 전달받은 값을 더한 후 return 문으로 결과를 반환합니다.

```
int add(int num1, int num2) {
    return num1 + num2;
}
```

❸ **함수 호출과 결과 출력**(main() 함수 안) 기존 코드는 num 변수에 3을 더해 다시 저장하고 p() 함수에 num 변수를 전달하는 형태였습니다. 더하기 부분을 add() 함수로 만들어야 하므로 add() 함수에서 num + 3을 수행합니다. 그러려면 add() 함수를 호출할 때 num 변수와 숫

161

자 3을 전달해야 합니다. 그리고 함수의 반환값을 받아 num 변수에 다시 저장하고 p( ) 함수를 호출해 num 변수의 값을 출력합니다.

```
// num = num + 3;
num = add(num, 3);
p(num);
```

같은 방법으로 빼기 함수(sub( )), 곱하기 함수(mul( )), 나누기 함수(div( ))를 선언합니다. 빼기 함수는 num − 1을, 곱하기 함수는 num * 3을, 나누기 함수는 num / 6을 수행한 후 결괏값을 반환하도록 작성합니다.

전체 코드는 다음과 같습니다. 더하기 부분만 설명하면, main( ) 함수에서 num 변수에 2를 저장하고, add( ) 함수를 호출하면서 num 변수와 3을 전달합니다. add( ) 함수는 두 수를 더한 5를 반환합니다. main( ) 함수에서 p( ) 함수를 호출해 반환값을 전달하면 p( ) 함수에서 'num은 5입니다.'를 출력합니다. 나머지도 같은 원리이므로 코드를 보며 확인해 보세요.

5.4 사칙연산함수만들기.c

```c
#include <stdio.h>

// 함수 선언
void p(int num);
int add(int num1, int num2);
int sub(int num1, int num2);
int mul(int num1, int num2);
int div(int num1, int num2);

int main(void) {
    int num = 2;
    p(num);
    num = add(num, 3); // 더하기 함수 호출
    p(num);
    num = sub(num, 1); // 빼기 함수 호출
    p(num);
    num = mul(num, 3); // 곱하기 함수 호출
    p(num);
    num = div(num, 6); // 나누기 함수 호출
```

```
        p(num);
        return 0;
    }


    // 함수 정의
    void p(int num) {
        printf("num은 %d입니다.\n", num);
    }


    int add(int num1, int num2) {
        return num1 + num2;
    }
    int sub(int num1, int num2) {
        return num1 - num2;
    }
    int mul(int num1, int num2) {
        return num1 * num2;
    }
    int div(int num1, int num2) {
        return num1 / num2;
    }
```

실행결과

```
num은 2입니다.
num은 5입니다.
num은 4입니다.
num은 12입니다.
num은 2입니다.
```

실행하면 num은 add() 함수를 호출해 2 + 3 = 5가 되고, sub() 함수를 호출해 5 − 1 = 4가 됩니다. 다시 mul() 함수를 호출해 4 × 3 = 12가 되고, 마지막으로 div() 함수를 호출해 12 ÷ 6 = 2가 됩니다. **5.2.2 함수로 사칙연산하기**에서 만든 프로그램과 비교하면 출력값이 같습니다.

이 장에서는 함수를 알아봤습니다. 함수는 조금 복잡하면서도 재미있는 부분이고 C 프로그램을 작성할 때 무조건 사용하므로 개념을 잘 익혀 두세요. main() 함수 위쪽에 함수를 선언하고, main() 함수 아래쪽에 함수를 정의해 사용한다는 사실도 알아 두고요. 단, 여러 함수를 쓸 때 함수 선언이나 함수 정의의 순서는 상관없습니다. 예제에서도 p() 함수가 함수 선언 부분에서 어디에 있어도 무방합니다. main() 함수보다 위쪽에 선언되어 있으면 사용하는 데 아무 문제없습니다.

6. 다음 코드를 실행했을 때 실행결과는 무엇일까요?

```c
#include <stdio.h>

void my_func(int i);
void my_func(int i, int j);
void my_func(int i, int j, int k);

int main(void) {
    my_func(3, 5);
    return 0;
}

void my_func(int i) {
    printf("첫 번째 함수");
}

void my_func(int i, int j) {
    printf("두 번째 함수");
}

void my_func(int i, int j, int k) {
    printf("세 번째 함수");
}
```

① 첫 번째 함수   ② 두 번째 함수   ③ 세 번째 함수   ④ 오류 발생

5.5

프로젝트: 비밀번호 마스터

이 장에서 배운 함수를 사용해 '비밀번호 마스터' 게임을 만들어 보겠습니다. 비주얼 스튜디오에서 프로젝트용 새 파일을 만듭니다. 파일명은 **5.5_프로젝트.c**라고 입력합니다. 프로젝트 안에서 main() 함수가 중복되는 것을 막기 위해 앞에서 실습한 function.c 파일의 main() 함수명은 main_function으로 수정합니다.

먼저 프로그램의 구조를 생각해 봅시다. '비밀번호 마스터'는 정수 2개를 곱한 값을 맞히는 프로그램입니다. 문제가 나오고 정답을 맞히면 '성공', 틀리면 '실패'를 출력합니다. 문제를 맞힐 때마다 다음 문제는 어려워지고, 문제를 모두 푼 후에는 맞힌 개수를 알려 줍니다. 여기서는 문제를 총 5개로 지정하겠습니다.

구조에 맞춰 코드를 작성해 보겠습니다. 파일에 main() 함수의 기본 코드부터 작성합니다. 함수를 배웠으니 이제 int main(void)도 이해하죠? 소괄호 안 void는 아무것도 받지 않는, 즉 전달 값이 없는 함수를 의미합니다. int는 함수의 실행결과로 정수형 값을 반환한다는 뜻입니다. 그래서 main() 함수 맨 아래에 return 0;을 항상 넣었습니다.

5.5 프로젝트.c

```
#include <stdio.h>

int main(void) {
    return 0;
}
```

5.5.1 문제 생성하기

문제를 내는 부분부터 작성해 보겠습니다.

❶ 문제가 총 5개이므로 문제 풀기를 5번 반복합니다. 똑같은 동작을 반복 수행하니 for 문으로 작성합니다. 반복 범위가 1~5이므로 i를 1로 초기화하면 조건은 5보다 작거나 같을 때까지입니다.

❷ 문제는 x × y = ? 형식으로 출제합니다. 이때 x, y에 들어갈 숫자는 난수로 생성합니다. 생성한 난수를 저장해야 하므로 정수형 변수 num1, 정수형 변수 num2를 선언합니다. 난수는 **4.4.1 난수 생성하기**에서 배운 rand( ) 함수로 생성합니다. rand( ) 함수는 rand( ) % n 형식으로 난수를 뽑습니다. 예를 들어, n이 5면 0, 1, 2, 3, 4의 5개 숫자 중에서 하나를 난수로 생성합니다. 여기서는 9까지 뽑는 걸로 해 보죠. 그런데 0이 나오면 어떤 수를 곱해도 항상 0이 되므로 rand( ) % 9에다가 1을 더해줍니다. 이렇게 하면 rand( ) % 9의 결과로 나오는 0~8에 1을 더하므로 난수는 1~9에서 나오게 됩니다. 이렇게 난수를 생성해 x에 해당하는 숫자는 num1에, y에 해당하는 숫자는 num2에 저장합니다.

❸ rand( ) 함수를 사용할 때 time.h 파일과 stdlib.h 파일을 추가하고, 난수 초기화를 하는 것도 잊지 말아야 합니다.

❹ 문제가 화면에 보여야 사용자가 문제를 풀 수 있겠죠? x × y = ? 형식으로 문제를 출력하도록 printf( ) 문을 작성합니다.

5.5 **프로젝트**.c

```
#include <stdio.h>
#include <time.h> -------------------------------- ❸ 헤더 파일 추가
#include <stdlib.h> ------------------------------ ❸ 헤더 파일 추가

int main(void) {
    srand(time(NULL)); -------------------------- ❸ 난수 초기화
    // 문제 출제 x × y = ?
    for (int i = 1; i <= 5; i++) { -------------- ❶ 문제 5개
        int num1 = rand() % 9 + 1; ------------- ❷ x 자리에 들어갈 정수
        int num2 = rand() % 9 + 1; ------------- ❷ y 자리에 들어갈 정수
        printf("%d × %d ? \n", num1, num2); ---- ❹ 문제 출력
    }
    return 0;
}
```

```
실행결과                                          —  □  ×
4 x 9 ?
3 x 4 ?
6 x 5 ?
1 x 7 ?
4 x 8 ?
```

여기까지 작성하고 실행하면 문제 5개가 출력됩니다. x, y에 들어가는 숫자도 지정한 범위 안에서 잘 뽑힙니다. 숫자 범위가 이상하다면 난수를 생성할 때 + 1을 했는지 확인해 주세요.

난수 생성 부분 함수로 바꾸기

이제 함수를 활용해 봅시다. 중복되는 부분이 보이나요? 난수를 생성하는 rand() % 9 + 1이 중복되죠? 이 부분을 함수로 바꿔 보겠습니다.

❶ 난수를 생성하는 함수이니 getRandomNumber()라고 합시다. 그런데 문제가 점점 어려워진다고 했습니다. 어떻게 해야 어려워질까요? for 문을 보면 반복할 때마다 i가 1부터 5까지 1씩 증가합니다. 이를 1부터 5까지 문제 단계가 오른다고 보면 어떨까요? 그러면 이 값을 활용해 조금 더 큰 숫자를 생성할 수 있습니다. 이를 위해 getRandomNumber() 함수를 호출할 때 i를 전달해 봅시다.

❷ 함수를 호출하려면 함수를 선언하고 정의해야 합니다. 먼저 main() 함수 위에 함수를 선언합니다. getRandomNumber() 함수는 정수인 난수를 반환하므로 반환형은 int, 전달값인 i는 문제 단계이므로 매개변수는 int level로 선언합니다.

❸ main() 함수 아래에 함수를 정의합니다. 원래 코드는 rand() % 9 + 1이었지만, 단계별로 문제가 어려워지도록 호출할 때 전달받은 문제 단계를 곱해 숫자를 키웁니다. 그래서 rand() % (level * 9) + 1을 getRandomNumber() 함수의 본문으로 넣습니다. level이 1이면 1~9의 9개 숫자 중에서 하나를 난수로 생성하고, level이 5이면 1~45의 45개 숫자 중 하나를 난수로 생성합니다. level이 올라가면서 숫자 범위가 커지므로 점점 어려운 문제가 나옵니다. 이렇게 생성한 난수를 return 문으로 반환합니다.

5.5 프로젝트.c

```c
#include <stdio.h>
#include <time.h> // 헤더 파일 추가
#include <stdlib.h> // 헤더 파일 추가
```

```
int getRandomNumber(int level); ---------- ❷ 함수 선언

int main(void) {
    srand(time(NULL)); // 난수 초기화
    // 문제 출제 x * y = ?
    for (int i = 1; i <= 5; i++) {
        int num1 = getRandomNumber(i); ---- ❶ 함수를 호출해 x 자리에 들어갈 정수 생성
        int num2 = getRandomNumber(i); ---- ❶ 함수를 호출해 y 자리에 들어갈 정수 생성
        printf("%d x %d? \n", num1, num2); // 문제 출력
    }
    return 0;
}

int getRandomNumber(int level) { --------- ❸ 함수 정의
    return rand() % (level * 9) + 1;
}
```

🌑 문제 출력 부분 함수로 바꾸기

앞에서 간단하게 작성한 문제 출력 부분도 함수로 바꿔 보겠습니다.

❶ 함수명은 showQuestion으로 합니다. showQuestion() 함수는 문제를 출력하므로 곱하는 두 수가 필요합니다. 따라서 함수를 호출할 때 getRandomNumber() 함수가 반환한 두 수가 담긴 변수 num1, num2를 전달합니다. 그리고 문제와 함께 몇 번째 문제인지도 출력하겠습니다. 이를 위해 문제 단계에 해당하는 i 값도 전달합니다.

❷ 호출하기 전에 함수를 선언해야죠? showQuestion() 함수는 문제를 화면에 보여 주기만 하면 돼서 반환값이 필요 없습니다. 따라서 반환형은 void면 됩니다. 매개변수는 전달값에 맞춰 문제 단계(int level)와 곱하는 두 수(int num1, int num2)를 받는 정수형 변수로 선언합니다.

❸ main() 함수 아래 showQuestion() 함수를 정의합니다. showQuestion() 함수는 문제를 출력하는 부분이니 화면에서 잘 보이게 printf() 문을 조금 꾸며 보겠습니다.

❹ 전달받은 문제 단계를 사용해 몇 번째 문제인지 printf() 문으로 출력합니다.

❺ 기존 코드를 활용해 문제를 출력합니다. 이때 앞뒤로 \t를 추가해 문제를 구분합니다.

TIP — \t는 탭을 의미하는 특수 문자입니다. 탭은 스페이스 8칸과 같으므로 그만큼 빈칸을 출력하라는 뜻입니다.

⑥ printf() 문으로 # 기호를 출력해 행을 구분합니다. 마지막으로 비밀번호, 즉 문제의 정답을 입력하게 하는 안내 문구를 printf() 문으로 출력합니다. 여기서 문제를 풀다가 도저히 모르겠거나 문제 풀기를 관두고 싶을 때가 있을 겁니다. 이를 위해 −1을 입력하면 퀴즈를 종료한다고도 안내합니다.

5.5 **프로젝트**.c

```
int getRandomNumber(int level);
void showQuestion(int level, int num1, int num2); ---------------- ❷ 함수 선언

int main(void) {
    for (int i = 1; i <= 5; i++) {
        int num1 = getRandomNumber(i);
        int num2 = getRandomNumber(i);
        // printf("%d x %d ?\n", num1, num2);
        showQuestion(i, num1, num2); ------------------------- ❶ 함수를 호출해 문제 출력
    }
    return 0;
}

int getRandomNumber(int level) { (중략) }

void showQuestion(int level, int num1, int num2) { --------------- ❸ 함수 정의
    printf("\n\n\n######### %d번째 비밀번호 ########\n", level); -- ❹ 문제 단계 출력
    printf("\n\t%d x %d ? \n\n", num1, num2); --------------------- ❺ 문제 출력
    printf("##############################\n"); // 구분 기호
    printf("\n비밀번호를 입력하세요.(종료를 원하면 -1 입력) >> "); ----- ❻ 정답 입력 안내
}
```

5.5.2 정답 입력받기

난수로 생성한 두 수를 전달받아 문제를 내는 부분까지 작성했습니다. 그다음은 뭘 해야 할까요? showQuestion() 함수에서 '비밀번호를 입력하세요.'라는 문구가 나왔으니 사용자기 답을 입력하는 부분이 필요하겠죠? 문제를 출제하는 함수 호출 다음에 답을 입력받는 scanf_s() 문을 작성합니다. 이때 입력값을 저장해야 하므로 answer라는 정수형 변수를 먼저 만듭니다. 그리고 초깃값은 −1로 넣습니다.

```
for (int i = 1; i <= 5; i++) {
    int num1 = getRandomNumber(i);
    int num2 = getRandomNumber(i));
    showQuestion(i, num1, num2); // 문제 출력
    int answer = -1;
    scanf_s("%d", &answer); // 답 입력
}
```

> **Note 변수의 초깃값**
>
> 초깃값은 경우에 따라 다르게 설정합니다. 만약 어떤 프로그램이 3가지 동작을 제공하고 각 동작의 번호가
> 1, 2, 3이라면 초깃값은 이들을 제외한 다른 숫자를 사용합니다. 그러면 사용자로부터 값을 입력받았을 때 이
> 값이 1, 2, 3에 해당하면 의도적인 값이므로 해당 동작을 수행하고, 그렇지 않으면 다시 입력하라거나 프로그
> 램을 종료할 수 있지요. 그런데 초깃값을 1로 설정하면 사용자의 입력 대기 부분이 의도치 않게 삭제됐을 때
> 원하지 않는 1번 동작이 수행될 수도 있습니다. 그래서 혼란을 피하는 방향으로 초깃값을 설정하기도 합니다.

answer 변수에 저장되는, 사용자가 입력한 답은 크게 3가지로 나뉩니다.

1. 입력값이 -1인 경우입니다. showQuestion() 함수의 안내 문구에서 나온 값이죠. 이때는
   프로그램을 종료합니다.

2. 입력값이 난수로 생성한 두 수를 곱한 값과 똑같은 경우입니다. 정답을 맞혀서 비밀번호를
   푼 경우죠. 이때는 정답 메시지를 표시합니다.

3. 입력값이 -1도 아니고 두 수를 곱한 값과도 같지 않은 경우입니다. 이때는 정답을 맞히지
   못한 경우이므로 오답 메시지를 표시하고 다음 문제를 출제합니다.

입력값에 따라, 즉 조건에 따라 실행할 내용이 달라지고 조건도 3가지입니다. 따라서 4장에서
배운 if-else if-else 문으로 작성하면 됩니다.

❶ 첫 번째 if 문은 answer == -1가 조건입니다. 조건을 만족하면 '프로그램을 종료합니다.'를
   출력한 후 프로그램을 종료합니다. 반복문을 탈출해야 하니 break 문을 넣습니다.

❷ 두 번째 if-else 문은 answer == num1 * num2가 조건입니다. 조건을 만족하면 정답 메
   시지를 출력합니다. 이때 정답 메시지 출력 부분은 함수로 처리하겠습니다. 함수명은
   success라고 짓습니다.

❸ 마지막 else 문은 조건에 모두 해당하지 않는 경우이므로 오답 메시지를 출력하고 끝납니다. 이 부분도 함수로 처리합니다. 함수명은 fail로 합니다.

❹ 여기서 한 가지 추가할 것이 있습니다. 앞에서 문제를 모두 풀면 맞힌 개수를 보여 준다고 했죠? 정답을 맞히는 조건은 else if 문입니다. 따라서 여기에서 추가로 맞힌 문제 개수를 셉니다. 이를 위해 for 문 위에 맞힌 문제 개수를 저장할 count 변수를 선언합니다. 처음에는 맞힌 문제가 없으니 초깃값은 0입니다. 그리고 else if 문에서 success() 함수를 호출하고 나면 count 변수를 1 증가시킵니다.

설명한 내용을 코드로 작성하면 다음과 같습니다.

5.5 **프로젝트**.c

```
int count = 0; -------------------------------- ❹ 변수 선언 및 초기화(맞힌 문제 개수)

for (int i = 1; i <= 5; i++) {
    int num1 = getRandomNumber(i);
    int num2 = getRandomNumber(i));
    showQuestion(i, num1, num2); // 문제 출력
    int answer = -1;
    scanf_s("%d", &answer); // 답 입력
    if (answer == -1) { --------------------- ❶ 입력값이 -1일 때
        printf("\n프로그램을 종료합니다.\n");
        break;
    } else if (answer == num1 * num2) { ------ ❷ 정답을 맞혔을 때
        success();
        count++; ----------------------------- ❹ 맞힌 문제 개수 증가
    } else { ------------------------------ ❸ 정답을 못 맞혔을 때
        fail();
    }
}
```

조건문에서 호출한 success() 함수와 fail() 함수를 작성해 봅시다. success() 함수는 'Good! 정답입니다.'라는 정답 메시지만 출력하고, fail() 함수도 '땡! 틀렸습니다.'라는 오답 메시지만 출력합니다. 두 함수는 반환값이 없으므로 반환형은 void이고 전달값 역시 없습니다. 두 함수 모두 main() 함수 위에 함수 선언을, 아래에 함수 정의를 각각 작성합니다.

```
// 함수 선언
int getRandomNumber(int level);
void showQuestion(int level, int num1, int num2);
void success();
void fail();

int main(void) { (중략) }

int getRandomNumber(int level) { (중략) }

void showQuestion(int level, int num1, int num2) { (중략) }

// 함수 정의
void success() {
    printf("\n >> Good! 정답입니다.\n");
}

void fail() {
    printf("\n >> 땡! 틀렸습니다.\n");
}
```

이렇게 5문제를 풀고 나면 for 문을 탈출합니다. 마지막으로 5문제 중 정답을 맞힌 개수를 출력합니다.

```
int main(void) {
    (중략)
    printf("\n\n비밀번호 %d개를 맞혔습니다.\n", count);
    return 0;
}
```

여기서 한 가지 수정할 부분이 있습니다. 반복문의 첫 번째 if 문에서 변수 answer의 값이 −1이면 프로그램을 종료한다고 했는데, 실제로는 break 문으로 for 문만 탈출합니다. 코드를 실행해 −1을 입력하면 프로그램을 바로 종료하지 않고 비밀번호를 몇 개 맞혔는지 출력하고 나서 종료합니다.

그래서 if 문 break 문을 exit(0)으로 바꿔야 합니다. exit(0)은 그 뒤에 어떤 문장이 있든 상관없이 바로 프로그램을 종료합니다.

5.5 프로젝트.c

```c
if (answer == -1) {
    printf("\n프로그램을 종료합니다.\n");
    // break;
    exit(0);
} ...
```

> **Note exit( ) 함수로 프로그램 종료하기**
>
> exit()는 현재 실행 중인 프로그램을 종료하는 함수입니다. 이때 소괄호에 넣는 전달값에 따라 종료 의미가 다릅니다. 앞에서처럼 0을 넣으면 정상 종료이고, 다른 숫자(일반적으로 1)를 넣으면 오류 발생으로 인한 종료입니다. 그리고 exit() 함수는 stdlib.h 파일에 포함되어 있으므로 stdlib.h 파일을 추가해야 프로그램에서 사용할 수 있습니다.

5.5.3 전체 코드 확인하기

완성된 코드는 다음과 같습니다. 숫자 2개를 곱하는 문제를 보여 주고 사용자로부터 답을 입력받아서 맞았는지 틀렸는지 확인한 후 문제를 다 풀고 나면 총 몇 개 맞혔는지 결과를 표시합니다. 한번 실행해 볼까요? 중간에 일부러 2문제를 틀려 보겠습니다. 그러면 마지막에 '비밀번호 3개를 맞혔습니다.'라는 문장이 출력될 겁니다.

5.5 프로젝트.c

```c
#include <stdio.h>
#include <time.h>
#include <stdlib.h>

int getRandomNumber(int level);
void showQuestion(int level, int num1, int num2);
void success();
void fail();

int main(void) {
```

```
    srand(time(NULL));
    int count = 0;
    for (int i = 1; i <= 5; i++) {
        int num1 = getRandomNumber(i);
        int num2 = getRandomNumber(i);
        showQuestion(i, num1, num2);
        int answer = -1;
        scanf_s("%d", &answer);
        if (answer == -1) {
            printf("\n프로그램을 종료합니다.\n");
            exit(0);
        } else if (answer == num1 * num2) {
            success();
            count++;
        } else {
            fail();
        }
    }
    printf("\n\n비밀번호 %d개를 맞혔습니다.\n", count);
    return 0;
}


int getRandomNumber(int level) {
    return rand() % (level * 9) + 1;
}


void showQuestion(int level, int num1, int num2) {
    printf("\n\n\n######### %d번째 비밀번호 ########\n", level);
    printf("\n\t%d x %d ?\n\n", num1, num2);
    printf("################################\n");
    printf("\n비밀번호를 입력하세요.(종료를 원하면 -1 입력) >> ");
}


void success() {
    printf("\n >> Good! 정답입니다.\n");
}


void fail() {
    printf("\n >> 땡! 틀렸습니다.\n");
}
```

```
실행결과                                                    — □ ×

########## 1번째 비밀번호 ########
          3 x 7 ?
################################
비밀번호를 입력하세요.(종료를 원하면 -1 입력) >> 21
 >> Good! 정답입니다.
########## 2번째 비밀번호 ########
          13 x 13 ?
################################
비밀번호를 입력하세요.(종료를 원하면 -1 입력) >> 239
 >> 땡! 틀렸습니다.
########## 3번째 비밀번호 ########
          8 x 19 ?
################################
비밀번호를 입력하세요.(종료를 원하면 -1 입력) >> 152
 >> Good! 정답입니다.
########## 4번째 비밀번호 ########
          9 x 25 ?
################################
비밀번호를 입력하세요.(종료를 원하면 -1 입력) >> 225
 >> Good! 정답입니다.
########## 5번째 비밀번호 ########
          15 x 30 ?
################################
비밀번호를 입력하세요.(종료를 원하면 -1 입력) >> 300
 >> 땡! 틀렸습니다.
비밀번호 3개를 맞혔습니다.
```

함수를 사용해 '비밀번호 마스터' 게임의 핵심 코드를 작성했습니다. getRandomNumber() 함수처럼 전달값과 반환값이 있는 함수, showQuestion() 함수처럼 전달값은 여러 개지만 반환값은 없는 함수 등을 만들어 봤습니다. 아무리 코드를 여러 번 봐도 한 번 작성해 보는 것보다는 못합니다. 이 프로그램의 전 과정을 직접 작성해 보면서 함수 만드는 방법을 연습해 보기 바랍니다.

마무리

1. 함수

① 함수는 값을 입력받아 어떤 작업을 처리한 후 그 결과를 출력(반환)합니다.

② 함수는 보통 main() 함수 위에 먼저 선언하고 나서 main() 함수 아래에 정의합니다. 그리고 필요한 곳에서 함수명으로 호출합니다.

③ 함수를 실행한 결과로 반환하는 값을 **반환값**이라고 하고, 반환값의 자료형을 **반환형**이라고 합니다.

④ 함수를 호출할 때 값을 전달하면 함수에서는 전달값을 변수로 받는데, 이 변수를 **매개변수**라고 합니다.

⑤ 전달값이 여러 개일 때는 쉼표로 구분하고, 매개변수도 전달값의 개수에 맞춰 선언합니다.

⑥ 전달값과 매개변수는 자료형이 서로 같아야 합니다.

형식
```
// 함수 선언
반환형 함수명(매개변수1, 매개변수2, ...);

void main(void) {
    함수명(전달값1, 전달값2, ...);   // 함수 호출
}

// 함수 정의
반환형 함수명(매개변수1, 매개변수2, ...) { (중략) }
```

⑦ 비슷한 작업을 하는 코드들은 함수로 만들어 관리하면 코드 중복을 피할 수 있고 수정이 필요한 경우에도 매우 편리합니다. 또한, 코드를 재사용할 수 있습니다.

2. 함수의 종류

① 반환값이 없는 함수는 반환형을 void로 선언합니다.

② 반환값이 있는 함수는 어떤 작업을 처리한 후 그 결과를 반환합니다. 결과는 return 문으로 반환하고, 반환값은 함수를 호출한 곳에서 사용할 수 있습니다.

③ 전달값이 없는 함수를 호출할 때는 아무런 값도 전달하지 않습니다.

④ 전달값이 있는 함수를 호출할 때는 1개 이상의 값을 전달하고 함수에서는 이를 매개변수로 받습니다.

⑤ 반환값과 전달값은 둘 다 없을 수도, 둘 다 있을 수도 있습니다.

셀프체크

문제 **영화의 상영 시간 정보를 분(minute)에서 시간 + 분으로 변환해 표시하는 프로그램을 함수로 만들어 보세요.**

조건

1. 함수의 이름은 convert_time으로 합니다.

2. 함수는 전달값으로 영화의 상영 시간 정보인 분에 해당하는 정수형 값 1개를 받습니다.
   예: 118분, 138분

3. 전달받은 분을 시간 + 분 단위로 변환해 출력합니다.
   예: 118분 → 1시간 58분, 138분 → 2시간 18분

4. 함수의 반환값은 없습니다.

   힌트 시간 단위 변환을 위해 나누기 연산자(/)와 나머지 연산자(%)를 적절히 활용하세요.

```
실행결과                                              —   □   ×
// (예1) 전달값이 118일 때
1시간 58분

// (예2) 전달값이 138일 때
2시간 18분

// (예3) 전달값이 60일 때
1시간 0분

// (예4) 전달값이 30일 때
0시간 30분
```

6장

여러 데이터 한번에 저장하기:
배열과 문자열

이 장에서 배열과 문자열에 관해 다룹니다. 이 장을 공부하고 나면 배열과 문자열을 이용해 '자라나라 머리카락' 게임의 핵심 부분을 만들 수 있습니다.

6.1

이 장에서 만드는 프로그램

'자라나라 머리카락'이 어떤 게임인지 살펴보겠습니다. 초기 화면에서 시작하기를 누르면 얼굴과 약병 4개가 보입니다. 약병 4개 중에 1, 2, 3번을 클릭하니 머리에 약이 발리고 머리카락이 자라납니다. 다시 2, 3번을 클릭해 약을 발랐더니 역시 머리카락이 자라났습니다.

그림 6-1 자라나라 머리카락 게임 구성 1

한 번 더 해 봅시다. 1, 2번을 조합했더니 이번에는 머리카락이 나지 않았습니다. 이처럼 '자라나라 머리카락'은 4개 약병이 어떤 조합일 때 머리카락이 자라나는지 확인해서 진짜 발모제를 맞히는 게임입니다. 그럼 진짜 발모제는 몇 번일까요? 1, 2, 3번과 2, 3번을 조합했을 때는 머리

181

카락이 났지만, 1, 2번을 조합했을 때는 머리카락이 나지 않았습니다. 따라서 발모제는 3번입니다. 3번 약병을 누르면 O 표시가 뜨고 게임이 끝납니다.

그림 6-2 자라나라 머리카락 게임 구성 2

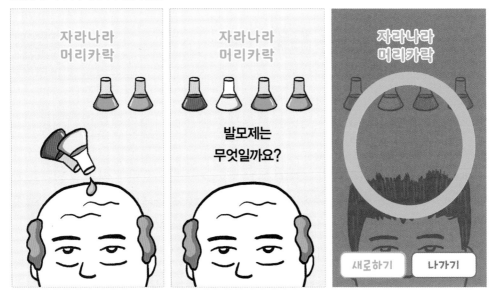

이처럼 숫자를 조합해 정답을 맞히는 간단한 게임입니다. 그럼 이 게임을 만드는 데 필요한 배열과 문자열을 같이 공부해 보겠습니다.

6.2

배열이란

먼저 이 장에서 사용할 파일을 만듭니다. 비주얼 스튜디오에서 프로젝트를 생성해서 새로운 파일을 만들고 파일명은 **array.c**로 저장합니다.

6.2.1 배열이 필요한 이유

차량 3대가 연결된 3칸짜리 지하철이 있습니다. 1호차에는 30명, 2호차에는 40명, 3호차에는 50명이 타고 있다고 합시다. 각 차량을 정수형 변수 subway_1, subway_2, subway_3로 선언하고 탑승 인원 30, 40, 50을 각 변수에 저장합니다. 그리고 printf() 문으로 각 변수에 담긴 탑승 인원을 출력합니다.

6.2.1 배열이필요한이유.c

```c
#include <stdio.h>

int main(void) {
    int subway_1 = 30;
    int subway_2 = 40;
    int subway_3 = 50;
    printf("지하철 1호차에 %d명이 타고 있습니다.\n", subway_1);
    printf("지하철 2호차에 %d명이 타고 있습니다.\n", subway_2);
    printf("지하철 3호차에 %d명이 타고 있습니다.\n", subway_3);
    return 0;
}
```

지하철 1호차에 30명이 타고 있습니다.
지하철 2호차에 40명이 타고 있습니다.
지하철 3호차에 50명이 타고 있습니다.

지하철에 차량 3대가 연결되어 있고 각 차량에 탄 인원도 제각각입니다. 코드에서는 이를 정수형 변수 3개를 만들어 처리했습니다. 그런데 지하철이 100호차까지 있으면 어떻게 해야 할까요? 변수를 100번 선언해야 합니다. 너무 많죠. 이럴 때 필요한 게 **배열**(array)입니다. 차량 한 칸을 정수형 변수라고 하면 여러 칸이 연결된 지하철은 배열과 같습니다. 즉, 배열은 **동일한 자료형의 값 여러 개를 저장하는 연속된 공간**을 말합니다.

6.2.2 배열 선언하기

그럼 배열을 어떻게 사용하는지 알아봅시다. 배열을 사용하려면 변수와 마찬가지로 먼저 배열을 선언해야 합니다. 배열을 선언할 때도 **자료형**과 **배열명**을 적습니다. 변수명이 변수를 저장하는 메모리 공간에 붙인 이름이듯이 배열명도 배열을 저장하는 메모리 공간에 붙인 이름이라고 생각하면 됩니다. 그리고 배열명 뒤에 대괄호([ ])를 붙이고 그 안에 **배열 크기**를 적습니다. 배열은 연속된 공간이므로 몇 칸을 연결할지 정하는 겁니다.

> **형식** 자료형 배열명[배열크기];

지하철 예제에 나온 변수 subway_1, subway_2, subway_3를 배열로 만들어 봅시다. 배열명은 subway_array로 하고, 정수 3개를 저장하므로 자료형은 int, 배열 크기는 3으로 작성합니다. 다음과 같이 선언한 subway_array 배열은 정수형 변수 3개를 선언한 것과 같은 역할을 합니다.

그림 6-3 배열 선언

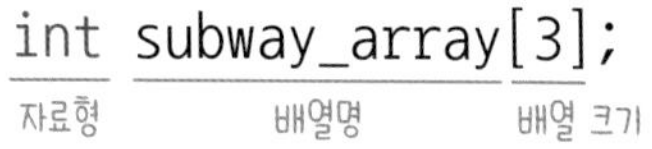

```
int subway_array[3];
```
자료형   배열명   배열 크기

184

subway_array 배열은 공간이 3개입니다. 배열에서 변수 하나에 해당하는 공간을 **요소**라고 하고, 배열의 요소는 **인덱스**(index)라는 번호로 구분합니다. 컴퓨터에서 숫자가 0부터 시작하듯이 인덱스도 항상 0부터 시작합니다. 만약 크기가 n인 배열이라면 인덱스는 0부터 n − 1까지입니다. subway_array 배열은 크기가 3이므로 인덱스는 0, 1, 2가 됩니다. 각 요소는 배열명에 인덱스를 붙여 subway_array[0], subway_array[1], subway_array[2]로 구분하고 각 요소의 값에 접근할 때 사용합니다.

배열을 선언했으니 값을 넣어 초기화해 봅시다. 배열은 요소가 여러 개이므로 값도 여러 개입니다. 값은 변수처럼 대입 연산자(=)를 사용해 저장합니다.

6.2.2 배열선언하기.c

```c
int main(void) {
    int subway_array[3];
    subway_array[0] = 30; // [30][  ][  ]
    subway_array[1] = 40; // [30][40][  ]
    subway_array[2] = 50; // [30][40][50]
    return 0;
}
```

subway_array 배열은 공간 3개에 각각 30, 40, 50이라는 값을 저장합니다. subway_array 배열에 값이 저장된 모습은 다음처럼 나타낼 수 있습니다.

그림 6-4 배열에 값을 저장한 모습

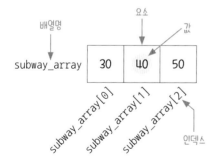

배열에 값이 제대로 저장됐는지 출력해서 확인해 보겠습니다. 변수로 선언했을 때는 변수명만 바꿔서 같은 문장 3개를 반복 출력합니다. 이를 for 문으로 바꾸면 편했죠? 배열에서는 for 문으로 어떻게 바꿀지 생각해 봅시다.

for 문에는 선언, 조건, 증감 부분이 있습니다. 배열에 접근할 때는 인덱스를 사용합니다. 인덱스는 0부터 2까지입니다. 따라서 변수 i가 숫자 0부터 2까지 바뀌면 됩니다. 정수이므로 자료형은 int로, 초깃값은 0으로 선언합니다. 그리고 2까지 반복하므로 조건이 i < 3이면 i 값은 0, 1, 2로, 배열의 인덱스와 맞습니다.

for 문 안에는 출력할 내용이 들어갑니다. **6.2.1 배열이 필요한 이유**에서 사용한 printf( ) 문을 그대로 활용하는데, 다른 점이 있습니다. 여기서는 호차와 인원이 모두 바뀝니다. 따라서 호차를 출력하는 부분도 서식 지정자를 지정해 '지하철 %d호차에 %d명이 타고 있습니다.'라고 작성합니다. 첫 번째 %d는 호차입니다. 호차는 인덱스와 같으므로 i 값으로 표시합니다. 단, 인덱스는 0부터 시작하므로 실제 호차의 숫자인 1부터 시작할 수 있도록 i + 1을 합니다. 두 번째 %d는 인원입니다. 인원은 배열의 각 요소에 저장된 값이므로 subway_array[i]로 작성합니다.

지금까지 설명한 내용을 코드로 작성하면 다음과 같습니다.

6.2.2 **배열선언하기.c**

```c
int main_array(void) {
    int subway_array[3];
    subway_array[0] = 30; // [30][  ][  ]
    subway_array[1] = 40; // [30][40][  ]
    subway_array[2] = 50; // [30][40][50]
    for (int i = 0; i < 3; i++) {
        printf("지하철 %d호차에 %d명이 타고 있습니다.\n", i + 1, subway_array[i]);
    }
    return 0;
}
```

실행결과   — □ ✕

```
지하철 1호차에 30명이 타고 있습니다.
지하철 2호차에 40명이 타고 있습니다.
지하철 3호차에 50명이 타고 있습니다.
```

실행해 보면 같은 결과가 나옵니다.

하나 더! 배열을 선언할 때 배열 크기에는 항상 상수만 넣을 수 있습니다. 상수는 변하지 않는 수라고 했습니다. 예를 들어, size라는 정수형 변수를 선언하고 10을 저장합니다. 그리고 array라는 정수형 배열을 선언하고 배열 크기에 size 변수를 넣으면 어떻게 될까요?

```
int size = 10;
int array[size];
```

'알 수 없는 크기입니다.'라는 메시지가 뜨며 오류가 발생합니다. 배열 크기는 반드시 상수, 즉 변하지 않는 수여야 합니다. 그래서 변수는 배열을 선언할 때는 사용할 수 없습니다.

그림 6-5 배열 크기는 항상 상수로 선언

```
int size = 10;
int array[size]; (×)
int array[10]; (○)
```

1분 퀴즈

해설 노트 p.407

1. 배열의 특징으로 올바른 것을 모두 고르세요.

> 보기 ㄱ. 서로 다른 자료형의 값 여러 개를 저장하는 연속된 공간이다.
>
> ㄴ. 배열을 선언할 때 배열 크기에는 상수만 사용할 수 있다.
>
> ㄷ. 배열의 각 요소를 구분하는 인덱스는 0부터 시작한다.

① ㄱ, ㄴ   ② ㄴ, ㄷ   ③ ㄱ, ㄷ   ④ ㄱ, ㄴ, ㄷ

2. 다음과 같이 선언된 배열의 인덱스 i에 해당하는 요소에 접근하는 방법으로 올바른 것은?

```
int i = 1;
int arr[3] = { 1, 2, 3 };
```

① arr.i   ② arr(i)   ③ arr[i]   ④ arr{i}

6.3

배열 초기화하기

앞에서는 배열을 선언하고 인덱스를 사용해 요소마다 일일이 값을 저장했습니다. 이번에는 배열을 선언하면서 동시에 배열을 초기화해 보겠습니다.

6.3.1 한 번에 초기화하기

배열을 선언할 때 한 번에 초기화하려면 모든 값을 중괄호({})로 묶고 각 값을 쉼표(,)로 구분해 저장하면 됩니다.

형식   자료형 배열명[배열크기] = { 값1, 값2, ... };

예를 들어, 정수 10개를 저장하는 배열을 초기화하고 싶다면 다음과 같이 작성합니다. 공간이 총 10개인 배열이 생기고 요소에 각각 1, 2, 3, 4, 5, 6, 7, 8, 9, 10이 저장됩니다.

```
int arr[10] = { 1, 2, 3, 4, 5, 6, 7, 8, 9, 10 };
```

배열에 값이 제대로 저장됐는지 출력해 봅시다. 값을 하나씩 반복 출력하므로 for 문을 사용합니다.

```c
int main(void) {
    int arr[10] = {1, 2, 3, 4, 5, 6, 7, 8, 9, 10}; // 배열 초기화
    for (int i = 0; i < 10; i++) {
        printf("%d\n", arr[i]);
    }
    return 0;
}
```

실행결과

```
1
2
3
4
5
6
7
8
9
10
```

저장한 10개 값이 잘 출력됩니다. 그런데 배열을 만들면서 선언만 하고 초기화하지 않으면 어떻게 될까요? 앞의 코드에서 값을 넣은 부분을 없애고 다시 실행해 봅시다.

6.3.1 한번에 초기화하기.c

```c
int main(void) {
    int arr[10];
    for (int i = 0; i < 10; i++) {
        printf("%d\n", arr[i]);
    }
    return 0;
}
```

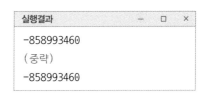

실행결과

```
-858993460
(중략)
-858993460
```

-858993460이라는 이상한 값이 10개 출력됩니다. 프로그래밍에서는 이러한 값을 **더미 값**(dummy value) 또는 **쓰레기 값**(garbage value)이라 합니다. 배열을 선언만 하고 초기화하지 않으면 어떤 값인지 아무도 모르는 쓰레기 값이 할당된 메모리 공간에 들어갑니다. 따라서 배열을 선언하면 사용하기 전에 항상 초기화해야 한다는 사실을 꼭 기억해 두세요.

TIP —— 쓰레기 값은 실행한 컴퓨터마다 다르게 나올 수 있습니다.

6.3.2 일부 값 초기화하기

크기가 10인 배열을 만들 때 일부만 초기화하면 어떻게 될까요? 예를 들어, 앞의 2개 요소만 초기화하면 3번째부터 10번째 요소에는 어떤 값이 들어갈까요? 다음과 같이 코드를 수정하고 실행해 봅시다.

```
int main(void) {
    int arr[10] = { 1, 2 }; // 일부 값 초기화
    for (int i = 0; i < 10; i++) {
        printf("%d\n", arr[i]);
    }
    return 0;
}
```

실행결과

```
1
2
0
(중략)
0
```

1, 2는 넣은 값 그대로 출력되고 나머지는 0이 출력됩니다. 여기서 보듯이 배열을 일부만 초기화하면 초기화한 값은 그대로 저장되고, 나머지는 모두 0으로 초기화됩니다. 그리고 하나도 초기화하지 않으면 모두 알 수 없는 쓰레기 값이 들어갑니다.

추가로, 배열을 선언만 할 때는 배열 크기를 꼭 넣어야 합니다. 하지만 배열을 선언하면서 초기화할 때는 대괄호 안에 배열 크기를 넣지 않아도 배열이 문제없이 생성됩니다. 예를 들어, 배열 크기가 2인 배열을 생성할 때 다음과 같이 선언해도 됩니다.

```
int arr[] = { 1, 2 };
```

이 코드는 int arr[2] = { 1, 2 };라고 선언한 것과 동일하게 실행됩니다. 대괄호 안 숫자를 생략하면 값의 개수를 컴퓨터(실제로는 컴파일러)가 세어 자동으로 배열 크기를 설정하기 때문입니다.

그림 6-6 배열 크기를 지정하지 않아도 자동으로 값의 개수를 세어 배열 생성

```
 int arr[] = { 1, 2 };
```
```
int arr[2] = { 1, 2 };
```

arr | 1 | 2 |

6.3.3 실수형 배열 초기화하기

지금까지 정수형 배열만 만들었는데, 실수형 배열을 만드는 방법도 똑같습니다. 배열 크기가 5인 실수형 배열을 만들고 값을 3개만 넣어 보겠습니다. 그리고 어떤 값이 저장됐는지 출력해 봅시다. 실수를 출력할 때는 %f를 사용해야죠? 여기서는 소수점 이하 둘째 자리까지 출력하도록 %.2f로 작성합니다.

6.3.3 실수형배열초기화하기.c

```c
int main(void) {
    float arr_f[5] = { 1.0f, 2.0f, 3.0f };
    for (int i = 0; i < 5; i++) {
        printf("%.2f\n", arr_f[i]);
    }
    return 0;
}
```

실행결과	— □ ×
1.00	
2.00	
3.00	
0.00	
0.00	

실행해 보면 배열에 저장한 1.00, 2.00, 3.00이 출력되고, 값을 저장하지 않은 4, 5번째 요소는 0.00, 0.00이 출력됩니다. 실수형 배열일 때도 정수형 배열일 때와 마찬가지로 배열을 일부 초기화하면 그 외 요소는 모두 실수 0.00이 값으로 들어가는 것을 확인할 수 있습니다.

1분 퀴즈

해설 노트 p.407

3. 다음은 서로 다른 방법으로 배열을 초기화한 코드입니다. 이 중에서 배열의 크기가 <u>다른</u> 하나는 무엇일까요?

```c
int arr1[5] = { 1, 2, 3, 4, 5 };
int arr2[5] = { 1, 2 };
int arr3[] = { 1, 2, 3, 4, 5 };
int arr4[] = { 1, 2 };
```

① arr1   ② arr2   ③ arr3   ④ arr4

4. 다음 코드의 실행결과는 무엇일까요?

```c
int arr[3] = { 1, 2 };
printf("%d\n", arr[2]);
```

① 0   ② 1   ③ 2   ④ 쓰레기 값

6.4

문자열 다루기

6.4.1 배열에 문자열 저장하기

2.5.2 문자형 변수로 입력받기에서 문자와 문자열을 배웠는데, 내용을 떠올려 봅시다. 문자는 글자 하나를 의미하고 문자를 저장할 때는 char형을 사용합니다. 값은 작은따옴표로 표시하며 출력할 때는 서식 지정자로 %c를 사용합니다.

그럼 문자를 저장하고 출력해 볼까요?

6.4.1 배열에문자열저장하기.c

```
int main(void) {
    char c = 'A';
    printf("%c\n", c);
    return 0;
}
```

실행결과		− ☐ ✕
A		

저장한 문자 A가 잘 출력됩니다. 그러면 문자열은 어떻게 저장하고 출력할까요? 문자열은 여러 문자가 모인 것이니 값이 여러 개라고 볼 수 있습니다. 값이 여러 개이므로 배열에 저장하면 됩니다.

문자열 'coding'을 배열에 저장한 후 출력해 봅시다. 문자열은 문자와 동일하게 자료형으로 char를 사용합니다. 배열명은 문자열(string)을 의미하는 str로 하고, 배열 크기는 글자 수에 맞춰 6으로 넣어 선언합니다. 그리고 여기에 문자열 'coding'을 넣어 초기화하는데, 이때 문자와 다른 점이 있습니다. **문자는 값을 작은따옴표로** 감싸지만, **문자열은 큰따옴표로** 감쌉니다. 이렇게 배열을 선언하고 초기화하면 메모리에 6칸의 char형 공간을 만들고, 공간의 각 칸에 문자 c, o, d, i, n, g가 하나씩 저장됩니다. 또한, 값이 문자열일 때는 서식 지정자를 %s로 지정해 배열에 저장한 문자열을 한 번에 출력합니다.

6.4.1 배열에문자열저장하기.c

```c
int main(void) {
    char str[6] = "coding"; // [c][o][d][i][n][g]
    printf("%s\n", str);
    return 0;
}
```

실행결과	— □ ×
coding倣倣倣倣倣倣倣倣倣倣倣?nP?	

작성하고 실행하니 coding까지는 잘 출력됩니다. 그런데 그 뒤에 뭔가 이상한 값이 나옵니다. 한자 같기도 하고 글자가 깨진 것처럼 보이는 이상한 값입니다. 왜 이런 값이 출력됐을까요?

그 이유는 배열의 공간이 부족해 문자열 끝에 **널**(null) 문자가 포함되지 않았기 때문입니다. 널 문자는 특수 문자로, 0 앞에 역슬래시를 붙여(\0) 표현합니다. 배열에 문자열을 저장할 때는 항상 **문자열의 끝을 알리는 널 문자**가 들어갈 공간을 마련해야 합니다. 그래서 배열 크기를 **글자 수 + 1**로 선언하면 마지막 칸에 널 문자가 자동으로 들어갑니다.

코드를 다시 볼까요? coding은 6글자죠. 그런데 str 배열의 크기를 6으로 선언했기 때문에 공간이 부족합니다. 따라서 str[7]로 수정하고 다시 실행하면 정상적으로 출력됩니다.

6.4.1 배열에문자열저장하기.c

```c
int main(void) {
    char str[7] = "coding"; // [c][o][d][i][n][g][\0]
    printf("%s\n", str);
    return 0;
}
```

실행결과	⌐ □ ×
coding	

만약 배열 크기를 지정하지 않고 문자열을 저장하면 어떻게 될까요? 배열 크기를 비워 둔 채로 문자열을 저장한 후 배열의 값과 배열 크기를 확인해 보겠습니다. 배열 크기는 sizeof로 알아낼 수 있습니다. sizeof 연산자는 () 안에 넣은 배열, 변수, 자료형 등이 메모리 공간을 얼마나 차지하는지 바이트 단위로 알려 줍니다. 참고로 메모리에서 알파벳과 숫자는 1바이트를 차지합니다.

따라서 sizeof(str)라고 작성하면 str 배열의 크기를 알 수 있습니다. 6글자를 저장했으니 6이 나올까요? 실행해 봅시다.

```
int main(void) {
    char str[] = "coding";
    printf("%s\n", str);
    printf("%d\n", sizeof(str));
    return 0;
}
```

실행결과 — □ ×
```
coding
7
```

첫 번째 줄에는 배열에 저장한 값 coding이 잘 나오는데, 두 번째 줄에는 7이라고 나옵니다. coding은 6글자인데 왜 7이라고 나올까요? 배열에 문자열의 끝을 나타내는 널 문자(\0)가 적용돼서 그렇습니다. 배열 크기를 지정하지 않으면 값의 개수에 맞춰 공간이 생성됩니다. 이때 문자의 끝을 나타내는 널 문자가 들어갈 공간도 자동으로 생성됩니다.

배열에 널 문자가 저장됐는지 확인하기 위해 배열의 값을 출력해 보겠습니다. 문자열은 배열의 각 요소에 한 글자씩 저장되어 있습니다. 그러므로 인덱스로 배열의 요소에 접근하면 한 글자씩 출력할 수 있습니다. for 문에서 i를 첫 번째 인덱스 0부터 str 배열의 크기까지 반복합니다. 이때 인덱스가 0부터 시작하니 조건은 배열 크기보다 작을 때까지로 해야 함을 잊지 말고요. str 배열의 크기는 sizeof로 알아내면 됩니다. 반복할 때마다 인덱스가 하나씩 증가하면서 printf() 문으로 str[i] 값을 출력합니다. 단, 값이 한 글자이므로 %s가 아닌 %c로 받습니다.

```
int main(void) {
    char str[] = "coding";
    for (int i = 0; i < sizeof(str); i++) {
        printf("%c\n", str[i]);
    }
    return 0;
}
```

실행결과 — □ ×
```
c
o
d
i
n
g
```

실행해 보면 마지막 줄이 비어 있습니다. 화면에는 보이지 않지만, 문자열 끝을 표시하는 널 문자가 출력돼서 그렇습니다. 이처럼 문자열 끝에는 항상 널 문자가 있다고 생각하세요.

6.4.2 배열에 한글 저장하기

지금까지는 배열에 알파벳으로 된 문자열만 저장했습니다. 그런데 한글을 저장하면 어떨까요? 확인해 봅시다. 먼저 kor이라는 배열을 선언하고 '나도코딩'을 저장합니다. 이때 배열 크기는 지정하지 않습니다. 그리고 배열에 저장된 값과 배열 크기를 출력합니다.

6.4.2 배열에한글저장하기.c

```c
int main(void) {
    char kor[] = "나도코딩";
    printf("%s\n", kor);
    printf("%d\n", sizeof(kor));
    return 0;
}
```

실행결과

```
나도코딩
9
```

첫 번째 줄에는 저장한 문자열 '나도코딩'이, 두 번째 줄에는 숫자 9가 출력됩니다. '나도코딩'은 4글자이고 널 문자를 더해도 5글자인데 왜 배열 크기로 9가 나왔을까요?

그 이유는 알파벳과 한글이 차지하는 저장 공간의 크기가 다르기 때문입니다. 알파벳과 숫자는 한 글자에 1바이트를 차지하지만, 한글은 한 글자에 2바이트를 차지합니다. 바이트는 메모리 공간의 크기를 나타내는 단위로, 1바이트로 표현할 수 있는 문자는 256개입니다. 그런데 한글은 초성 19개, 중성 21개, 종성 27개가 모여 하나의 글자를 이루고 이를 조합해 만들 수 있는 글자 수는 19 × 21 × 28(종성이 없는 경우 포함) = 11,172개입니다. 이렇게 알파벳보다 복잡한 한글을 1바이트만으로 표현할 수 없어서 한글은 한 글자에 2바이트 공간이 필요합니다.

그림 6-7 str 배열과 kor 배열 비교

195

5. 다음 중 배열에 문자열을 저장하는 방법을 <u>잘못</u> 이해한 사람을 고르세요.

① 연우 : 문자나 문자열을 저장할 때는 char형을 사용할 수 있어.

② 민혁 : 배열 크기는 글자 수보다 최소 1만큼 크게 잡아야 해.

③ 현아 : 배열 크기를 정할 때는 문장의 끝을 나타내는 마침표(.)가 들어갈 공간을 포함해야 해.

④ 서진 : 알파벳과 한글은 차지하는 저장 공간의 크기가 다르므로 주의해야 해.

6. 다음 코드의 실행결과는 무엇일까요?

```
char str[] = "Practice makes perfect";
printf("%d\n", (int)sizeof(str));
```

① 20　　　　② 21　　　　③ 22　　　　④ 23

6.5

문자열 깊게 다루기

6.5.1 문자열 배열과 널 문자

앞에서 배열에 문자열을 저장할 때 다음과 같이 작성했습니다.

```
char str[] = "coding";
```

이는 배열에 정수 10개를 한 번에 초기화할 때처럼 문자와 널 문자를 배열 요소에 하나씩 저장한 것과 같습니다(**6.3.1 한 번에 초기화하기** 참고). 코드를 작성해서 확인해 봅시다.

다음 코드는 배열 요소에 각각 한 문자씩 저장했지만, 출력할 때는 한꺼번에 출력하므로 printf( ) 문에는 %s를 사용합니다.

6.5.1 문자열배열과널문자.c

```
int main(void) {
    char c_array[7] = { 'c', 'o', 'd', 'i', 'n', 'g', '\0' };
    printf("%s\n", c_array);
    return 0;
}
```

실행결과	– □ ×
coding	

예상한 대로 coding이 출력됩니다. 만약에 코드에서 널 문자를 없애버리면 어떻게 될까요? c_array 배열의 크기를 6으로 수정하고 마지막 널 문자를 삭제한 후 실행해 봅시다.

```c
int main(void) {
    char c_array[6] = { 'c', 'o', 'd', 'i', 'n', 'g' };
    printf("%s\n", c_array);
    return 0;
}
```

실행결과 ― □ ✕

coding儆儆儆儆儆儆儆儆儆儆儆儆儆儆윕??

앞에서 본 것처럼 이상한 글자가 출력됩니다. 문자를 하나씩 저장하든 문자열로 저장하든 문자열의 마지막에는 널 문자가 들어간다는 점을 꼭 기억하세요.

지금까지는 배열 크기를 문자열 길이에 딱 맞게 선언했습니다. 널 문자를 포함해서 7이면 7, 9면 9로 선언했는데, 이번에는 좀 크게 선언해 볼까요? 배열 크기를 여유롭게 잡는 대신 마지막에 널 문자를 빼고 배열을 선언해 보겠습니다.

```c
int main(void) {
    char c_array[10] = { 'c', 'o', 'd', 'i', 'n', 'g' };
    printf("%s\n", c_array);
    return 0;
}
```

실행결과 ― □ ✕

coding

정상적으로 문자열이 출력됩니다. 실행결과를 자세히 살펴보기 위해 for 문으로 한 글자씩 출력해 봅시다.

```c
int main(void) {
    char c_array[10] = { 'c', 'o', 'd', 'i', 'n', 'g' };
    for (int i = 0; i < sizeof(c_array); i++) {
        printf("%c\n", c_array[i]);
    }
    return 0;
}
```

```
c

o

d

i

n

g


```

coding이 출력되고 나머지 4줄은 모두 빈칸입니다. 문자열보다 넉넉하게 배열 크기를 선언하면 문자열을 저장한 공간 외에 나머지는 널 문자로 채워져서 그렇습니다.

널 문자가 빈칸으로 표시되어 확인하기 어려우니 이를 **아스키코드**(ASCII code, American Standard Code for Information Interchange code)로 바꿔서 출력해 보겠습니다. 아스키코드는 사용자가 입력한 문자나 기호를 컴퓨터가 이해할 수 있는 0과 1의 신호로 변환한 것을 말합니다. 보통 0과 1을 10진수로 바꿔 숫자로 표시하는데, 널 문자는 0, 알파벳 소문자 a는 97, b는 98, c는 99 등으로 표시합니다. 아스키코드는 **6.5.3 아스키코드**에서 자세히 알아보고 여기서는 아스키코드로 입력한 문자열만 출력해 보겠습니다.

문자나 부호의 아스키코드를 출력하려면 서식 지정자를 %d로 지정합니다. 앞의 코드에서 printf() 문의 %c를 %d로 수정한 후 실행합니다.

6.5.1 문자열배열과널문자.c

```c
int main(void) {
    char c_array[10] = { 'c', 'o', 'd', 'i', 'n', 'g' };
    for (int i = 0; i < sizeof(c_array); i++) {
        printf("%d\n", c_array[i]); // %c를 %d로 수정
    }
    return 0;
}
```

```
99
111
100
105
110
103
0
0
0
0
```

실행해 보면 알파벳 c, o, d, i, n, g에 해당하는 아스키코드 99, 111, 100, 105, 110, 103과 널 문자에 해당하는 아스키코드 0이 4개 출력됩니다. 배열의 빈 공간이 널 문자로 채워졌음을 확인할 수 있습니다.

6.5.2 문자열 입력받기

이번에는 키보드로 값을 입력받아 배열에 저장한 후 출력해 보겠습니다. 다음은 **2.6 프로젝트: 경찰 조서 쓰기**에서 작성한 코드의 일부입니다. 배열에 문자열을 저장하는 방법을 배웠으니 코드가 확실히 이해될 겁니다. name이라는 배열의 크기를 256으로 넉넉히 선언하고, printf() 문으로 이름을 입력하도록 안내합니다. 그런 다음 scanf_s() 문에서 키보드로 입력받은 값을 name 배열에 저장한 후 다시 printf() 문으로 출력합니다.

6.5.2 **문자열입력받기.c**

```c
int main(void) {
    char name[256];
    printf("이름이 뭐예요? ");
    scanf_s("%s", name, sizeof(name));
    printf("%s\n", name);
    return 0;
}
```

```
이름이 뭐예요? 나도코딩
나도코딩
```

실행해서 '나도코딩'을 입력하고 Enter를 누르면 입력한 값이 그대로 출력됩니다. 이렇게 입력할 값이 몇 글자일지 알 수 없을 때는 배열 크기를 넉넉히 선언하는 편이 좋습니다.

6.5.3 아스키코드

아스키코드는 미국표준협회(ANSI, American National Standards Interchange)에서 제시한 표준 코드 체계를 의미합니다. 컴퓨터 사용 초창기에는 문자를 여러 방법으로 표현했는데, 국가별로 사용하는 문자가 다르다 보니 서로 호환되지 않는 문제가 발생했습니다. 이런 문제를 해결하기 위해 미국표준협회에서 아스키라는 표준 코드 체계를 제시했고 지금까지 이 코드가 공용으로 사용되고 있습니다.

아스키코드는 문자 하나를 7비트로 표현하며, 0~127까지 총 128(2^7)개 문자를 표현할 수 있습니다. 예를 들어, 알파벳 소문자 a는 97, 대문자 A는 65입니다. 그리고 널 문자는 0, 숫자 0은 48, 1은 49입니다. 전체 아스키코드 표는 https://ko.wikipedia.org/wiki/ASCII에 나와 있으니 참고하세요.

소문자 a 값이 97이 맞는지 확인해 보겠습니다. 아스키코드는 쉽게 확인할 수 있습니다. 서식 지정자를 %c로 하면 문자 a가 그대로 출력되고, %d로 하면 문자 a의 아스키코드 값이 10진수로 출력됩니다. 같은 방식으로 소문자 b, 대문자 A, 널 문자, 숫자 0과 1의 아스키코드 값도 확인해 봅시다.

6.5.3 아스키코드.c

```c
int main(void) {
    printf("%c\n", 'a');
    printf("%d\n", 'a');
    printf("%c\n", 'b');
    printf("%d\n", 'b');
    printf("%c\n", 'A');
    printf("%d\n", 'A');
    printf("%c\n", '\0');
    printf("%d\n", '\0');
    printf("%c\n", '0');
    printf("%d\n", '0');
    printf("%c\n", '1');
    printf("%d\n", '1');
    return 0;
}
```

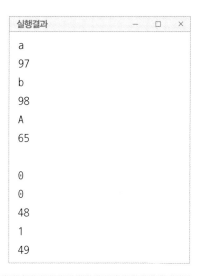

실행결과

```
a
97
b
98
A
65

0
0
48
1
49
```

소문자 a, b의 아스키코드 값이 97, 98입니다. 이런 식으로 c, d의 아스키코드 값은 99, 100으로 늘어남을 유추할 수 있습니다. 널 문자는 빈칸으로, 아스키코드 값은 0으로 표시됩니다. 숫자 0, 1도 아스키코드 값이 48, 49이므로 2, 3도 50, 51로 늘어남을 유추할 수 있습니다.

이번에는 거꾸로 0~127 사이의 아스키코드 값에 해당하는 문자를 확인해 보겠습니다. for 문을 사용하면 쉽습니다. 변수 i 값을 0~127 범위에서 1씩 증가시키면서 i의 값을 출력합니다.

6.5.3 아스키코드.c

```c
int main(void) {
    // 아스키코드 값 0~127에 해당하는 문자 확인
    for (int i = 0; i < 128; i++) {
        printf("아스키코드 값 %d : %c\n", i, i);
    }
    return 0;
}
```

```
실행결과                                              ─  □  ×

아스키코드 값 0 :
아스키코드 값 1 :
(중략)
아스키코드 값 48 : 0
아스키코드 값 49 : 1
(중략)
아스키코드 값 65 : A
아스키코드 값 66 : B
(중략)
아스키코드 값 97 : a
아스키코드 값 98 : b
(중략)
아스키코드 값 126 : ~
아스키코드 값 127 :
```

실행해 보면 중간에 '삑' 소리가 나는데, 아스키코드 값 7에 비프음(beep) 코드가 있어서 그렇습니다. 스크롤을 올려 아스키코드 값이 0일 때 널 문자인 빈칸이 나오는지 확인합니다. 그리고 숫자 0~9가 아스키코드 값 48~57이 맞는지, 대문자 A~Z가 65부터 시작하는지, 소문자 a~z가 97부터 시작하는지도 확인해 보세요.

7. 다음 코드는 scanf_s( ) 함수로 문자열을 입력받아 str 배열에 저장합니다. **가** 에 들어갈 코드로 알맞은 것을 고르세요.

```
char str[256];
printf("값을 입력하세요. : ");
(         가         )
printf("입력한 값은 %s입니다.\n", str);
```

① scanf_s("%c", str);   ② scanf_s("%s", str);

③ scanf_s("%c", str, sizeof(str));   ④ scanf_s("%s", str, sizeof(str));

8. 다음 빈칸에 공통으로 들어가는 수는 무엇일까요?

> **보기** ㄱ. 숫자 0의 아스키코드는 (   )이다.
>
> ㄴ. 하루는 24시간, 이틀은 (   )시간이다.

① 24   ② 48   ③ 65   ④ 97

6.6

프로젝트: 자라나라 머리카락

프로젝트 학습 진도

게임 구성 이해하기 ☐
코드 따라 하기 ☐
코드 이해하기 ☐
직접 구현하기 ☐

6장에서 배운 배열을 사용해 '자라나라 머리카락' 게임을 만들어 보겠습니다. 새 프로젝트를 생성하고 파일명은 **6.6_프로젝트.c**라고 합니다. 새 파일이 열리면 기본 코드를 작성합니다.

'자라나라 머리카락'은 약병 4개 중 어떤 게 진짜 발모제인지 찾는 게임입니다. 실행하면 총 3회 테스트하는데 발모제를 한 번에 무작위로 2개 또는 3개 조합해 머리에 부었을 때 머리카락이 나는지 안 나는지 확인합니다. 사용자는 테스트를 3회 진행하고 나서 진짜 발모제가 몇 번인지 입력합니다. 맞으면 정답 메시지를, 틀리면 오답 메시지와 함께 정답 번호를 출력하고 게임을 종료합니다.

6.6.1 조합할 약병 개수 정하기

4개 약병 중에서 진짜 발모제는 하나이므로 어떤 약병이 발모제인지 정해 둬야 합니다. 직접 지정해도 되지만, 앞에서 배운 난수를 사용해 무작위로 정하겠습니다.

❶ 난수를 생성하므로 time.h 파일과 stdlib.h 파일을 추가하고, 난수 초기화도 합니다.

❷ rand( ) % 4로 해서 난수를 생성하고 이를 treatment 변수에 저장합니다. % 4를 한 이유는 알죠? 약병 4개 중 하나를 선택해야 하므로 나머지 연산(%)으로 0, 1, 2, 3 중 하나를 뽑기 위해서입니다.

❸ 게임 시작을 알리는 printf( ) 문도 작성합니다.

```
#include <stdio.h>
#include <time.h> ---------------------------------- ❶ 헤더 파일 추가
#include <stdlib.h> -------------------------------- ❶ 헤더 파일 추가

int main(void) {
    srand(time(NULL)); ---------------------------- ❶ 난수 초기화
    int treatment = rand() % 4; ------------------- ❷ 난수 생성, 진짜 발모제 선택(0~3)
    printf("\n\n === 자라나라 머리카락 게임 === \n\n"); --- ❸ 게임 시작 안내 문구
    return 0;
}
```

약병을 3회 조합해 회차마다 머리카락이 나는지 안 나는지 보여 준다고 했습니다. 약병을 조합해 결과를 보여 주는 부분을 작성해 봅시다.

❶ 횟수가 나왔으니 반복문을 사용해야겠네요. for 문에 i가 1부터 3까지 1씩 증가하는 조건을 넣습니다. 그리고 for 문 안에 테스트가 3회 이뤄지는 과정을 넣습니다.

❷ for 문 안에 약병을 나타내는 bottle이라는 배열을 선언합니다. 4병이므로 배열 크기를 4로 하고, 초깃값은 일단 0으로 저장합니다.

❸ 회차마다 조합할 약병 개수를 정합니다. 약병은 한 번에 2개 또는 3개씩 조합하므로 무작위로 2~3의 숫자가 나오도록 rand( ) % 2 + 2를 사용합니다. rand( ) % 2를 하면 0 또는 1이 나오고 여기에다 + 2를 하니까 결국 2나 3이 나옵니다.

❹ 여기서 한 가지를 추가합니다. 테스트할 때마다 약병 4개 중에서 2개나 3개를 조합합니다. 1번/2번을 조합할 수도 있고, 1번/2번/3번을 조합할 수도 있습니다. 당연히 1번/2번, 2번/3번, 3번/4번 조합이 골고루 나오면 정답을 맞히기 좋습니다. 그러나 무작위라서 1번/3번, 1번/3번처럼 같은 조합이 연속으로 나올 수도 있습니다. 그래서 앞 회차에 조합한 약병 개수와 이번 회차에 조합할 약병 개수가 달라지도록 설정합니다. 처음에 약병 2개를 보여 줬으면 다음에는 3개를 보여 주는 식이죠. 이렇게 하면 결과를 비교하기 쉬워서 정답률을 높일 수 있습니다. 이 작업에 필요한 변수 2개를 for 문 위에 선언합니다. 이번 회차에서 조합하는 약병 개수를 저장할 cntShowBottle, 앞 회차에서 조합한 약병 개수를 저장할 prevCntShowBottle 변수를 선언하고, 초깃값으로 0을 넣습니다.

❺ 조합할 약병 수는 언제까지 뽑아야 할까요? cntShowBootle 변수의 값이 prevCntShowBottle 변수의 값과 다를 때까지 하면 됩니다. 다시 말해, 두 값이 같으면(cntShowBottle == prevCntShowBottle) 다시 조합합니다. 예를 들어, cntShowBootle 변수의 값이 2인데, prevCntShowBottle 변수의 값도 2이면 3이 나올 때까지 계속 조합합니다. 변수의 값이 서로 다를 때까지 계속해야 하므로 반복문이 필요하겠죠? 횟수가 정해지지 않았으니 while 문이나 do-while 문을 사용하는데, 이번에는 do-while 문을 사용합니다. do-while 문을 사용하는 이유는 약병을 처음 조합할 때는 앞 회차와 비교할 필요가 없기 때문입니다. 한 번은 무조건 테스트하고 시작하는 거죠. 조합할 약병 개수를 난수로 생성하는 문장을 do-while 문 안에 넣고 생성한 난수를 cntShowBottle 변수에 저장합니다.

그림 6-8 정답률 향상을 위한 cntShowBottle 변수와 prevCntShowBottle 변수

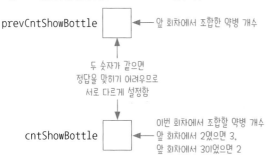

	초기값	테스트 1	테스트 2	테스트 2	테스트 3	테스트 3	테스트 3
prevCntShowBottle	0	0	2	2	3	3	3
cntShowBottle	0	2	2	3	3	3	2

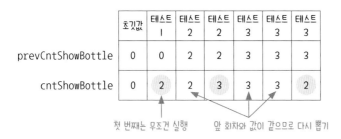

❻ do-while 문을 빠져나오면 두 변수의 값이 다르다는 의미이므로 다음 회차에서 비교할 수 있게 prevCntShowBottle 변수에 이번 회차의 약병 개수인 cntShowBottle 변수의 값을 저장합니다.

❼ 추가로 이번이 몇 회차인지도 출력합니다. 회차를 나타내므로 for 문의 변수 i 값을 활용합니다.

```c
int main(void) {
    srand(time(NULL));
    int treatment = rand() % 4; // 진짜 발모제 선택(0~3)
    printf("\n\n === 자라나라 머리카락 게임 === \n\n");
    int cntShowBottle = 0; ----------------------- ❹ 이번 회차에 조합할 약병 개수
    int prevCntShowBottle = 0; ------------------- ❹ 앞 회차에서 조합한 약병 개수
    for (int i = 1; i <= 3; i++) { -------------- ❶ 3회 테스트
        int bottle[4] = { 0, 0, 0, 0 }; --------- ❷ 약병 4개를 담는 배열 선언
        do { ------------------------------------ ❺ 약병 개수가 다를 때까지 조합
            cntShowBottle = rand() % 2 + 2; ----- ❸❺ 조합할 약병 개수(0~I + 2 -> 2~3)
        } while (cntShowBottle == prevCntShowBottle);
        prevCntShowBottle = cntShowBottle; ------ ❻ 이번 회차의 약병 개수 저장
        printf(" > %d번째 테스트 : ", i); -------- ❼ 회차 정보 출력
    }
    return 0;
}
```

6.6.2 조합할 약병 번호 선택하기

테스트 회차마다 약병을 몇 개 조합할지 정했습니다. 그런데 1, 2, 3, 4번 중 어떤 약병을 조합할지는 모르는 상태입니다. 이번에는 조합할 약병 번호를 정하겠습니다.

❶ 약병은 이번 회차에 조합할 약병 개수만큼, 즉 cntShowBottle 변수의 값만큼 선택해야 합니다. 회차당 2~3개를 선택하므로 for 문으로 작성합니다. 조건은 cntShowBottle 변수의 값까지입니다. cntShowBottle 값이 2이면 2회, 3이면 3회 반복합니다.

❷ 4개 중에서 무작위로 선택하므로 0~3에서 하나를 뽑도록 rand() % 4를 합니다. 그리고 결과를 randBottle이라는 정수형 변수를 만들어 저장합니다.

❸ 현재 약병은 bottle 배열에 저장되어 있고 이 중에서 1개를 뽑습니다. 이때 rand() 함수로 계산한 결과를 bottle 배열의 인덱스로 사용하면 배열에 저장된 약병을 무작위로 선택할 수 있습니다.

현재 bottle 배열은 값이 모두 0으로 저장된 상태입니다. 약병을 뽑으면 약병 값을 0에서 1로 바꿔 선택됐음을 표시합니다. 만약에 rand() 함수의 결과로 이미 뽑은 약병이 또 선택

됐다면 중복이므로 다시 선택해야 합니다. 중복인지는 어떻게 알요? rand( ) 함수로 뽑은 숫자를 인덱스로 하는 요소의 값, 즉 bottle[randBottle] 값이 1이면 중복이겠죠. 이 부분을 조건문으로 확인합니다. bottle[randBottle] 값이 0이라면 bottle[randBottle]의 값을 1로 바꿉니다. 0이 아니라면 중복이므로 다시 선택합니다.

그림 6-9 bottle 배열의 상태 표시

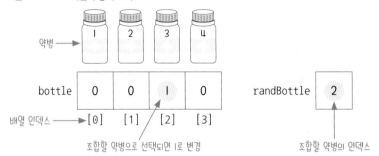

❹ 약병을 선택했을 때 선택한 약병 중에서 진짜 발모제가 있다면 발모제가 있다는 단서를 줘야 합니다. 게임에서는 머리카락이 나는 모습을 보여 줍니다. 여기서는 그럴 수 없는데 어떻게 해야 될까요? 앞에서 진짜 발모제 번호를 저장한 treatment 변수를 선언했습니다. randBottle 변수의 값이 treatment 변수와 같으면 진짜 발모제를 선택했다는 의미입니다. 이를 확인하기 위해 for 문 위에 isIncluded라는 변수를 만들고 0으로 초기화합니다.

❺ bottle[randBottle]의 값을 1로 바꾸고 나서 randBottle 변수와 treatment 변수를 조건문으로 확인합니다. treatment 변수와 randBottle 변수의 값이 같으면 isIncluded 변수의 값을 1로 바꿉니다. isIncluded 변수의 값이 1이면 진짜 발모제라는 뜻입니다.

❻ bottle[randBottle] 값이 0이 아니라면 중복이므로 다시 선택합니다. 그리고 반복 횟수를 한 번 빼야 합니다. 반복 횟수를 빼지 않으면 어떤 문제가 생길까요? 예를 들어, 3번 뽑았는데 모두 선택된 약병이라면 j 값이 이미 반복 조건 끝에 도달해서 새로운 약병을 선택하지 않고 반복문을 끝냅니다. 그래서 중복일 때는 j--로 반복 횟수를 하나 줄여 다시 선택하게 해야 합니다.

6.6 **프로젝트**.c

```
for (int i = 1; i <= 3; i++) {
    (중략)
    printf(" > %d번째 테스트 : ", i);
    int isIncluded = 0;  -------------------------- ❹ 진짜 발모제인지 확인용
```

```
        for (int j = 0; j < cntShowBottle; j++) { --- ① 조합할 약병 번호 선택
            int randBottle = rand() % 4; ------------- ② 약병 번호 뽑기(0~3)
            if (bottle[randBottle] == 0) { ---------- ③ 아직 선택되지 않은 약병이면
                bottle[randBottle] = 1; // 값을 0 → 1
                if (randBottle == treatment) {
                    isIncluded = 1; ----------------- ⑤ 진짜 발모제가 포함됨
                }
            } else { -------------------------------- ⑥ 이미 선택된 약병이면 중복이므로 다시 선택
                j--; // 반복 횟수 조정
            }
        }
    }
}
```

6.6.3 약병 조합과 결과를 화면에 표시하기

회차당 조합할 약병 개수와 번호를 선택했으니 선택한 내용과 테스트 결과를 화면에 출력해 사용자에게 보여 줍니다. 먼저 선택한 내용을 표시해 봅시다.

❶ bottle 배열에서 요소의 값이 1이면 조합할 약병으로 선택됐다는 의미입니다. 따라서 for 문으로 bottle 배열을 돌며 요소의 값이 1인지 확인합니다. 변수 i, j는 앞에서 사용했으므로 여기서는 k를 사용합니다.

❷ bottle 배열의 값이 1이면 해당 약병 번호를 출력해 화면에 표시합니다. 이때 약병 번호는 배열의 인덱스 k가 아니라 k + 1로 출력합니다. 배열의 인덱스는 0부터 시작해서 그대로 사용하면 0, 1, 2, 3을 출력합니다. 화면에 보여 줄 때는 1, 2, 3, 4번으로 표시되도록 + 1을 해야 합니다.

❸ printf() 문으로 선택된 약병 번호와 연결할 안내 문구를 출력합니다.

6.6 프로젝트.c

```
for (int i = 1; i <= 3; i++) {
    (중략)
    for (int j = 0; j < cntShowBottle; j++) { (중략) }
    // 사용자에게 테스트 결과 표시
    for (int k = 0; k < 4; k++) { --------------- ❶ bottle 배열의 값 확인
        if (bottle[k] == 1) { -------------------- ❷ 선택된 약병인지 확인
            printf("%d ", k + 1); // 인덱스 + 1, %d 뒤에 빈칸 하나 넣기
        }
```

```
    }
    printf("번 물약을 머리에 바릅니다.\n\n"); ------ ❸ 안내 문구 출력
}
```

다음으로 선택한 약병 조합을 바른 결과를 보여 줍니다.

❶ isIncluded가 1이면 이번에 바른 물약 중에 진짜 발모제가 포함됐다는 의미이므로 성공 메시지를 출력합니다. 1이 아니라면 실패이므로 실패 메시지를 출력합니다.

❷ 자라나라 머리카락 게임은 총 3회의 테스트 결과를 보여 줍니다. 결과를 한 번에 보면 재미없으니 회차마다 머리카락이 났는지 안 났는지 결과를 확인하겠습니다. Enter를 눌러야 다음으로 넘어가도록 getchar() 함수를 사용합니다. getchar()는 사용자 입력을 받는 함수로, 사용자 입력을 대기하고 있다가 Enter를 입력받으면 다음 코드가 실행됩니다.

6.6 **프로젝트**.c

```
for (int i = 1; i <= 3; i++) {
    (중략)
    printf("번 물약을 머리에 바릅니다.\n\n");
    if (isIncluded == 1) { --------------- ❶ 약병 조합에 발모제가 포함된 경우
        printf(">> 성공! 머리카락이 났어요!!\n");
    } else { --------------------------- ❶ 약병 조합에 발모제가 포함되지 않은 경우
        printf(">> 실패! 머리카락이 나지 않았어요. ㅠㅠ\n");
    }
    printf("\n    계속하려면 Enter를 누르세요. \n"); // 안내 문구
    getchar(); --------------------------- ❷ Enter를 입력받아 다음 테스트 회차로 넘어가기
}
```

Note **getchar() 함수의 경고 메시지 처리 방법**

getchar() 함수를 사용할 때 다음과 같이 반환값이 무시됐다는 경고 메시지가 나타날 수 있습니다.

그림 6-10 getchar() 함수 사용 시 발생하는 경고 메시지

```
57          else {
58              printf(">> 실패! 머리카락이 나지 않았어요. ㅠㅠ\n");
59          }
60          printf("\n    계속하려면 Enter를 누르세요. \n");
61          getchar();
62      }
              ✿ int __cdecl getchar(void)
63              온라인 검색
64
65              C6031: 반환 값이 무시되었습니다. 'getchar'.
```

이는 사용자가 입력한 값을 반환받지 않아서 그렇습니다. getchar() 함수는 입력받은 값에 따라 다른 동작을 수행하게 할 수 있습니다. 하지만 이번 프로젝트에서는 단순히 사용자가 [Enter]를 입력할 때까지 기다리는 용도로 사용합니다. 경고 메시지가 나와도 프로그램 동작에는 아무런 문제가 없지만, 경고 메시지를 없애고 싶다면 다음과 같이 앞에 (void)를 붙입니다.

```
(void) getchar();
```

6.6.4 정답 입력받기

3회의 테스트가 끝나고 사용자에게 정답을 입력받을 차례입니다.

❶ '발모제는 몇 번일까요?'라고 사용자에게 묻는 안내 문구를 출력합니다.

❷ 사용자가 정답을 입력하면 이를 받을 변수가 필요하죠. answer라는 정수형 변수를 선언합니다.

❸ scanf_s() 문으로 정수를 입력받아 앞에서 선언한 answer 변수에 저장합니다.

❹ answer 값이 treatment + 1과 같다면 정답을 맞혔다고 알려 줍니다. 그런데 왜 treatment + 1과 비교할까요? 앞에서도 나왔지만 약병 번호는 randBottle 배열에 저장되어 있어서 인덱스인 0~3으로 지칭합니다. 그러나 사용자에게는 약병 번호가 1~4로 표시됩니다. 따라서 두 값을 비교하려면 treatment + 1을 해야 합니다.

❺ 틀렸다면 정답이 몇 번인지를 출력합니다. 이때도 정답 번호는 treatment + 1을 해야 합니다.

6.6 프로젝트.c

```c
int main(void) {
    (중략)
    for (int i = 1; i <= 3; i++) { (중략) }
    printf("\n\n발모제는 몇 번일까요? ");  ------- ❶ 안내 문구 출력
    int answer;  ----------------------------------- ❷ 사용자가 입력한 값을 받을 변수 선언
    scanf_s("%d", &answer);  ------------------- ❸ 사용자 입력받기
    if (answer == treatment + 1) {  ----------- ❹ 진짜 발모제 번호와 같다면
        printf("\n>> 정답입니다!\n");
    } else {  --------------------------------- ❺ 다르다면 정답 알려 주기
        printf("\n>> 땡! 틀렸어요. 정답은 %d번입니다.\n", treatment + 1);
```

```
        }
    return 0;
}
```

> **Note** **변수 선언 위치**
>
> 사용자가 입력한 값을 받는 answer 변수가 코드의 중간에 선언됐습니다. 이는 프로그램의 구조 및 동작을 순
> 차적으로 이해하기 쉽게 설명하려고 그렇게 한 것입니다. 그러나 C 언어에서는 일반적으로 함수 안에서 사용
> 하는 모든 변수를 함수의 시작 부분인 가장 윗쪽에 위치하도록 권장하고 있습니다.

6.6.5 전체 코드 확인하기

코드가 완성됐습니다. 실행해 볼까요?

6.6 **프로젝트.c**

```c
#include <stdio.h>
#include <time.h>
#include <stdlib.h>

int main(void) {
    srand(time(NULL));
    int treatment = rand() % 4; // 진짜 발모제 선택(0~3)
    printf("\n\n === 자라나라 머리카락 게임 === \n\n");
    int cntShowBottle = 0; // 이번 회차에 조합할 약병 개수
    int prevCntShowBottle = 0; // 앞 회차에서 조합한 약병 개수
    // 3회 테스트
    for (int i = 1; i <= 3; i++) {
        int bottle[4] = { 0, 0, 0, 0 }; // 약병 4개
        do {
            cntShowBottle = rand() % 2 + 2; // 조합할 약병 개수(0~1 + 2 -> 2~3)
        } while (cntShowBottle == prevCntShowBottle);
        prevCntShowBottle = cntShowBottle;
        printf(" > %d번째 테스트 : ", i);
        int isIncluded = 0; // 진짜 발모제인지 확인용
        // 조합할 약병 번호 선택
        for (int j = 0; j < cntShowBottle; j++) {
```

```
                int randBottle = rand() % 4; // 약병 번호 뽑기(0~3)
                if (bottle[randBottle] == 0) { // 아직 선택되지 않은 약병이면
                    bottle[randBottle] = 1;
                    if (randBottle == treatment) {
                        isIncluded = 1; // 1이면 해당 약병은 진짜 발모제
                    }
                } else { // 이미 선택된 약병이면 중복이므로 다시 선택
                    j--; // 반복 횟수 조정
                }
            }
            // 사용자에게 테스트 결과 표시
            for (int k = 0; k < 4; k++) {
                if (bottle[k] == 1) {
                    printf("%d ", k + 1); // %d 뒤에 빈칸 하나 넣기
                }
            }
            printf("번 물약을 머리에 바릅니다.\n\n");
            if (isIncluded == 1) { // 약병 조합에 발모제가 포함된 경우
                printf(">> 성공! 머리카락이 났어요!!\n");
            } else { // 약병 조합에 발모제가 포함되지 않은 경우
                printf(">> 실패! 머리카락이 나지 않았어요. ㅠㅠ\n");
            }
            printf("\n   계속하려면 Enter를 누르세요. \n");
            getchar(); // (void) getchar();
    }
    // 사용자 입력받기
    printf("\n\n발모제는 몇 번일까요? ");
    int answer;
    scanf_s("%d", &answer);
    if (answer == treatment + 1) {
        printf("\n>> 정답입니다!\n");
    } else {
        printf("\n>> 땡 ! 틀렸어요. 정답은 %d번입니다.\n", treatment + 1);
    }
    return 0;
}
```

```
실행결과                                                      —  □  ×

  === 자라나라 머리카락 게임 ===
  〉1번째 테스트 : 1 2 번 물약을 머리에 바릅니다.
  〉〉실패! 머리카락이 나지 않았어요. ㅠㅠ
     계속하려면 Enter를 누르세요.
  〉2번째 테스트 : 1 3 4 번 물약을 머리에 바릅니다.
  〉〉성공 ! 머리카락이 났어요!!
     계속하려면 Enter를 누르세요.
  〉3번째 테스트 : 2 4 번 물약을 머리에 바릅니다.
  〉〉실패 ! 머리카락이 나지 않았어요. ㅠㅠ
     계속하려면 Enter를 누르세요.

  발모제는 몇 번일까요? 3
  〉〉정답입니다!
```

첫 번째 테스트에서 1, 2번 물약을 발랐고 실패했습니다. 두 번째 테스트에서 1, 3, 4번 물약을
발랐고 성공했습니다. 세 번째 테스트에서 2, 4번 물약을 발랐고 실패했네요. 1, 2번 물약은 실
패하고 1, 3, 4번 물약을 발라서 성공했으므로 발모제는 3번과 4번 중 하나입니다. 마지막에 2,
4번 물약을 발라서 실패했으므로 3번이 발모제입니다. 따라서 정답에 3을 입력하면 정답 메시
지가 출력되면서 게임이 끝납니다. 이처럼 3회의 테스트 결과를 조합해 충분히 정답을 유추할
수 있겠죠?

6장에서는 배열을 공부하고 '자라나라 머리카락'이라는 게임을 만들어 봤습니다. 프로그램을 처
음 따라 할 때는 이해되지 않는 부분도 있을 겁니다. 한 번에 이해되지 않는다고 조급해하지 마
세요. 프로젝트 내용과 완성 코드를 찬찬히 살펴보면서 각 변수와 배열, 반복문의 역할을 생각
해 보세요. 코드를 따라가다 보면 어느새 이해될 뿐만 아니라 생각하는 힘도 커져 있을 겁니다.

마무리

1. 배열

① 배열은 동일한 자료형의 값 여러 개를 저장하는 연속된 공간입니다.

② 배열은 값을 넣지 않고 선언만 할 수 있습니다. 이때 배열에는 쓰레기(더미) 값이 들어가는
데, 이를 방지하려면 값을 넣어 초기화합니다.

형식
```
자료형 배열명[배열크기]; // 배열 선언
자료형 배열명[배열크기] = { 값1, 값2, ... }; // 배열 선언과 동시에 초기화
```

③ 배열에서 변수 하나에 해당하는 부분을 **요소**라고 하고, 요소는 **인덱스**(index)라는 번호로 구분
합니다. 인덱스는 0부터 시작합니다.

④ 배열의 각 요소는 arr[0]과 같이 배열명 뒤에 인덱스를 넣은 대괄호를 붙여 접근할 수 있습니다.

2. 문자열 처리

① 배열에는 여러 문자로 된 문자열을 저장할 수 있습니다. 이때 알파벳과 숫자는 한 글자에 1바
이트, 한글은 한 글자에 2바이트를 차지합니다.

② 배열 크기는 문자열 크기에 맞춰 정하나 문자열의 크기를 알 수 없을 때는 배열 크기를 넉넉
히 선언합니다.

③ 배열에 문자열을 저장할 때는 항상 문자열의 끝을 알리는 널(null) 문자가 들어가야 합니다.
배열 크기를 글자 수 + 1로 지정하면 마지막 칸에 널 문자가 자동으로 들어갑니다.

3. 아스키코드

① 아스키코드는 미국표준협회에서 제시한 표준 코드 체계입니다.

② 알파벳 소문자 a의 아스키코드는 97, 대문자 A는 65, 널 문자(\0)는 0, 숫자 0은 48입니다.

셀프체크

해설 노트 p.408

문제 **어느 학생이 치른 시험의 총점과 평균을 구하는 프로그램을 배열로 만들어 보세요.**

조건

1. 배열에는 5과목의 시험 성적이 주어지며 범위는 0~100 사이의 정수입니다.

2. 총점은 정수로, 평균은 실수로 표현하되 소수점 이하 첫째 자리까지 출력합니다.

> 힌트 1. 총점은 5과목의 시험 점수를 모두 더한 값입니다.
>
> 2. 평균은 총점을 전체 데이터 수인 5로 나눈 값입니다.
>
> 3. 나눗셈의 결과로 실수를 얻으려면 정수 5가 아닌 실수 5.0f로 나누면 됩니다. 또는, 7장에서 배울 형변환을 이용해 (float)5와 같이 5를 실수형으로 변환한 후에 나누는 방법도 있습니다.
>
> 4. 소수점 이하 첫째 자리까지 출력하려면 서식 지정자를 %.1f로 입력하면 됩니다.

```
실행결과                                                    ─  □  ×
// (예) 시험 성적이 76, 84, 80, 92, 96일 때
총점은 428점, 평균은 85.6점입니다.
```

7장

메모리 주소 관리하기: 포인터

이 장에서 배우는 포인터는 C 언어를 공부할 때 입문자 대부분이 가장 어렵다고 말하는 부분입니다. 그래서 포인터를 만나면 프로그래밍 공부를 포기하는 사람도 많습니다. 그만큼 어렵다고 느끼지만, 이 책에서는 포인터를 최대한 이해하기 쉽게 설명합니다. 포인터를 공부하고 나면 '물고기 키우기' 게임을 함께 만들어 봅니다.

7.1

프로그램 실행
영상 보기

이 장에서 만드는 프로그램

'물고기 키우기' 게임이 어떻게 구성됐는지 살펴볼까요? 초기 화면에서 시작하기를 누르면 어항이 6개 보입니다. 각 어항에는 물고기가 한 마리씩 들어 있습니다. 상단에는 레벨이 표시되고 그 아래 막대가 있습니다. 막대는 시간이 지남에 따라 채워지고 어항의 물은 조금씩 줄어듭니다. 막대가 다 채워지면 레벨이 올라갑니다. 레벨이 올라갈수록 물이 줄어드는 속도가 점점 빨라집니다.

그림 7-1 물고기 키우기 게임 구성 1

'물고기 키우기'는 어항에 물을 계속 공급해서 게임이 끝날 때까지 물고기가 전부 죽지 않게 하는 게임입니다. 어항을 클릭하면 물을 줄 수 있는데, 어항 속 물이 모두 없어지면 해당 어항의 물고기는 죽습니다. 레벨은 5까지 있고, 5레벨이 끝나기 전에 모든 어항의 물고기가 죽으면 게임은 끝납니다.

그림 7-2 물고기 키우기 게임 구성 2

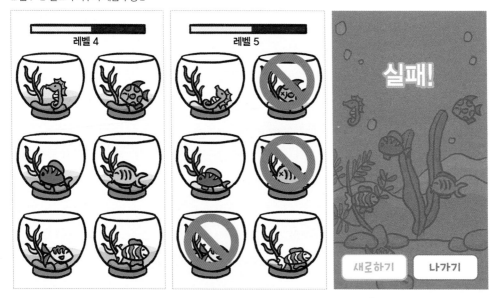

그럼 게임을 만드는 데 필요한 포인터를 먼저 배우고 마지막에 포인터를 적용해 게임을 만들어 보겠습니다.

7.2

포인터란

비주얼 스튜디오에서 새로운 프로젝트를 만듭니다. 파일명은 **pointer.c**로 하고 그 안에 기본 코드를 작성합니다.

7.2.1 변수와 메모리의 관계

철수, 영희, 민수라는 3명의 친구가 있습니다. 3명은 같은 아파트에 사는데, 철수는 101호에, 영희는 201호에, 민수는 301호에 삽니다. 각 집에는 문에 암호가 걸려 있습니다. 101호는 1, 201호는 2, 301호는 3입니다. 이를 변수로 다음과 같이 표현해 보겠습니다.

7.2.1 **변수와메모리.c**
```c
#include <stdio.h>

int main(void) {
    int 철수 = 1;
    int 영희 = 2;
    int 민수 = 3;
    return 0;
}
```

철수의 집은 101호입니다. 이를 코드에서는 변수 철수로 선언했습니다. 그리고 암호를 값으로 넣어 초기화했습니다. 변수명을 한글로 적었는데, 이처럼 한글로도 변수명을 만들 수 있습니다. 실제 코드에서는 자주 사용하지 않지만, 여기서는 이해를 돕기 위해 한글로 만들었습니다.

변수를 선언하면 메모리에 철수라는 공간이 생깁니다. 그리고 철수라는 공간의 위치를 나타내는 주소가 있습니다. 우리는 101호라고 읽지만, 실제 메모리에서는 어떤 값일지 모릅니다. 그런데 이 값을 알아내는 방법이 있습니다. 변수명 앞에 &를 붙여 출력하면 변수의 주소를 알 수 있습니다. 그리고 변수의 주소를 출력하는 방법은 변수의 값을 출력하는 방법과 조금 다릅니다. 서식 지정자에 %d 대신 포인터를 의미하는 %p를 사용합니다. 그러면 메모리 주소를 16진수 형태로 출력합니다. 한번 실행해 볼까요?

7.2.1 변수와메모리.c

```
int main(void) {
    int 철수 = 1;
    int 영희 = 2;
    int 민수 = 3;
    printf("철수네 주소 : %p, 암호 : %d\n", &철수, 철수); // 변수의 주소 출력
    return 0;
}
```

> **실행결과**   — □ ×
>
> 철수네 주소 : 00000080D0BEFA24, 암호 : 1

실행결과를 보면 암호는 변수의 값인 1이 그대로 나왔고, 철수네 주소는 00000080D0BEFA24라는 긴 값이 나옵니다. 이 값은 변수 철수가 메모리의 어느 위치에 있는지를 나타냅니다. 즉, 변수의 주소입니다.

TIP — 실행결과에서 변수의 주소가 책과 달라도 당황하지 마세요. 변수의 주소는 컴퓨터마다 다르고 심지어 같은 컴퓨터라도 실행할 때마다 다르게 나옵니다.

정리하면, 철수라는 이름으로 변수를 선언하고 초기화하면 메모리에서 00000080D0BEFA24라는 위치에 철수라는 이름으로 공간을 할당하고 그 안에 1이라는 값을 넣습니다.

그림 7-3 변수와 메모리의 관계

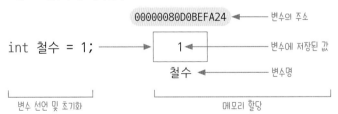

같은 방법으로 변수 영희와 민수의 주소도 출력해 봅시다.

7.2.1 **변수와메모리.c**

```c
int main(void) {
    int 철수 = 1;
    int 영희 = 2;
    int 민수 = 3;
    // 변수의 주소 출력
    printf("철수네 주소 : %p, 암호 : %d\n", &철수, 철수);
    printf("영희네 주소 : %p, 암호 : %d\n", &영희, 영희);
    printf("민수네 주소 : %p, 암호 : %d\n", &민수, 민수);
    return 0;
}
```

실행결과   — □ ×

```
철수네 주소 : 00000080D0BEFA24, 암호 : 1
영희네 주소 : 00000080D0BEFA44, 암호 : 2
민수네 주소 : 00000080D0BEFA64, 암호 : 3
```

세 변수 모두 각각의 주소가 출력됩니다. 이때 값의 끝자리를 보면 24, 44, 64와 같이 일정한 간격으로 연속된 주소가 할당됐습니다.

7.2.2 포인터로 다른 변수의 주소와 값 알아내기

여기서 새로운 미션맨이 등장합니다. 미션맨은 특별한 미션을 수행합니다. 미션맨이 수행할 첫 번째 미션은 각 집에 방문해 문에 적힌 암호를 확인하는 겁니다. 앞에서 확인한 각 집의 암호는 다음과 같습니다.

```c
int 철수 = 1;
int 영희 = 2;
int 민수 = 3;
```

미션맨도 변수로 선언해 보겠습니다. 그런데 미션맨은 특별한 미션을 수행해야 합니다. 그래서 변수를 선언할 때 앞에 *를 넣습니다. 이렇게 *를 넣어 선언한 변수를 **포인터 변수** 또는 **포인터**라고 합니다. 포인터 변수는 메모리의 주소값을 저장하는 변수입니다. 일반적인 변수 선언과 다르게 앞에 *가 있다는 걸 꼭 기억하세요.

형식   자료형 * 변수명;

> **Note** **포인터 변수 선언**
>
> 포인터 변수를 선언할 때 자료형과 *, 변수명은 일반적으로 띄어 씁니다. 하지만 띄어 쓰지 않아도 문제없습니다. 그래서 다음과 같이 작성해도 모두 오류가 발생하지 않습니다.
>
> ```
> int * a;
> int* a;
> int *a;
> int *   a;
> ```

형식에 맞춰 변수 미션맨을 선언합니다. 그리고 변수 미션맨의 값에 변수 철수의 주소를 넣어 보겠습니다. 변수의 주소는 앞에 &를 붙이면 알 수 있다고 했죠. 따라서 다음과 같이 작성하면 변수 미션맨에 변수 철수의 주소가 저장되어 미션맨이 철수의 집 주소를 알 수 있습니다.

```
int * 미션맨; // 포인터 변수 선언
미션맨 = &철수;
```

그럼 미션맨이 방문한 곳의 주소와 암호를 출력해 봅시다. 현재 변수 미션맨에는 변수 철수의 주소가 들어 있으므로 이 값을 그대로 출력하면 철수네 주소를 알 수 있습니다. 이때 변수의 값이 주소이므로 서식 지정자는 %p를 사용합니다. 암호도 알아내야 하는데, 암호는 미션맨이 방문한 주소에 들어 있는 값이죠? 이 값은 포인터 변수명 앞에 *를 붙이면 알아낼 수 있습니다. 즉, 포인터 변수명 앞에 *를 붙이면 포인터 변수가 가리키는 주소의 값을 알 수 있습니다. 여기까지 작성하고 실행해 봅시다. 비교하기 위해 기존 변수의 값도 출력합니다.

```
int main(void) {
    int 철수 = 1;
    int 영희 = 2;
    int 민수 = 3;
    // 변수의 주소 출력
    printf("철수네 주소 : %p, 암호 : %d\n", &철수, 철수);
    printf("영희네 주소 : %p, 암호 : %d\n", &영희, 영희);
    printf("민수네 주소 : %p, 암호 : %d\n", &민수, 민수);
    // 포인터 변수 선언과 값 출력
    int * 미션맨;
    미션맨 = &철수;
    printf("미션맨이 방문한 곳의 주소 : %p, 암호 : %d\n", 미션맨, *미션맨);
    return 0;
}
```

실행결과   —   □   ✕

```
철수네 주소 : 00000080D0BEFA24, 암호 : 1
영희네 주소 : 00000080D0BEFA44, 암호 : 2
민수네 주소 : 00000080D0BEFA64, 암호 : 3
미션맨이 방문한 곳의 주소 : 00000080D0BEFA24, 암호 : 1
```

실행해 보면 미션맨이 방문한 곳의 주소는 00000080D0BEFA24이고 암호는 1입니다. 이 값은 철수네 주소, 암호와 똑같습니다. 즉, 미션맨이 철수네 주소를 알고 있고 해당 주소로 가서 암호를 확인했다는 뜻입니다.

그림 7-4 변수와 포인터 변수의 관계

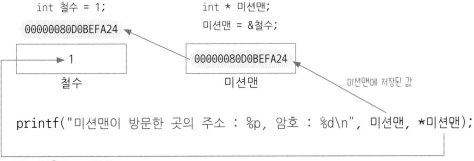

225

이번에는 미션맨이 영희네 집을 방문합니다. 이번에도 주소와 암호를 출력해 보겠습니다.

```c
int main(void) {
    (중략)
    int * 미션맨;
    미션맨 = &철수;
    printf("미션맨이 방문한 곳의 주소 : %p, 암호 : %d\n", 미션맨, *미션맨);
    미션맨 = &영희;
    printf("미션맨이 방문한 곳의 주소 : %p, 암호 : %d\n", 미션맨, *미션맨);
    return 0;
}
```

실행결과   — □ ×

```
철수네 주소 : 00000080D0BEFA24, 암호 : 1
영희네 주소 : 00000080D0BEFA44, 암호 : 2
민수네 주소 : 00000080D0BEFA64, 암호 : 3
미션맨이 방문한 곳의 주소 : 00000080D0BEFA24, 암호 : 1
미션맨이 방문한 곳의 주소 : 00000080D0BEFA44, 암호 : 2
```

미션맨이 첫 번째로 방문한 곳의 주소가 00000080D0BEFA24이고, 두 번째로 방문한 곳의 주소는 00000080D0BEFA44입니다. 두 주소는 각각 철수네, 영희네 주소와 같죠. 변수 미션맨으로 처음에는 철수네 주소와 암호를 알아냈고, 두 번째는 영희네 주소와 암호를 알아냈습니다. 같은 방법으로 민수네도 가 보겠습니다.

```c
int main(void) {
    (중략)
    int * 미션맨;
    미션맨 = &철수;
    printf("미션맨이 방문한 곳의 주소 : %p, 암호 : %d\n", 미션맨, *미션맨);
    미션맨 = &영희;
    printf("미션맨이 방문한 곳의 주소 : %p, 암호 : %d\n", 미션맨, *미션맨);
    미션맨 = &민수;
    printf("미션맨이 방문한 곳의 주소 : %p, 암호 : %d\n", 미션맨, *미션맨);
    return 0;
}
```

```
실행결과                                                    —   □   ×
  철수네 주소 : 00000080D0BEFA24, 암호 : 1
  영희네 주소 : 00000080D0BEFA44, 암호 : 2
  민수네 주소 : 00000080D0BEFA64, 암호 : 3
  미션맨이 방문한 곳의 주소 : 00000080D0BEFA24, 암호 : 1
  미션맨이 방문한 곳의 주소 : 00000080D0BEFA44, 암호 : 2
  미션맨이 방문한 곳의 주소 : 00000080D0BEFA64, 암호 : 3
```

민수네 주소가 00000080D0BEFA64이고, 미션맨이 방문한 곳의 주소도 00000080D0BEFA64이므로 미션맨이 민수네도 잘 찾아갔네요. 이처럼 포인터 변수로 다른 변수의 주소와 값을 알아낼 수 있습니다.

7.2.3 포인터로 다른 변수의 값 바꾸기

미션맨에게 두 번째 미션이 떨어졌습니다. 두 번째 미션은 각 집의 암호에 3을 곱하라는 겁니다. 어떻게 하면 될까요? 미션맨은 첫 번째 미션에서 주소로 암호를 알아냈죠? 이 방법을 쓰면 됩니다.

미션맨이 다시 철수네 주소를 알아냅니다. 철수네 주소가 변수 미션맨에 들어 있으니 암호, 즉 값은 *미션맨으로 확인할 수 있습니다. 이번 미션은 철수네 암호에 곱하기 3을 해야 합니다. 따라서 *미션맨에 곱하기 3을 하고 이를 다시 *미션맨에 저장합니다. 여기까지 작성하고 값을 출력해 봅시다.

7.2.3 포인터로값바꾸기.c

```c
int main(void) {
    int 철수 = 1;
    int 영희 = 2;
    int 민수 = 3;
    // 변수의 주소 출력
    printf("철수네 주소 : %p, 암호 : %d\n", &철수, 철수);
    printf("영희네 주소 : %p, 암호 : %d\n", &영희, 영희);
    printf("민수네 주소 : %p, 암호 : %d\n", &민수, 민수);
    // 포인터 변수의 값 출력
    int * 미션맨;
    미션맨 = &철수;
    printf("미션맨이 방문한 곳의 주소 : %p, 암호 : %d\n", 미션맨, *미션맨);
```

```
    미션맨 = &영희;
    printf("미션맨이 방문하는 곳의 주소 : %p, 암호 : %d\n", 미션맨, *미션맨);
    미션맨 = &민수;
    printf("미션맨이 방문하는 곳의 주소 : %p, 암호 : %d\n", 미션맨, *미션맨);
    // 포인터 변수로 바꾼 값 출력
    미션맨 = &철수;
    *미션맨 = *미션맨 * 3;
    printf("미션맨이 암호를 바꾼 곳의 주소 : %p, 암호 : %d\n", 미션맨, *미션맨);
    return 0;
}
```

실행결과   — □ ✕

철수네 주소 : 00000080D0BEFA24, 암호 : 1

영희네 주소 : 00000080D0BEFA44, 암호 : 2

민수네 주소 : 00000080D0BEFA64, 암호 : 3

미션맨이 방문한 곳의 주소 : 00000080D0BEFA24, 암호 : 1

미션맨이 방문한 곳의 주소 : 00000080D0BEFA44, 암호 : 2

미션맨이 방문한 곳의 주소 : 00000080D0BEFA64, 암호 : 3

미션맨이 암호를 바꾼 곳의 주소 : 00000080D0BEFA24, 암호 : 3

실행결과를 보면 미션맨이 암호를 바꾼 곳의 주소는 00000080D0BEFA24로 철수네랑 똑같죠. 그리고 암호는 1이었는데 3으로 바뀌었습니다. 같은 방법으로 영희네와 민수네 암호도 바꿔보겠습니다.

7.2.3 포인터로값바꾸기.c

```
int main(void) {
    (중략)
    // 포인터 변수로 바꾼 값 출력
    미션맨 = &철수;
    *미션맨 = *미션맨 * 3;
    printf("미션맨이 암호를 바꾼 곳의 주소 : %p, 암호 : %d\n", 미션맨, *미션맨);
    미션맨 = &영희;
    *미션맨 = *미션맨 * 3;
    printf("미션맨이 암호를 바꾼 곳의 주소 : %p, 암호 : %d\n", 미션맨, *미션맨);
    미션맨 = &민수;
    *미션맨 = *미션맨 * 3;
    printf("미션맨이 암호를 바꾼 곳의 주소 : %p, 암호 : %d\n", 미션맨, *미션맨);
    return 0;
}
```

```
실행결과                                                   ─   □   ×

철수네 주소 : 00000080D0BEFA24, 암호 : 1
영희네 주소 : 00000080D0BEFA44, 암호 : 2
민수네 주소 : 00000080D0BEFA64, 암호 : 3
미션맨이 방문한 곳의 주소 : 00000080D0BEFA24, 암호 : 1
미션맨이 방문한 곳의 주소 : 00000080D0BEFA44, 암호 : 2
미션맨이 방문한 곳의 주소 : 00000080D0BEFA64, 암호 : 3
미션맨이 암호를 바꾼 곳의 주소 : 00000080D0BEFA24, 암호 : 3
미션맨이 암호를 바꾼 곳의 주소 : 00000080D0BEFA44, 암호 : 6
미션맨이 암호를 바꾼 곳의 주소 : 00000080D0BEFA64, 암호 : 9
```

미션맨이 암호를 바꾼 곳의 주소는 철수네, 영희네, 민수네 주소와 같습니다. 그리고 암호에 각각 3을 곱했기 때문에 1, 2, 3이었던 값이 3, 6, 9로 바뀌었습니다.

예제를 통해 포인터 변수는 다른 변수의 주소를 알아낼 수 있고, 알아낸 변수의 주소에 찾아가 값도 직접 바꿀 수 있다는 걸 알 수 있습니다. 여기서 변수의 주소를 안다는 건 변수가 존재하는 메모리 공간의 주소를 안다는 뜻입니다.

7.2.4 포인터 추가하기

이때 스파이가 등장합니다. 스파이가 하는 일은 미션맨이 모르게 미션맨이 바꾼 암호에서 1을 빼는 겁니다. 먼저 미션맨과 마찬가지로 스파이라는 포인터 변수를 선언합니다. 이때 스파이의 값으로 미션맨을 넣어 줍니다.

```
int * 스파이 = 미션맨;
```

이제 스파이는 미션맨이 알아낸 누군가의 집 주소를 똑같이 알 수 있습니다. 이처럼 포인터 변수 2개는 같은 주소, 즉 하나의 메모리 공간을 가리킬 수 있습니다. 그리고 포인터 변수로 주소를 알고 있으면 해당 주소에 가서 저장된 값을 가져올(읽어 올) 수도 있고 값을 변경할 수도 있습니다. 확인해 봅시다.

그림 7-5 동일한 주소를 가리키는 포인터 변수

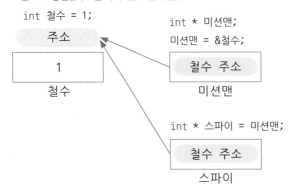

스파이는 각 집의 암호에서 1을 빼야 합니다. 뭘 해야 할까요? 미션맨이 처음 방문한 곳으로 갑니다. 그리고 스파이가 방문한 곳의 값, 즉 *스파이에서 1을 빼면 됩니다. 미션맨은 처음에 철수네를 방문합니다. 이렇게 하면 철수 = 철수 - 1;과 완전히 똑같은 코드가 됩니다. 그럼 스파이가 방문한 곳의 주소와 암호를 출력해 봅시다.

7.2.4 포인터추가하기.c

```
int main(void) {
    int 철수 = 1;
    int 영희 = 2;
    int 민수 = 3;
    printf("철수네 주소 : %p, 암호 : %d\n", &철수, 철수);
    printf("영희네 주소 : %p, 암호 : %d\n", &영희, 영희);
    printf("민수네 주소 : %p, 암호 : %d\n", &민수, 민수);
    int * 미션맨;
    미션맨 = &철수;
    printf("미션맨이 방문한 곳의 주소 : %p, 암호 : %d\n", 미션맨, *미션맨);
    *미션맨 = *미션맨 * 3;
    printf("미션맨이 암호를 바꾼 곳의 주소 : %p, 암호 : %d\n", 미션맨, *미션맨);
    // 포인터 변수를 추가해 값 바꾸기
    printf("\n>> 스파이가 미션을 수행하는 중 <<\n"); // 구분을 위해 추가
    int * 스파이 = 미션맨;
    *스파이 = *스파이 - 1; // 철수 = 철수 - 1;
    printf("스파이가 방문한 곳의 주소 : %p, 암호 : %d\n\n", 스파이, *스파이);
    return 0;
}
```

```
실행결과                                                    —  □  ×

철수네 주소 : 00000080D0BEFA24, 암호 : 1
영희네 주소 : 00000080D0BEFA44, 암호 : 2
민수네 주소 : 00000080D0BEFA64, 암호 : 3
미션맨이 방문한 곳의 주소 : 00000080D0BEFA24, 암호 : 1
미션맨이 암호를 바꾼 곳의 주소 : 00000080D0BEFA24, 암호 : 3

>> 스파이가 미션을 수행하는 중 <<
스파이가 방문한 곳의 주소 : 00000080D0BEFA24, 암호 : 2
```

스파이가 방문한 곳의 주소는 00000080D0BEFA24로 철수네 주소와 같습니다. 암호는 미션맨이 바꿔서 3이었는데, 스파이가 여기서 다시 1을 빼서 2가 됐습니다. 영희네와 민수네도 똑같이 작성하고 실행해 봅시다.

7.2.4 포인터추가하기.c

```c
int main(void) {
    (중략)
    // 포인터 변수를 추가해 값 바꾸기
    printf("\n>> 스파이가 미션을 수행하는 중 <<\n");
    int * 스파이 = 미션맨;
    *스파이 = *스파이 - 1; // 철수 = 철수 - 1;
    printf("스파이가 방문한 곳의 주소 : %p, 암호 : %d\n\n", 스파이, *스파이);
    미션맨 = &영희;
    printf("미션맨이 방문한 곳의 주소 : %p, 암호 : %d\n", 미션맨, *미션맨);
    *미션맨 = *미션맨 * 3;
    printf("미션맨이 암호를 바꾼 곳의 주소 : %p, 암호 : %d\n", 미션맨, *미션맨);
    printf("\n>> 스파이가 미션을 수행하는 중 <<\n");
    스파이 = 미션맨;
    *스파이 = *스파이 - 1; // 영희 = 영희 - 1;
    printf("스파이가 방문한 곳의 주소 : %p, 암호 : %d\n\n", 스파이, *스파이);
    미션맨 = &민수;
    printf("미션맨이 방문한 곳의 주소 : %p, 암호 : %d\n", 미션맨, *미션맨);
    *미션맨 = *미션맨 * 3;
    printf("미션맨이 암호를 바꾼 곳의 주소 : %p, 암호 : %d\n", 미션맨, *미션맨);
    printf("\n>> 스파이가 미션을 수행하는 중 <<\n");
    스파이 = 미션맨;
    *스파이 = *스파이 - 1; // 민수 = 민수 - 1;
    printf("스파이가 방문한 곳의 주소 : %p, 암호 : %d\n\n", 스파이, *스파이);
    return 0;
}
```

```
실행결과                                                    —  □  ×

철수네 주소 : 00000080D0BEFA24, 암호 : 1
영희네 주소 : 00000080D0BEFA44, 암호 : 2
민수네 주소 : 00000080D0BEFA64, 암호 : 3
미션맨이 방문한 곳의 주소 : 00000080D0BEFA24, 암호 : 1
미션맨이 암호를 바꾼 곳의 주소 : 00000080D0BEFA24, 암호 : 3

>> 스파이가 미션을 수행하는 중 <<
스파이가 방문한 곳의 주소 : 00000080D0BEFA24, 암호 : 2

미션맨이 방문한 곳의 주소 : 00000080D0BEFA44, 암호 : 2
미션맨이 암호를 바꾼 곳의 주소 : 00000080D0BEFA44, 암호 : 6

>> 스파이가 미션을 수행하는 중 <<
스파이가 방문한 곳의 주소 : 00000080D0BEFA44, 암호 : 5

미션맨이 방문한 곳의 주소 : 00000080D0BEFA64, 암호 : 3
미션맨이 암호를 바꾼 곳의 주소 : 00000080D0BEFA64, 암호 : 9

>> 스파이가 미션을 수행하는 중 <<
스파이가 방문한 곳의 주소 : 00000080D0BEFA64, 암호 : 8
```

스파이가 방문한 곳의 주소는 미션맨이 방문한 철수네, 영희네, 민수네 주소와 똑같습니다. 암호는 1, 2, 3이었다가 미션맨이 방문하며 3, 6, 9로 바뀌었습니다. 그런데 스파이가 여기에서 1을 빼서 2, 5, 8이 됐습니다. 이렇게 포인터 변수 미션맨이 방문해 바꾼 암호를 포인터 변수 스파이가 방문해 다시 바꾸었습니다. 그럼 실제로 변수 철수, 영희, 민수에 저장된 값도 바뀌었는지 확인해 보겠습니다.

7.2.4 포인터추가하기.c

```c
int main(void) {
    (중략)
    스파이 = 미션맨;
    *스파이 = *스파이 - 1; // 민수 = 민수 - 1;
    printf("스파이가 방문한 곳의 주소 : %p, 암호 : %d\n\n", 스파이, *스파이);
    printf("\n>> 철수, 영희, 민수가 집에 와서 바뀐 암호를 보고 놀람 <<\n");
    printf("철수네 주소 : %p, 암호 : %d\n", &철수, 철수);
    printf("영희네 주소 : %p, 암호 : %d\n", &영희, 영희);
    printf("민수네 주소 : %p, 암호 : %d\n", &민수, 민수);
    return 0;
}
```

232

```
실행결과                                                              □  ×

철수네 주소 : 00000080D0BEFA24, 암호 : 1
영희네 주소 : 00000080D0BEFA44, 암호 : 2
민수네 주소 : 00000080D0BEFA64, 암호 : 3
미션맨이 방문하는 곳의 주소 : 00000080D0BEFA24, 암호 : 1
미션맨이 암호를 바꾼 곳의 주소 : 00000080D0BEFA24, 암호 : 3

>> 스파이가 미션을 수행하는 중 <<
스파이가 방문하는 곳의 주소 : 00000080D0BEFA24, 암호 : 2

(중략)

>> 철수, 영희, 민수가 집에 와서 바뀐 암호를 보고 놀람 <<
철수네 주소 : 00000080D0BEFA24, 암호 : 2
영희네 주소 : 00000080D0BEFA44, 암호 : 5
민수네 주소 : 00000080D0BEFA64, 암호 : 8
```

철수, 영희, 민수는 1, 2, 3이었던 암호가 2, 5, 8로 바뀌어서 깜짝 놀랄 겁니다. 여기서 출력한 암호는 처음에 만든 철수, 영희, 민수라는 변수의 값으로, 변수의 값이 실제 바뀐 것을 볼 수 있습니다.

정리하면, 미션맨과 스파이 같은 포인터 변수는 어떤 변수의 주소를 값으로 가지고 있으며 주소를 이용해 주소에 해당하는 변수의 값을 직접 바꿀 수 있습니다.

추가로, 포인터 변수인 미션맨과 스파이도 다른 변수와 마찬가지로 주소가 있습니다. 두 포인터 변수의 주소는 다음과 같이 출력할 수 있습니다. 실행해 보면 변수 철수, 영희, 민수와 멀지 않은 곳에 있습니다.

```
printf("미션맨의 주소 : %p\n", &미션맨);
printf("스파이의 주소 : %p\n", &스파이);
```

포인터 변수를 쉽게 이해할 수 있게 주소와 암호에 빗대어 설명했습니다. 포인터 변수의 기본 개념을 이해했을 테니 여기서 좀 더 나아가 배열에서 포인터 변수를 사용하는 방법을 살펴보겠습니다.

1분 퀴즈

1. 다음 중 포인터 변수를 잘 이해하고 있는 친구를 <u>모두</u> 고르세요.

> **보기** 선영 : 포인터 변수는 메모리의 주소값을 저장해.
>
> 지호 : 포인터 변수는 int * p;처럼 *를 이용해 선언하지.
>
> 준현 : 변수의 메모리 주소는 변수명 앞에 &를 붙이면 확인할 수 있어.

① 선영, 지호   ② 지호, 준현   ③ 선영, 준현   ④ 선영, 지호, 준현

2. 다음 코드를 실행했을 때 출력되는 내용을 고르세요.

```
int a = 10;
int * p = &a;
a = 15;
printf("%d\n", *p);
```

① 10   ② 15   ③ a 변수의 메모리 주소   ④ 오류 발생

7.3

포인터로 배열 다루기

6장에서 배열을 배웠죠. 그런데 배열은 알고 보면 포인터 변수와 아주 가깝습니다. 여기서는 포인터 변수와 배열의 관계를 알아보겠습니다.

7.3.1 포인터로 배열에 접근하기

다음 예를 봅시다. arr이라는 배열을 크기 3으로 선언하고 값으로 5, 10, 15를 넣어 초기화합니다. 그리고 작성한 배열의 값을 하나씩 출력하면 인덱스 순서대로 배열의 값이 출력됩니다.

7.3.1 **포인터로배열접근하기.c**
```c
int main(void) {
    int arr[3] = { 5, 10, 15 };
    for (int i = 0; i < 3; i++) {
        printf("배열 arr[%d]의 값 : %d\n", i, arr[i]);
    }
    return 0;
}
```

실행결과   — □ ×
```
배열 arr[0]의 값 : 5
배열 arr[1]의 값 : 10
배열 arr[2]의 값 : 15
```

이번에는 포인터 변수 ptr을 선언하고 arr 배열을 넣은 뒤 포인터 변수의 값을 출력해 보겠습니다.

7.3.1 포인터로배열접근하기.c

```c
int main(void) {
    int arr[3] = { 5, 10, 15 };
    for (int i = 0; i < 3; i++) {
        printf("배열 arr[%d]의 값 : %d\n", i, arr[i]);
    }
    int * ptr = arr;
    for (int i = 0; i < 3; i++) {
        printf("포인터 변수 ptr[%d]의 값 : %d\n", i, ptr[i]);
    }
    return 0;
}
```

실행결과   — □ ✕

```
배열 arr[0]의 값 : 5
배열 arr[1]의 값 : 10
배열 arr[2]의 값 : 15
포인터 변수 ptr[0]의 값 : 5
포인터 변수 ptr[1]의 값 : 10
포인터 변수 ptr[2]의 값 : 15
```

실행해 보면 포인터 변수도 배열과 똑같이 5, 10, 15를 출력합니다.

포인터 변수에 배열을 값으로 넣으면 포인터 변수는 배열의 첫 번째 요소의 주소, 즉 배열의 시작 주소를 가리키게 됩니다. 그러면 포인터 변수는 시작 주소로 배열에 접근해 요소의 값을 하나씩 가져올 수 있습니다.

그림 7-6 포인터 변수와 배열의 관계

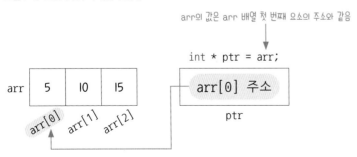

조금 더 나아가 포인터 변수에 직접 값을 넣어 보겠습니다. 그런 다음 배열과 포인터 변수의 값을 다시 출력해 보겠습니다.

```c
int main(void) {
    int arr[3] = { 5, 10, 15 };
    for (int i = 0; i < 3; i++) {
        printf("배열 arr[%d]의 값 : %d\n", i, arr[i]);
    }
    int * ptr = arr;
    for (int i = 0; i < 3; i++) {
        printf("포인터 변수 ptr[%d]의 값 : %d\n", i, ptr[i]);
    }
    ptr[0] = 100;
    ptr[1] = 200;
    ptr[2] = 300;
    for (int i = 0; i < 3; i++) {
        printf("배열 arr[%d]의 값 : %d\n", i, arr[i]);
    }
    for (int i = 0; i < 3; i++) {
        printf("포인터 변수 ptr[%d]의 값 : %d\n", i, ptr[i]);
    }
    return 0;
}
```

실행결과 — □ ✕

```
배열 arr[0]의 값 : 5
배열 arr[1]의 값 : 10
배열 arr[2]의 값 : 15
포인터 변수 ptr[0]의 값 : 5
포인터 변수 ptr[1]의 값 : 10
포인터 변수 ptr[2]의 값 : 15
배열 arr[0]의 값 : 100
배열 arr[1]의 값 : 200
배열 arr[2]의 값 : 300
포인터 변수 ptr[0]의 값 : 100
포인터 변수 ptr[1]의 값 : 200
포인터 변수 ptr[2]의 값 : 300
```

포인터 변수의 값을 바꾸면
포인터 변수가 가리키는 배열의 값도 바뀜

포인터 변수의 값을 바꾸기 전에는 배열의 초깃값 그대로 5, 10, 15가 출력됩니다. 그런데 값을 새로 넣은 후에는 포인터 변수의 값도 바뀌고 배열의 값도 바뀌었습니다. 즉, 포인터 변수가 직접 배열의 각 요소에 접근해서 값을 바꿉니다. 따라서 배열의 이름인 arr과 포인터 변수인 ptr은 같은 역할을 한다고 볼 수 있습니다. 단, ptr은 필요하다면 arr과 같은 배열을 값으로 넣을 수 있지만, 반대로는 불가능합니다.

```
int * ptr = arr; (○)
int arr[3] = ptr; (×)
```

하나 더! arr 배열의 요소를 가리킬 때 arr[i]라고 작성했는데, 이를 다음과 같이 표현할 수도 있습니다.

```
// printf("배열 arr[%d]의 값 : %d\n", i, arr[i]);
printf("배열 arr[%d]의 값 : %d\n", i, *(arr + i));
```

정확히 말하면 이 코드에서 arr은 arr 배열이 시작되는 주소, 즉 첫 번째 요소의 주소를 가지고 있습니다. arr[i]는 배열 첫 번째 요소의 주소로부터 i번째에 해당하는 요소의 값을 가져온다는 의미입니다. 따라서 두 번째 코드처럼 *(arr + i)라고 바꿀 수 있습니다. 두 코드는 문법적으로 완전히 같은 문장입니다. 마찬가지로 ptr[i]는 *(ptr + i)로 바꿔서 사용할 수 있습니다. 기존 코드에서 두 문장을 바꾸고 출력해 봅시다.

```
// printf("포인터 변수 ptr[%d]의 값 : %d\n", i, ptr[i]);
printf("포인터 변수 ptr[%d]의 값 : %d\n", i, *(ptr + i));
```

실행결과   — □ ×

```
배열 arr[0]의 값 : 5
배열 arr[1]의 값 : 10
배열 arr[2]의 값 : 15
포인터 변수 ptr[0]의 값 : 5
포인터 변수 ptr[1]의 값 : 10
포인터 변수 ptr[2]의 값 : 15
```

```
배열 arr[0]의 값 : 100
배열 arr[1]의 값 : 200
배열 arr[2]의 값 : 300
포인터 변수 ptr[0]의 값 : 100
포인터 변수 ptr[1]의 값 : 200
포인터 변수 ptr[2]의 값 : 300
```

arr[i]와 ptr[i]를 *(arr + i)와 *(ptr + i)로
수정해도 결과는 같음

실행해 보면 기존과 결과가 같습니다. 내용을 정리하면 다음과 같습니다.

그림 7-7 배열명은 배열 첫 번째 요소의 주소(시작 주소)를 나타냄

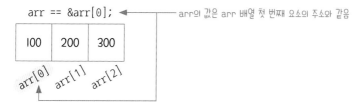

arr의 값은 arr 배열 첫 번째 요소의 주소와 같음

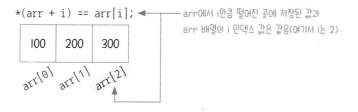

arr에서 i만큼 떨어진 곳에 저장된 값과
arr 배열의 i 인덱스 값은 같음(여기서 i는 2)

설명이 맞는지 값을 출력해서 확인해 보겠습니다. 첫 번째 코드는 arr의 값이므로 배열명을 그대로 넣습니다. 두 번째 코드는 arr 배열 첫 번째 요소의 주소이므로 앞에 &를 붙입니다.

```
printf("arr 자체의 값 : %p\n", arr);
printf("arr[0]의 주소 : %p\n", &arr[0]);
```

실행결과   □ ×

arr 자체의 값 : 0000000FE51EF768
arr[0]의 주소 : 0000000FF51EF768

arr 자체의 값이 0000000FE51EF768, arr[0]의 주소가 0000000FE51EF768이라고 나오네요. arr 자체가 가지는 값과 arr 배열 첫 번째 요소의 주소가 같음을 확인할 수 있습니다.

앞에서 포인터 변수 ptr에 arr을 넣은 이유도 이와 같습니다. 포인터 변수 ptr에 arr을 넣으면 ptr도 arr 배열의 첫 번째 주소를 값으로 가지므로 배열의 요소에 접근해 값을 읽어 오거나 바꿀 수 있습니다.

그럼 arr 자체의 값인 주소에 담긴 실제 값은 뭘까요? 한번 출력해 봅시다. 먼저 arr의 값은 주소이므로 주소의 값을 출력하려면 앞에 *를 붙여야겠죠. 그리고 arr의 값은 arr[0]의 주소라고 했습니다. 비교할 수 있게 arr[0]의 주소에 들어 있는 값도 출력해 보겠습니다. arr[0]의 주소는 &를 붙이면 알 수 있고 주소의 실제 값은 *으로 알 수 있으니 다음과 같이 작성합니다.

```
printf("arr 자체의 값인 주소의 실제 값 : %d\n", *arr);
printf("arr[0]의 실제 값 : %d\n", *&arr[0]);
```

실행결과

```
arr 자체의 값인 주소의 실제 값 : 100
arr[0]의 실제 값 : 100
```

첫 번째 값도 100, 두 번째 값도 100이 나옵니다. 둘 다 arr[0]에 저장된 값과 같음을 확인할 수 있습니다. 앞에서 arr[i]는 *(arr + i)와 같다고 했죠? 따라서 arr[0]은 *(arr + 0)과 같은데, 0은 더하든 더하지 않든 똑같아서 *arr로 작성합니다.

> **Note** **＊와 &를 함께 사용할 때**
>
> 코드에서 arr[0]의 실제 값을 출력할 때 *&arr[0]이라고 작성했습니다. 여기서 &는 주소를 나타내고, *는 주소의 값을 나타내기 때문에 둘은 상쇄됩니다. 그래서 *&을 함께 사용했을 때 아무것도 붙이지 않은 것과 같은 효과를 내서 결국 arr[0]을 출력한 것과 같습니다. 즉, *&를 붙여서 함께 사용한다면 둘 다 없는 것과 마찬가지입니다.

7.3.2 실습 1: 포인터로 두 변수의 값 교환하기

포인터로 배열에 접근해 직접 값을 바꾸는 방법을 알아봤습니다. 다음 단계로 두 변수의 값을 교환하는 방법을 알아본 다음, 함수에서 포인터를 사용하는 방법을 배우겠습니다.

두 변수의 값을 교환하는 방법은 다음과 같습니다.

❶ 두 변수를 전달받아 두 변수의 값을 교환하는 swap( ) 함수를 만들겠습니다. 이를 위해 먼저
   main( ) 함수 앞에 swap( ) 함수를 선언합니다. 두 변수를 전달받으므로 두 변수를 받는 매
   개변수를 선언합니다. 변수의 값만 교환하므로 반환할 값은 없습니다.

❷ a, b라는 변수 2개를 선언하고 초깃값으로 각각 10과 20을 넣습니다.

❸ main( ) 함수 뒤에 swap( ) 함수를 정의합니다. swap( ) 함수에서 두 변수의 값을 교환하려면
   변수 하나가 더 필요합니다. swap( ) 함수 안에 temp 변수를 선언하고 main( ) 함수에서 전
   달받은 a 변수를 저장합니다. 그리고 b 변수를 a 변수에 저장합니다. b 변수에는 temp 변수
   를 다시 저장합니다.

❹ main( ) 함수에서 swap( ) 함수를 호출합니다.

설명한 대로 코드를 작성하고 실행해 봅시다. 사이사이에 값을 출력하는 printf( ) 문도 추가합
니다.

7.3.2 포인터로값교환하기.c

```c
#include <stdio.h>

void swap(int a, int b); ----- ❶ 함수 선언

int main(void) {
    int a = 10; -------------- ❷ 값을 교환할 변수 선언 및 초기화
    int b = 20; -------------- ❷ 값을 교환할 변수 선언 및 초기화
    printf("swap() 함수 호출 전 => a : %d, b : %d\n", a, b); // 교환하기 전 변수 값 출력
    swap(a, b); -------------- ❹ 함수 호출
    printf("swap() 함수 호출 후 => a : %d, b : %d\n", a, b); // 교환한 후 변수 값 출력
    return 0;
}

void swap(int a, int b) { ---- ❸ 함수 정의
    int temp = a;
    a = b;
    b = temp;
    printf("swap() 함수 안 => a : %d, b : %d\n", a, b);
}
```

```
swap() 함수 호출 전 => a : 10, b : 20
swap() 함수 안 => a : 20, b : 10
swap() 함수 호출 후 => a : 10, b : 20
```

실행해 보면 함수 호출 전에 a가 10, b가 20이었는데, 함수 호출 후에도 a가 10, b가 20으로 값이 그대로입니다. 그런데 함수 안에서는 a가 20, b가 10으로 두 값이 서로 바뀌었습니다. 왜 그럴까요?

이는 main() 함수에서 swap() 함수를 호출할 때 변수 a와 b를 전달했지만, 실제로는 두 변수 자체가 아닌 두 변수의 값만 전달해서 그렇습니다. 변수의 주소를 출력해서 무슨 뜻인지 확인해 봅시다.

7.3.2 포인터로값교환하기.c

```c
int main(void) {
    int a = 10;
    int b = 20;
    printf("a의 주소 : %p\n", &a);
    printf("b의 주소 : %p\n", &b);
    printf("swap() 함수 호출 전 => a : %d, b : %d\n", a, b); // 교환하기 전 변수 값 출력
    swap(a, b);
    printf("swap() 함수 호출 후 => a : %d, b : %d\n", a, b); // 교환한 후 변수 값 출력
    return 0;
}

void swap(int a, int b) {
    printf("swap() 함수 안에서 a의 주소 : %p\n", &a);
    printf("swap() 함수 안에서 b의 주소 : %p\n", &b);
    int temp = a;
    a = b;
    b = temp;
    printf("swap() 함수 안 => a : %d, b : %d\n", a, b);
}
```

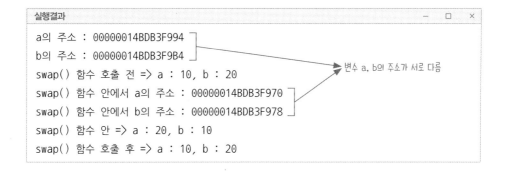

변수의 주소를 출력해 보니 main( ) 함수에 선언한 변수 a의 주소가 00000014BDB3F994인
데, swap( ) 함수 안에서 변수 a의 주소는 00000014BDB3F970입니다. 이는 main( ) 함수에
선언한 a와 swap( ) 함수 안의 a는 서로 다른 변수라는 뜻입니다. 즉, swap( ) 함수 안에서 다른
공간에 변수 a가 새로 만들어졌다는 뜻입니다. 이처럼 함수를 호출하면서 전달값으로 변수를 넘
기면 호출한 함수 안에서는 변수 자체가 아닌 전달받은 변수의 값만 복사해서 사용합니다. 이를
값에 의한 호출(call by value)이라고 합니다.

그림 7-8 값에 의한 호출

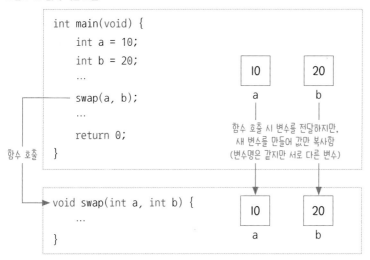

그러면 변수의 수소 사제를 넘기면 어떨까요? 변수의 주소를 전달받는 swap_addr( ) 함수를 추
가해 봅시다.

243

❶ main() 함수 앞에 swap_addr() 함수를 선언합니다. swap_addr() 함수는 main() 함수에 선언한 두 변수의 주소를 전달받습니다. 앞에서 철수네 주소를 미션맨이라는 포인터 변수에 저장했죠. 이와 마찬가지로 swap_addr() 함수도 주소를 전달받으려면 포인터 변수가 필요합니다. 따라서 매개변수 a와 b 앞에 *를 추가해 포인터 변수로 선언합니다.

❷ main() 함수 뒤에 swap_addr() 함수를 정의합니다.

❸ temp 변수에는 주소가 아닌 실제 값을 저장해야 합니다. 포인터 변수 a에는 주소가 들어 있으므로 앞에 *를 붙여 포인터 변수 a에 담긴 주소의 실제 값을 temp 변수에 저장합니다.

❹ 포인터 변수 b에 담긴 주소의 실제 값을 포인터 변수 a에 담긴 주소의 값으로 넣도록 두 변수 앞에 모두 *를 붙입니다.

❺ temp의 값을 포인터 변수 b에 담긴 주소의 값으로 넣도록 b 앞에만 *를 붙입니다.

❻ 마지막으로 값을 출력합니다. 이때 포인터 변수에 담긴 주소의 실제 값을 출력해야 하므로 a와 b 앞에 *를 추가합니다.

❼ main() 함수에서 swap_addr() 함수를 호출합니다. 이때 주소를 전달하므로 변수 앞에 &를 붙입니다.

7.3.2 포인터로값교환하기.c

```c
void swap(int a, int b);
void swap_addr(int * a, int * b); ------ ❶ 함수 선언. 매개변수를 포인터 변수로 선언

int main(void) {
    int a = 10;
    int b = 20;
    printf("a의 주소 : %p\n", &a);
    printf("b의 주소 : %p\n", &b);
    printf("swap() 함수 호출 전 => a : %d, b : %d\n", a, b); // 교환하기 전 변수 값 출력
    swap(a, b); // 값에 의한 호출
    printf("swap() 함수 호출 후 => a : %d, b : %d\n", a, b); // 교환한 후 변수 값 출력
    printf("swap_addr() 함수 호출 전 => a : %d, b : %d\n", a, b);
    swap_addr(&a, &b); ----------------- ❼ 함수 호출. 주소 전달
    printf("swap_addr() 함수 호출 후 => a : %d, b : %d\n", a, b);
    return 0;
}
```

```
void swap(int a, int b) { (중략) }

void swap_addr(int * a, int * b) { ----- ❷ 함수 정의
    int temp = *a; -------- ❸ 변수 temp를 선언하고 포인터 변수 a에 담긴 주소의 실제 값 저장
    *a = *b; ------------- ❹ 포인터 변수 b에 담긴 주소의 실제 값을 포인터 변수 a에 담긴 주소의 값으로 저장
    *b = temp; ----------- ❺ 변수 temp의 값을 포인터 변수 b에 담긴 주소의 실제 값으로 저장
    printf("swap_addr() 함수 안 => a : %d, b : %d\n", *a, *b);
    ----------------------- ❻ a와 b에 담긴 주소의 실제 값 출력
}
```

실행결과

```
a의 주소 : 00000014BDB3F994
b의 주소 : 00000014BDB3F9B4
swap() 함수 호출 전 => a : 10, b : 20
swap() 함수 안에서 a의 주소 : 00000014BDB3F970
swap() 함수 안에서 b의 주소 : 00000014BDB3F978
swap() 함수 안 => a : 20, b : 10
swap() 함수 호출 후 => a : 10, b : 20
swap_addr() 함수 호출 전 => a : 10, b : 20          swap_addr() 함수를 호출한 후
swap_addr() 함수 안 => a : 20, b : 10               변수 a, b의 값이 서로 바뀜
swap_addr() 함수 호출 후 => a : 20, b : 10
```

swap_addr() 함수를 호출하기 전에는 변수 a의 값이 10, b의 값이 20이었는데, swap_addr() 함수를 호출한 후에는 a의 값은 20, b의 값은 10으로 바뀌었습니다. 값이 아닌 주소를 전달하니 주소에 저장된 값을 바꿨습니다. 이처럼 함수를 호출하면서 전달값으로 변수의 주소를 넘기면 호출한 함수 안에서 변수의 주소를 참조해 값을 사용하거나 수정할 수 있습니다. 이를 **참조에 의한 호출**(call by reference)이라고 합니다.

앞에서처럼 swap_addr() 함수 안에서 변수 a와 b의 주소를 출력해 보면 main() 함수에 선언한 변수 a, b와 주소가 같음을 확인할 수 있습니다.

```
printf("swap_addr() 함수 안에서 a의 주소 : %p\n", a);
printf("swap_addr() 함수 안에서 b의 주소 : %p\n", b);
```

그림 7-9 참조에 의한 호출

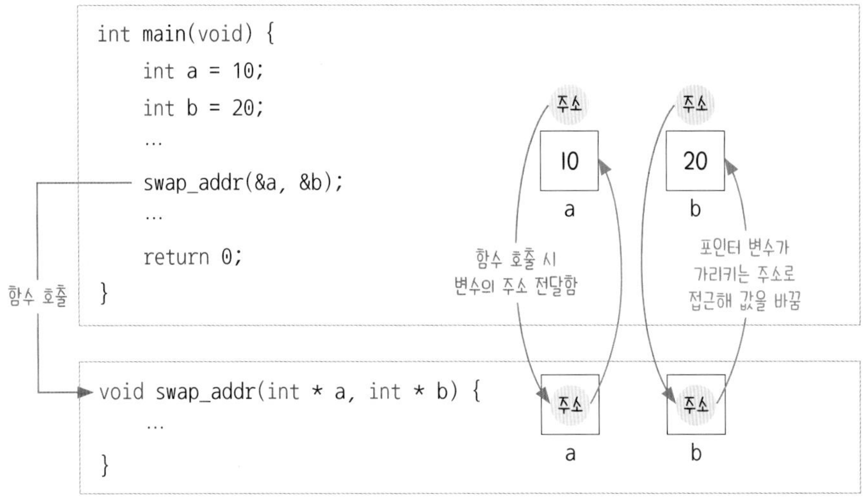

```
int main(void) {
    int a = 10;
    int b = 20;
    ...
    swap_addr(&a, &b);
    ...
    return 0;
}

void swap_addr(int * a, int * b) {
    ...
}
```

함수 호출

주소 10 a   주소 20 b

주소 a   주소 b

함수 호출 시 변수의 주소 전달함

포인터 변수가 가리키는 주소로 접근해 값을 바꿈

Note **값에 의한 호출과 참조에 의한 호출 구분**

값에 의한 호출과 참조에 의한 호출은 함수로 전달된 값이 함수 안에서 변경되는 경우에 함수를 호출한 쪽에도 결과가 반영되는지에 따라 결정됩니다. swap() 함수처럼 호출한 후에도 a, b의 값이 그대로 있으면 값에 의한 호출이고, swap_addr() 함수처럼 호출한 후에 a, b의 값이 변경되면 참조에 의한 호출입니다. 정확히 얘기하면 C 언어에는 값에 의한 호출 개념만 있으며 참조에 의한 호출은 없습니다. 다만, 포인터를 이용해 함수 안에서 주소값을 참조해 값을 변경할 수 있어서 참조에 의한 호출을 흉내낼 수 있을 뿐입니다.

7.3.3 실습 2: 포인터로 배열의 값 바꾸기

주소를 전달해 두 변수의 값을 교환하는 방법을 알아봤습니다. 이 방법을 응용해 배열의 값을 바꿔 보겠습니다. 배열의 값은 10, 20, 30이고, 이 중에서 세 번째 값을 50으로 바꿉니다.

❶ main() 함수 앞에 changeArray()라는 함수를 선언합니다. changeArray() 함수는 배열의 주소를 전달받아 함수 안에서는 배열의 값을 바꿉니다. 따라서 매개변수를 포인터 변수로 선언해야 합니다. 포인터 변수의 이름은 ptr로 합니다.

❷ main() 함수에 크기가 3인 arr2라는 이름의 배열을 선언하고 값을 넣어 초기화합니다.

❸ main( ) 함수 뒤에 changeArray( ) 함수 선언을 가져와 정의합니다. 앞에서 배열의 세 번째 값을 50으로 바꾼다고 했죠? 배열의 세 번째 요소는 인덱스로 2이므로 ptr[2]로 표시하고 여기에 50을 넣으면 됩니다.

❹ main( ) 함수에서 changeArray( ) 함수를 호출합니다. 앞에서 배웠듯이 함수에서 값을 변경하려면 함수를 호출할 때 주소를 전달해야 합니다. 배열의 시작 주소는 배열의 이름이라고 했습니다. 따라서 &를 붙일 필요 없이 arr2를 그대로 changeArray( ) 함수에 전달합니다.

❺ 배열의 값이 바뀌었는지 확인하기 위해 for 문을 사용해 배열의 값을 출력합니다.

7.3.3 포인터로배열값바꾸기.c

```c
#include <stdio.h>

void changeArray(int * ptr); ----------- ❶ 함수 선언

int main(void) {
    int arr2[3] = { 10, 20, 30 }; ------ ❷ 배열 선언 및 초기화
    changeArray(arr2); ------------------ ❹ 함수 호출, 배열 시작 주소 전달
    for (int i = 0; i < 3; i++) { ----- ❺ 배열의 값 출력, 값 변경 확인
        printf("%d\n", arr2[i]);
    }
    return 0;
}

void changeArray(int * ptr) { ---------- ❸ 함수 정의
    ptr[2] = 50; // 배열 세 번째 요소의 값을 50으로 바꾸기
}
```

실행결과	— □ ×
10	
20	
50	

실행해 보면 배열의 값이 10, 20, 30에서 10, 20, 50으로 바뀌었습니다.

그림 7-10 포인터로 배열의 값 바꾸기

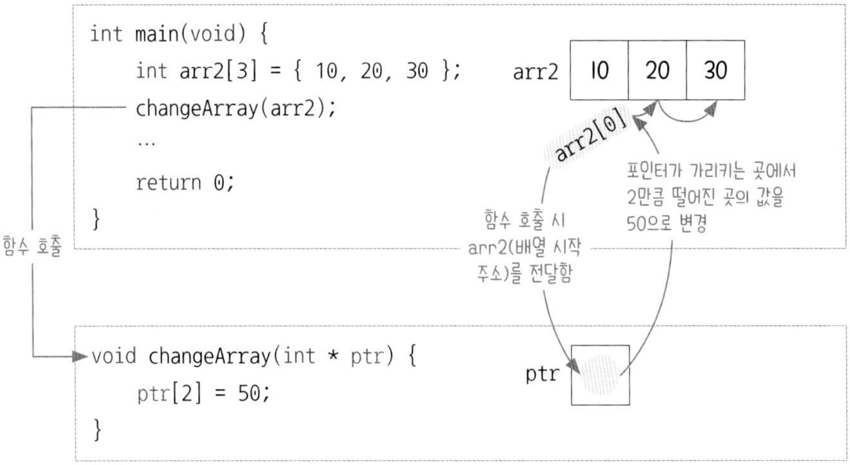

```
int main(void) {
    int arr2[3] = { 10, 20, 30 };    arr2
    changeArray(arr2);
    ...
    return 0;
}

void changeArray(int * ptr) {
    ptr[2] = 50;
}
```

함수 호출

arr2[0]

함수 호출 시 arr2(배열 시작 주소)를 전달함

포인터가 가리키는 곳에서 2만큼 떨어진 곳의 값을 50으로 변경

ptr

하나만 더 확인해 보겠습니다. 배열의 주소를 전달할 때 배열명인 arr2를 사용했는데, 배열명은 배열의 시작 주소와 같습니다. 배열의 시작 주소는 &arr2[0]로 표현할 수도 있죠. 그럼 함수에 전달하는 값을 arr2에서 &arr2[0]으로 바꿔도 결과가 같을까요? 해당 코드를 수정하고 실행해 봅시다.

7.3.3 포인터로배열값바꾸기.c

```
int main(void) {
    int arr2[3] = { 10, 20, 30 };
    // changeArray(arr2);
    changeArray(&arr2[0]); // 배열의 시작 주소(첫 번째 요소의 주소) 전달
    for (int i = 0; i < 3; i++) {
        printf("%d\n", arr2[i]);
    }
    return 0;
}
```

실행결과

```
10
20
50
```

배열의 이름을 전달했을 때와 실행결과가 똑같이 나옵니다. 배열은 연속된 공간에 할당하므로 주소가 연속됩니다. 따라서 배열의 시작 주소인 첫 번째 요소의 주소를 전달하면 시작 주소를 기준으로 지정한 요소의 위치를 찾아 값을 바꿀 수 있습니다.

2.5 scanf()로 입력받기에서 scanf_s() 함수로 값을 입력받을 때 변수 앞에 &를 붙인 이유를 이제는 확실히 알 수 있겠죠? 포인터 변수를 배웠으니 포인터 변수를 프로그램에 적용해 봅시다.

3. 다음 코드의 실행결과로 올바른 것을 고르세요.

```
int arr[3] = { 1, 2, 3 };
int * ptr = arr;
ptr[2] = 4;
printf("%d, %d\n", arr[2], ptr[2]);
```

① 2, 3 ② 2, 4 ③ 3, 4 ④ 4, 4

4. 다음은 포인터 변수를 전달해 두 변수의 값을 서로 바꾸는 코드입니다. 실행결과가 다음과 같을 때
가 에 들어갈 알맞은 값을 고르세요.

```
void my_swap(int * a, int * b);

int main(void) {
    int a = 5;
    int b = 10;
    my_swap( 가 );
    printf("a : %d, b : %d\n", a, b);
    return 0;
}

void my_swap(int * a, int * b) {
    int temp = *a;
    *a = *b;
    *b = temp;
}
```

실행결과	— □ ×
a : 10, b : 5	

① a, b ② &a, &b ③ *a, *b ④ $a, $b

249

7.4

프로젝트: 물고기 키우기

프로젝트 학습 진도

게임 구성 이해하기 ☐
코드 따라 하기 ☐
코드 이해하기 ☐
직접 구현하기 ☐

앞에서 배운 포인터 변수를 사용해 '물고기 키우기' 게임을 작성해 보겠습니다. 비주얼 스튜디오에서 **7.4_프로젝트.c**라는 새로운 파일을 만들고 기본 코드를 작성합니다.

게임 내용은 다시 정리하면 다음과 같습니다.

어항 6개에 물고기가 한 마리씩 들어 있습니다. 게임 화면 상단에는 레벨 표시와 막대가 있습니다. 막대는 제한 시간을 의미합니다. 시간이 지남에 따라 막대가 채워지고 어항의 물은 조금씩 줄어듭니다. 레벨 하나가 오르는 시간은 20초입니다. 레벨은 5까지 있고, 레벨이 올라갈수록 물이 줄어드는 속도가 빨라집니다. 물이 다 증발하기 전에, 어항에 부지런히 물을 줘서 물고기를 살려야 합니다. 물은 어항 속 물고기를 클릭하거나 터치해서 줄 수 있습니다. 어항 속 물이 다 증발하면 물고기가 죽습니다. 5레벨이 끝나기 전에 모든 물고기가 죽으면 게임은 끝납니다.

그림 7-11 물고기 키우기 게임 개요

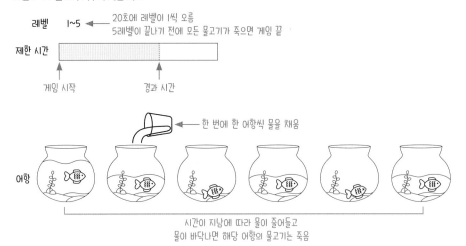

정리한 내용을 바탕으로 프로그램을 작성해 봅시다.

7.4.1 게임 초기화하고 시작 시간 설정하기

게임은 시작할 때마다 필요한 데이터를 초기화해야 합니다. 이 부분을 initData( )라는 함수로 만들어 처리하겠습니다.

❶ 게임에서 초기화할 데이터는 무엇이 있을까요? 먼저 레벨입니다. 레벨은 1부터 5까지 오른다고 했습니다. 이를 관리할 level이란 이름의 변수를 선언합니다. 그리고 어항의 물 높이입니다. 어항에는 물이 가득 담겨 있다가 시간이 지나면서 줄어듭니다. 어항이 6개 있으니 어항에 각각 번호를 부여해 선택할 수 있게 합니다. 이때 어항 6개를 각각 변수로 선언할 필요 없이 배열로 한꺼번에 선언합니다. 번호는 인덱스로 관리하면 되니까요. 배열명은 arrayFish, 크기는 6으로 선언합니다.

데이터 초기화는 게임을 시작할 때 한 번 실행합니다. 그런데 레벨과 어항 번호는 게임을 진행하는 동안 계속 필요합니다. initData( ) 함수만이 아니라 다른 곳에서도 사용합니다. 그래서 main( ) 함수 위에 따로 선언합니다. 이렇게 선언한 변수를 **전역변수**라고 합니다.

> Note **지역변수와 전역변수**
>
> 변수는 사용할 수 있는 범위에 따라 지역변수와 전역변수로 구분합니다. 지역변수는 main( ) 함수 내부와 같이 중괄호({}) 안에 선언한 변수입니다. 지역변수는 선언한 중괄호 안에서만 접근할 수 있고, 중괄호 외부나 다른 함수 등에서는 접근할 수 없습니다. 이와 반대로, 전역변수는 전역 공간(중괄호로 제한되지 않은)에 선언한 변수로, 지역과 상관없이 어느 곳에서든 접근할 수 있습니다. 전역변수는 보통 함수를 선언하는 곳과 같은 위치에 선언하면 됩니다.

❷ 초기화를 실행하는 initData( )로 함수를 선언합니다. initData( ) 함수는 전역 공간에 선언한 변수를 초기화합니다. 전역변수는 어느 곳에서든 접근할 수 있으므로 함수에 따로 전달할 값도 반환할 값도 없습니다. 그래서 매개변수 없이 반환형을 void로 지정해 main( ) 함수 위에 선언합니다.

❸ initData( ) 함수를 정의해 봅시다. 게임 데이터의 초기화는 initData( ) 함수에서 이뤄집니다. 전역변수인 level과 arrayFish의 선언은 전역 공간에 했지만 초기화는 함수 안에서

해야 합니다. 레벨은 1부터 시작하므로 level 변수를 1로 초기화합니다. arrayFish 배열의 초깃값은 뭘까요? 어항은 처음에 물로 가득 차 있습니다. 가득 찬 어항의 물 높이를 100이라고 하고 물이 모두 증발했을 때의 물 높이를 0이라고 합시다. 따라서 arrayFish 배열의 값은 처음에 모두 100입니다. 값을 직접 입력해도 되지만, 모든 값이 동일하므로 for 문을 사용해 초깃값을 할당하겠습니다.

❹ main() 함수에서 initData() 함수를 호출해 게임을 초기화합니다. 초기화하고 나면 게임을 시작합니다.

7.4 **프로젝트**.c

```c
#include <stdio.h>

int level;  ------------ ❶ 전역변수 선언, 레벨
int arrayFish[6];  ----- ❶ 전역변수 선언, 어항
void initData();  ------ ❷ 게임 초기화 함수 선언

int main(void) {
    initData();  ------- ❹ 게임 초기화 함수 호출
    return 0;
}

void initData() {  ----- ❸ 게임 초기화 함수 정의
    level = 1; // 레벨 초기화(레벨 범위 1~5)
    for (int i = 0; i < 6; i++) {
        arrayFish[i] = 100; // 어항 물 높이 초기화(물 높이 범위 0~100)
    }
}
```

물고기 키우기 게임은 시간 정보가 중요합니다. 시간이 지날수록 물이 줄어들고 레벨이 올라갈수록 물은 더 빨리 줄어들죠. 따라서 시간 정보를 확인할 수 있어야 합니다.

❶ 게임이 초기화되면 게임이 시작되고 시간을 재기 시작합니다. 시간을 측정하려면 기준이 필요합니다. 게임이 시작되는 순간 모든 작업이 실행되니 게임 시작 시간을 기준으로 정합니다. 이를 위해 게임의 시작 시간을 저장할 startTime 변수를 선언하는데, 처음에는 0으로 초기화하고 뒤에서 시간 정보를 설정합니다. C 언어에서 시간을 다룰 때는 clock_t, time_t 등을 주로 사용하지만, 이 책에서는 편의상 long형을 사용하겠습니다. 보통 변수는 사용하기 전에 선언하면 됩니다. 여기서는 찾아보기 좋게 main() 함수에서 사용하는 지역

변수들은 main( ) 함수의 가장 윗부분에 선언하겠습니다.

> **Note** **long형**
>
> long형은 int형과 같이 정수를 담을 때 사용할 수 있는데, ANSI 표준에서는 int형은 최소 2바이트, long형은 최소 4바이트가 되어야 한다고 명시하고 있습니다. 컴파일러마다 자료형의 바이트 수에 차이가 있을 수 있지만, 윈도우에서는 int형과 long형 모두 4바이트의 크기를 가집니다.

❷ 시간 측정을 위해 헤더 파일 time.h 에 선언된 time( ) 함수를 사용합니다. 이 함수는 1970년 1월 1일 0시 0분 0초부터 현재 시간까지의 경과 시간을 초 단위로 계산해 반환합니다. 그래서 startTime = time(NULL);로 작성하면 코드가 실행되는 시점까지 경과된 시간을 startTime 변수에 저장합니다. 이를 시작 시간으로 사용하겠습니다.

❸ time( ) 함수는 time.h에 정의되어 있으므로 헤더 파일을 추가합니다.

7.4 **프로젝트**.c
```c
#include <stdio.h>
#include <time.h> --------------- ❸ 헤더 파일 추가

int level;
int arrayFish[6];
void initData();

int main(void) {
    long startTime = 0; ---------- ❶ 게임 시작 시간을 담을 변수 선언 및 초기화
    initData(); // 게임 초기화 함수 호출
    startTime = time(NULL); ----- ❷ 1970년 1월 1일 0시 0분 0초부터 현재까지 흐른 시간을 시작 시간으로 저장
    return 0;
}
```

7.4.2 어항 물 높이 출력하기

게임을 초기화하고 나면 어항의 물이 줄어들기 시작합니다. 어항의 물이 줄어들면 어항에 물을 줘야 합니다. 그런데 사용자가 물이 줄어드는지 어떻게 알까요? 실제 게임에서는 그래픽으로 보여 주지만, 여기서는 확인하기 어려우니 직접 물 높이를 출력해 보여 주겠습니다.

❶ 게임을 시작하면 레벨이 5가 되거나 물고기가 모두 죽어서 게임이 끝날 때까지 어항에 물을 계속 줘야 합니다. 따라서 while 문으로 작성합니다.

❷ 어항의 물 높이는 처음에 모두 100으로 시작하지만, 시간이 지날수록 줄어듭니다. 물을 줄때마다 물 높이를 출력해 보여 주겠습니다. 같은 작업을 여러 번 수행하므로 함수로 만들겠습니다. 함수명은 printffFishes로 합니다. 물 높이만 출력하면 되기 때문에 전달값도 반환값도 필요 없이 void로 선언합니다.

❸ printffFishes() 함수는 initData() 함수처럼 반복문으로 어항 배열인 arrayFish를 돌며 6개 어항의 물 높이를 출력합니다. 그리고 구분할 수 있게 어항 번호를 물 높이 위에 순서대로 출력합니다. 이때 어항 번호와 출력값이 잘 보이게 정렬합니다. 물 높이 범위는 0~100이므로 최대 3자리입니다. 따라서 서식 지정자를 %3d로 주고, 빈칸을 넣어 간격을 조절합니다.

❹ 함수를 정의했으니 while 문에서 호출합니다.

7.4 **프로젝트**.c
```
(생략)
void printffFishes(); --------- ❷ 어항 물 높이 출력 함수 선언

int main(void) {
    long startTime = 0;
    initData();
    startTime = time(NULL);
    while (1) { -------------- ❶ 어항에 물 주기 무한 반복
        printffFishes(); ------ ❹ 어항 물 높이 출력 함수 호출
    }
    return 0;
}

void initData() { (중략) }

void printffFishes() { -------- ❸ 어항 물 높이 출력 함수 정의
    printf("%3d번 %3d번 %3d번 %3d번 %3d번 %3d번\n", 1, 2, 3, 4, 5, 6);
    for (int i = 0; i < 6; i++) {
        printf("  %3d ", arrayFish[i]); // 서식 지정자로 출력 결과 정렬
    }
    printf("\n\n"); // 가독성을 위해 추가
}
```

> **Note** **서식 지정자의 형식 태그**
>
> printfFishes() 함수에서 서식 지정자에 넣는 숫자 3은 서식 지정자에 옵션을 추가할 수 있는 **형식 태그**의 하나입니다. 이 숫자는 출력할 값의 폭 또는 너비를 지정합니다. 자릿수라고 보면 되는데, 여기서는 3을 넣어 3자리를 지정합니다. 만약 출력할 값이 지정한 너비보다 작으면 자릿수를 맞추기 위해 빈칸으로 채웁니다. 또한, %03d와 같이 % 뒤에 0을 추가하면 빈칸 대신 0으로 채웁니다. 결과를 정렬해서 출력하고 싶을 때 사용하면 유용합니다.
>
> 그림 7-12 형식 태그 사용 결과
>
>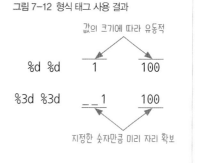

❶ 어항 물 높이를 출력하고 나면 몇 번 어항에 물을 줄지 사용자가 직접 입력합니다. 이를 위해 사용자가 입력하는 어항 번호를 받을 변수 num을 선언합니다. 입력받은 값을 저장하는 변수이므로 초깃값은 필요 없습니다.

❷ 어항 번호를 입력하라는 안내 문구를 출력합니다.

❸ 어항 번호는 scanf_s() 함수로 입력받아 앞에 선언한 num 변수에 저장합니다.

❹ 게임을 하다 보면 입력값에 정해진 범위나 값이 아닌 다른 값을 잘못 입력할 때가 있습니다. 이런 경우 게임이 제대로 안 될 수 있으니 입력값이 맞는지 확인하는 부분도 넣겠습니다. 입력값은 어항 번호이므로 1~6이어야 합니다. if 문으로 입력받은 숫자가 1보다 작거나 6보다 큰지 확인하면 됩니다. 만약에 잘못된 범위의 값을 입력하면 안내 문구를 출력하고, 어항 번호를 입력받는 부분으로 다시 돌아가도록 continue 문을 추가합니다.

7.4 프로젝트.c

```c
int main(void) {
    long startTime = 0;
    int num;                                          ❶ 물을 줄 어항 번호
    initData();
    startTime = time(NULL);
    while (1) {
        printfFishes();
        printf("몇 번 어항에 물을 줄까요?(1~6) ");      ❷ 입력 안내 문구
        scanf_s("%d", &num);                          ❸ 어항 번호 입력받기
        if (num < 1 || num > 6) {                     ❹ 입력값 확인
            printf("\n입력값이 잘못됐습니다.\n");
```

255

```
            continue;
        }
    }
    return 0;
}
```

7.4.3 경과 시간 표시하기

지금까지 시간이 얼마나 흘렀는지 알아보겠습니다. 실제 게임에서는 막대가 채워지면서 시간 경과를 표시하지만, 여기서는 막대를 표시할 수 없으니 시간을 직접 출력해 표시하겠습니다.

❶ 막대가 다 채워지는 데 20초가 걸리고 20초가 지나면 레벨이 오른다고 했죠? 따라서 시작 시간에서 얼마나 흘렀는지 알아야 합니다. 이를 계산하기 위해 총 경과 시간을 저장할 totalElapsedTime 변수를 선언합니다. totalElapsedTime 변수는 시작 시간인 startTime 과 동일하게 long형으로 선언하고 0으로 초기화합니다.

❷ 총 경과 시간은 현재 시간에서 시작 시간을 빼면 됩니다. 시작 시간은 startTime 변수에 저장했습니다. 현재 시간은 time(NULL)로 확인합니다. 현재 코드가 실행되는 시점까지 경과된 시간인 time(NULL)에서 앞서 저장한 startTime을 빼면 둘 사이의 시간 차를 확인할 수 있습니다. 이 결과를 앞에서 선언한 totalElapsedTime 변수에 저장해 총 경과 시간을 출력합니다. 가령 time(NULL)이 13이고 startTime이 10이라면 총 경과 시간은 3초가 됩니다.

❸ 총 경과 시간을 출력합니다. totalElapsedTime 변수가 long형이므로 서식 지정자는 %ld를 사용합니다.

❹ 추가로 어항에 직전에 물을 준 시간 이후로 흐른 시간, 즉 물을 준 시간 간격을 계산합니다. 예를 들어, 10초일 때 어항에 물을 주고 13초일 때 다시 물을 줬다면 13초에서 10초를 뺀 3초의 시간이 흐른 것입니다. 시간 간격을 계산하는 이유는 그 사이 물이 얼마나 증발했는지 알기 위해서입니다. 사용자 입력이 10초마다 한 번씩 있다면 10초 동안 증발한 물의 양을 계산해서 물 높이를 낮춰야 하기 때문입니다. 이를 위해 prevElapsedTime이라는 이름으로 변수를 하나 선언합니다. 이 변수도 시간을 저장하므로 long형으로 선언하고 0으로 초기화합니다.

❺ 물을 준 시간 간격은 총 경과 시간에서 직전에 물을 준 시간을 빼면 알 수 있습니다. 직전에 물을 준 시간은 뒤에 나오지만, prevElapsedTime 변수에 저장합니다. 따라서 totalElapsedTime 변수의 값에서 prevElapsedTime 변수의 값을 빼면 되고, 이 값을 다시 prevElapsedTime 변수에 저장합니다.

그림 7-13 prevElapsedTime 변수의 역할

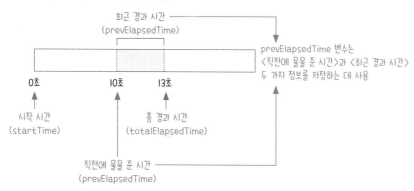

❻ 현재 prevElapsedTime 변수에는 물을 준 시간 간격이 저장되어 있습니다. 이를 '최근 경과 시간'이라는 이름으로 출력해 봅시다. 값이 시간이므로 서식 지정자는 %ld로 넣습니다.

7.4 프로젝트.c

```
int main(void) {
    long startTime = 0;
    int num;
    long totalElapsedTime = 0; --------- ❶ 총 경과 시간
    long prevElapsedTime = 0; --------- ❹ 직전에 물을 준 시간(물을 준 시간 간격)
    initData();
    startTime = time(NULL);
    while (1) {
        printfFishes();
        printf("몇 번 어항에 물을 줄까요?(1~6) ");
        scanf_s("%d", &num);
        if (num < 1 || num > 6) {
            printf("\n입력값이 잘못됐습니다.\n");
            continue;
        }
```

```
        totalElapsedTime = time(NULL) - startTime; ----- ❷ 총 경과 시간, 초 단위로 표시
        printf("총 경과 시간 : %ld초\n", totalElapsedTime); ----- ❸ 총 경과 시간 출력
        prevElapsedTime = totalElapsedTime - prevElapsedTime;
                                          ❺ 직전에 물 준 시간 이후로 흐른 시간
        printf("최근 경과 시간 : %ld초\n", prevElapsedTime); ---- ❻ 최근 경과 시간 출력
    }
    return 0;
}
```

7.4.4 어항 물 높이 줄이기

게임이 시작되면 끝날 때까지 어항의 물은 계속 증발합니다. 최근 경과 시간을 활용해 증발한
물의 양을 계산하고 어항의 물 높이를 줄이겠습니다. 이 부분은 decreaseWater()라는 함수를
만들어 처리합니다.

❶ decreaseWater() 함수는 최근 경과 시간으로 증발한 물의 양을 계산합니다. 따라서
prevElapsedTime 변수의 값을 전달받아야 합니다. 이 값을 매개변수 elapsedTime으로 받
는데, 시간 값이므로 long형으로 선언합니다. 물 높이만 낮추면 돼서 반환값은 없습니다.

❷ decreaseWater() 함수를 정의해 봅시다. decreaseWater() 함수는 어항 6개에서 물을 증
발시켜야 합니다. 어항 6개에서 동일한 작업을 수행하니 for 문을 사용합니다.

❸ 어항 6개의 물 높이는 arrayFish 배열에 저장되어 있습니다. 여기서 증발한 물의 양을 빼
면 현재 어항의 물 높이가 됩니다. 이때 증발하는 물의 양은 물을 준 시간 간격에 비례합니
다. 또한, 레벨에 따라 게임이 어려워져야 하므로 증발하는 물의 양은 레벨에도 비례하게
설정합니다. 따라서 기본으로 증발하는 양에 레벨(level)과 최근 경과 시간(elapsedTime)
을 곱합니다. 이때 기본으로 증발하는 물의 양은 난이도 조절을 위해 3으로 정합니다. 그리
고 elapsedTime 변수는 long형입니다. 그래서 int형인 다른 값과 곱하기 위해 앞에 int를
붙여 정수형으로 형변환해야 합니다. 예를 들어, 1레벨에서 직전에 물을 주고 10초가 지
났다면 1(level) × 3 × 10(elapsedTime) = 30만큼 물 높이가 줄어듭니다.

258

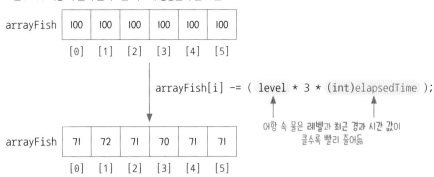

그림 7-14 어항 속 물이 줄어드는 속도에 영향을 주는 요인

④ 어항의 물은 계속 증발하다가 물 높이가 0이 되면 더 이상 줄어들지 못하겠죠. 물 높이가 음수일 수는 없으니까요. 따라서 arrayFish[i]의 값이 0보다 작으면 arrayFish[i]의 값을 0으로 저장하고 다음 어항으로 넘어갑니다.

⑤ 함수를 정의하고 나면 main( ) 함수에서 호출합니다. 이때 최근 경과 시간인 prevElapsedTime 변수를 전달합니다.

7.4 프로젝트.c

```
(생략)
void decreaseWater(long elapsedTime); ---------❶ 어항의 물을 증발(감소)시키는 함수 선언

int main(void) {
    (중략)
    while (1) {
        (중략)
        prevElapsedTime = totalElapsedTime - prevElapsedTime;
        printf("최근 경과 시간 : %ld초\n", prevElapsedTime);
        decreaseWater(prevElapsedTime); ------❺ 어항의 물을 증발(감소)시키는 함수 호출
    }
    return 0;
}

(중략)

void decreaseWater(long elapsedTime) { -------❷ 어항의 물을 증발(감소)시키는 함수 정의
    for (int i = 0; i < 6; i++) { // 어항 6개 반복 수행
        arrayFish[i] -= (level * 3 * (int)elapsedTime); ----❸ 증발하는 물의 양 계산
```

```
        if (arrayFish[i] < 0) {  -------------- ❹ 물 높이가 0 미만이면 물 높이는 0으로 고정
            arrayFish[i] = 0;
        }
    }
}
```

> **Note** **형변환**
>
> C 언어에서는 원하는 연산 결과를 얻기 위해 정수를 실수로, 실수를 정수로 바꾸는 경우가 있는데, 이를 **형변환**이라고 합니다. 즉, 어떤 자료형을 다른 자료형으로 바꾸는 것입니다.
>
> 형변환하려면 바꿀 자료형을 소괄호 안에 적고 변수 또는 값 앞에 붙이면 됩니다.
>
> **형식**　(바꿀자료형)변수명/값
>
> 예를 들어, 한 건물의 엘리베이터에 최대 1,000kg까지 운반할 수 있고 한 사람의 몸무게는 편의상 60kg라고 가정하겠습니다. 그러면 1,000 / 60 = 16.6670이므로 최대 16.667명이 탈 수 있습니다. 하지만 사람을 나눌 수 없으니 실제로는 16명까지만 탈 수 있겠죠. 이처럼 (int)16.6670이라고 작성하면 실수인 16.667을 정수로 변환하면서 소수점 이하 자리는 버리고 16을 반환합니다.

7.4.5 어항에 물주기

이제 사용자가 선택한 어항에 물을 줍시다.

❶ 사용자가 입력한 숫자의 어항에 물을 줘야 하는데, 어항은 배열로 선언되어 있습니다. 앞에서 배열의 값에 접근할 때 포인터 변수를 사용했습니다. 이 역할을 할 포인터 변수 cursor를 선언합니다. 포인터 변수 cursor는 다른 함수에서도 사용하므로 전역변수로 선언합니다.

❷ 어항의 시작 주소는 어항 배열의 이름인 arrayFish의 값입니다. 이 값을 포인터 변수 cursor에 넣으면 cursor 포인터 변수로 배열에 접근해 각 어항에 물을 주는 동작을 수행할 수 있습니다.

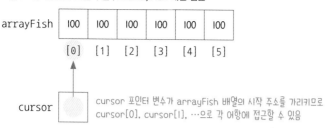

그림 7-15 cursor 포인터 변수로 arrayFish 배열 접근

arrayFish

100	100	100	100	100	100
[0]	[1]	[2]	[3]	[4]	[5]

cursor

cursor 포인터 변수가 arrayFish 배열의 시작 주소를 가리키므로
cursor[0], cursor[1], …으로 각 어항에 접근할 수 있음

❸ 어항에 접근해서 물을 줄 때는 2가지 조건이 있습니다. 조건이 2가지이므로 if-else if 문을 사용합니다.

첫째, 사용자가 선택한 어항의 물 높이가 0이어서 이미 물고기가 죽었다면 해당 어항에 물을 줄 필요가 없겠죠? 이런 경우에 물을 주지 않아야 합니다.

어항에는 포인터 변수 cursor로 접근합니다. 몇 번 어항인지는 num 변수로 알 수 있습니다. 배열은 0부터 시작하니 num - 1을 해야 실제 배열의 인덱스가 됩니다. 따라서 cursor[num - 1]의 값이 0과 같거나 작을 때는 해당 번호의 어항은 물고기가 이미 죽어서 물을 주지 않는다고 출력합니다.

❹ 둘째, 어항의 물 높이가 0이 아니라면 물 높이가 100을 넘는지 확인해야 합니다. 100이면 물을 줄 필요가 없으니까요.

물 높이가 100을 넘는지 확인할 때는 현재 물 높이에 1을 더한 높이(물을 줬을 때), 즉 cursor[num - 1] + 1의 값이 100보다 작거나 같은지 확인합니다. 조건에 해당하면 cursor[num - 1] += 1을 해서 현재 물 높이에 1을 더합니다.

7.4 **프로젝트**.c

```
int level;
int arrayFish[6];
int * cursor; ----------------------------------- ❶ 어항 배열에 접근할 포인터 변수 선언

(중략)

int main(void) {
    (중략)
    cursor = arrayFish; ---------------------- ❷ 포인터 변수에 어항 배열의 시작 주소 넣기
    while (1) {
        (중략)
```

```
        decreaseWater(prevElapsedTime);
        if (cursor[num - 1] <= 0) { --------------------- ❸ 조건 1. 어항의 물 높이가 0 이하
            printf("%d번 어항의 물고기는 이미 죽었으므로 물을 주지 않습니다.\n", num);
        } else if (cursor[num - 1] + 1 <= 100) { ------- ❹ 조건 2. 어항의 물 높이가 100 이하
            printf("%d번 어항에 물을 줍니다.\n\n", num);
            // 물을 주면 물 높이 + 1(cursor[num - 1] = cursor[num - 1] + 1)
            cursor[num - 1] += 1;
        }
    }
    return 0;
}
```

7.4.6 레벨 올리고 게임 종료하기

어항에 물을 주고 나면 레벨을 올릴지 확인해야 합니다. 레벨업은 20초마다 한 번씩 수행한다고 했으므로 1레벨은 처음 20초 동안, 2레벨은 그다음 20초(총 경과 시간 기준으로는 40초) 동안 유지됩니다. 20초 동안 물고기가 한 마리라도 살아 있으면 레벨을 올려 줍니다. 레벨이 올라가면 물은 점점 더 빨리 증발할 겁니다.

❶ 이 부분은 조건문으로 작성합니다. 조건은 총 경과 시간인 totalElapsedTime을 사용해 비교합니다. totalElapsedTime의 값을 20초로 나눴을 때 몫은 현재 레벨(level)과 같습니다. 이 값이 현재 레벨(level)에서 1을 뺀 값보다 크면 레벨을 올리고, 크지 않으면 레벨을 유지합니다. 예를 들어, 1레벨에서 15초가 흘렀을 때 15초 나누기 20을 하면 몫은 0입니다. 현재 레벨 1에서 1을 뺀 값(0)보다 크지 않으므로 레벨을 유지합니다. 또한, 1레벨에서 총 경과 시간이 25초가 됐을 때 25 나누기 20을 하면 몫은 1입니다. 이 값은 1(level) − 1 = 0보다 크므로 레벨을 올립니다.

❷ 레벨업을 level++로 처리합니다.

❸ 기존 레벨에서 새로운 레벨로 레벨이 올랐다는 메시지를 출력합니다. 이때 level 변수의 값은 새로운 레벨이므로 기존 레벨을 출력할 때는 level − 1을 해야 합니다.

❹ 이 게임의 최고 레벨은 5입니다. 계속 레벨업을 하다가 5레벨이 되면 게임을 끝내야 합니다. 따라서 level 값이 5가 되면 게임 종료 메시지를 출력하고 게임을 종료합니다. 프로그램을 완전히 끝내야 하므로 exit(0)으로 종료합니다. break 문에서 배웠듯이 exit(0)은

그 뒤에 어떤 문장이 오든 상관없이 바로 프로그램을 종료합니다. exit() 함수는 stdlib.h 파일에 포함되어 있으므로 stdlib.h 파일을 추가합니다.

7.4 **프로젝트**.c

```
#include <stdio.h>
#include <time.h>
#include <stdlib.h> ---------------------------------------- ④ 헤더 파일 추가

(중략)

int main(void) {
    (중략)
    while (1) {
        (중략)
        else if (cursor[num - 1] + 1 <= 100) {
            printf("%d번 어항에 물을 줍니다.\n\n", num);
            cursor[num - 1] += 1;
        }
        if (totalElapsedTime / 20 > level - 1) { ---- ① 레벨업 확인(20초마다 한 번씩 수행)
            level++; -------------------------------- ② 레벨업
            printf("*** 축하합니다. %d레벨에서 %d레벨로 올랐습니다. ***\n\n", level -
1, level); -------------------------------------------- ③ 안내 문구 출력
            if (level == 5) { ----------------------- ④ 최고 레벨 확인 후 게임 종료
                printf("\n\n축하합니다. 최고 레벨을 달성했습니다. 게임을 종료합니다.\
n\n");
                exit(0);
            }
        }
    }
    return 0;
}
```

레벨을 올리는 부분까지 작성했습니다. 이제 무엇이 남았을까요? 앞에서 게임을 종료하는 조건이 무엇이었죠? 첫 번째 조건은 물고기가 한 마리라도 살아 있는데 5레벨까지 끝나는 것이고, 두 번째 조건은 5레벨이 끝나기 전에 물고기가 모두 죽는 것이었습니다. 레벨업에서 첫 번째 조건은 확인했으니 이제 물고기가 모두 죽었는지 확인하면 됩니다. 이 부분도 checkFishAlive() 라는 함수를 작성해 처리하겠습니다.

❶ 여기서는 checkFishAlive() 함수가 어떤 구조일지부터 생각해 봅시다. 구조는 간단합니다. 6개 어항에 물고기가 살아 있는지 확인해야 하므로 for 문을 사용합니다. 6개 어항에서 하나라도 물 높이가 0보다 높으면 물고기는 한 마리 이상 살아 있습니다. 따라서 다른 어항을 확인할 필요 없이 바로 1을 반환해 게임을 계속 진행합니다. 1을 반환하면 참(true)이라고 했죠. 그러나 6개 어항 중 물 높이가 0보다 높은 어항이 하나도 없으면 물고기는 모두 죽었습니다. if 문을 실행하지 못하고 for 문이 바로 끝나므로 for 문 뒤에서 0을 반환합니다.

❷ main() 함수 위에 checkFishAlive() 함수를 선언합니다. 0 또는 1을 반환하므로 int로 선언하고, arrayFish 배열의 값만 확인하므로 전달값은 없습니다.

❸ main() 함수로 돌아가서 checkFishAlive() 함수를 호출하고 반환값에 따라 처리합니다. 함수가 반환하는 값이 0이면 물고기가 모두 죽은 거고, 아니면 한 마리라도 산 겁니다. 따라서 조건에서 checkFishAlive() 함수의 반환값을 비교합니다. 반환값이 0이면 물고기가 모두 죽었으므로 이를 사용자에게 알려 주고 exit(0)으로 게임을 끝냅니다. 0이 아니라면 물고기가 아직 살아 있다고 출력하고 게임을 계속 진행합니다.

7.4 프로젝트.c
```
(생략)
int checkFishAlive(); ---------------------- ❷ 모든 물고기가 죽었는지 확인하는 함수 선언

int main(void) {
    (중략)
    while (1) {
        (중략)
        if (totalElapsedTime / 20 > level - 1) { (중략) }
        if (checkFishAlive() == 0) { ------ ❸ 함수를 호출해 모든 물고기가 죽었는지 확인
            printf("모든 물고기가 죽었습니다. ㅠㅠ\n\n");
            exit(0);
        } else { // 물고기가 최소 한 마리 이상 살아 있음
            printf("물고기가 아직 살아 있어요!\n\n");
        }
    }
    return 0;
}

(중략)
```

```
int checkFishAlive() { ------------------------ ❶ 모든 물고기가 죽었는지 확인하는 함수 정의
    for (int i = 0; i < 6; i++) {
        if (arrayFish[i] > 0) {
            return 1; // 참(true)
        }
    }
    return 0;
}
```

마지막으로 추가할 부분이 있습니다. 예를 들어, 처음에 물을 준 시간이 10초입니다. 그리고 다음에 물을 준 시간이 15초입니다. 그러면 물을 준 간격인 5초가 prevElapsedTime 변수에 저장됩니다. 다음에 물을 준 시간은 25초라고 합시다. 그러면 25초에서 직전에 물을 준 시간 인 15초를 빼야 합니다. 그런데 15초를 저장할 장소가 없습니다. 15초가 저장되어 있어야 25 초에서 뺄 수 있는데 말이죠. 그런데 prevElapsedTime 변수에는 현재 5초가 저장되어 있지 만, while 문을 한 번 돌고 나면 이 값은 더 이상 필요 없습니다. 그래서 prevElapsedTime에 totalElapsedTime 값인 15초를 저장해서 다음 반복에 활용합니다.

그림 7-16 prevElapsedTime 변수에 totalElapsedTime 변수의 값을 저장하는 이유

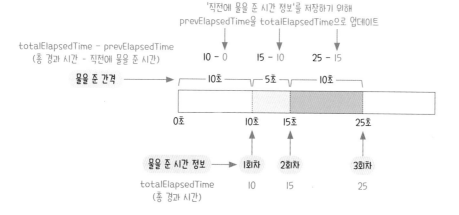

7.4 **프로젝트**.c

```
while (1) {
    (중략)
    } else {
        printf("물고기가 아직 살아 있어요!\n");
    }
```

```
        prevElapsedTime = totalElapsedTime;
    }
```

7.4.7 전체 코드 확인하기

완성된 코드는 다음과 같습니다. 그럼 실행해서 게임이 잘 되는지 확인해 봅시다.

7.4 **프로젝트**.c

```c
#include <stdio.h>
#include <time.h> // 헤더 파일 추가
#include <stdlib.h> // 헤더 파일 추가

// 전역변수 선언
int level;
int arrayFish[6];
int * cursor;

// 함수 선언
void initData();
void printfFishes();
void decreaseWater(long elapsedTime);
int checkFishAlive();

int main(void) {
    long startTime = 0; // 게임 시작 시간
    int num; // 물을 줄 어항 번호
    long totalElapsedTime = 0; // 총 경과 시간
    long prevElapsedTime = 0; // 직전에 물을 준 시간(물을 준 시간 간격)
    initData(); // 게임 초기화 함수 호출
    startTime = time(NULL); // 1970년 1월 1일 0시 0분 0초부터 현재까지 흐른 시간을
                            //                시작 시간으로 저장
    cursor = arrayFish; // 포인트 변수에 어항 배열의 시작 주소 넣기

    while (1) { // 어항에 물 주기
        printfFishes(); // 어항 물 높이 출력 함수 호출
        printf("몇 번 어항에 물을 줄까요?(1~6) ");
        scanf_s("%d", &num); // 어항 번호 입력
```

```c
    if (num < 1 || num > 6) { // 입력값 확인
        printf("\n입력값이 잘못됐습니다.\n");
        continue;
    }
    // 총 경과 시간, 초 단위로 표시
    totalElapsedTime = time(NULL) - startTime;
    printf("총 경과 시간 : %ld초\n", totalElapsedTime);
    // 물을 준 시간 간격
    prevElapsedTime = totalElapsedTime - prevElapsedTime;
    printf("최근 경과 시간 : %ld초\n", prevElapsedTime);
    decreaseWater(prevElapsedTime); // 어항의 물을 증발(감소)시키는 함수 호출
    // 사용자가 입력한 번호의 어항에 물 주기
    // 조건 1. 어항의 물 높이가 0 이하면 물을 주지 않음
    if (cursor[num - 1] <= 0) {
        printf("%d번 어항의 물고기는 이미 죽었으므로 물을 주지 않습니다.\n", num);
    }
    // 조건 2. 어항의 물 높이가 0을 초과하면 100을 넘지 않는지 확인하고 물을 줌
    else if (cursor[num - 1] + 1 <= 100) {
        printf("%d번 어항에 물을 줍니다.\n\n", num);
        // 물을 주면 물 높이 + 1(cursor[num - 1] = cursor[num - 1] + 1)
        cursor[num - 1] += 1;
    }
    // 레벨업 확인(20초마다 한 번씩 수행)
    if (totalElapsedTime / 20 > level - 1) {
        level++; // 레벨업
        printf("*** 축하합니다. %d레벨에서 %d레벨로 올랐습니다. ***\n\n", level -
1, level);
        if (level == 5) { // 최고 레벨 확인 후 게임 종료
            printf("\n\n축하합니다. 최고 레벨을 달성했습니다. 게임을 종료합니다.\
n\n");
            exit(0);
        }
    }
    // 모든 물고기가 죽었는지 확인
    if (checkFishAlive() == 0) { // 물고기가 모두 죽음
        printf("모든 물고기기 죽었습니다. ㅠㅠ\n\n");
        exit(0);
    } else { // 물고기가 최소 한 마리 이상 살아 있음
```

```c
            printf("물고기가 아직 살아 있어요!\n\n");
        }
        prevElapsedTime = totalElapsedTime;
    }
    return 0;
}


void initData() { // 게임 초기화 함수
    level = 1; // 레벨 초기화(레벨 범위 1~5)
    for (int i = 0; i < 6; i++) {
        arrayFish[i] = 100; // 어항 물 높이 초기화(물 높이 범위 0~100)
    }
}


void printfFishes() { // 어항 물 높이 출력 함수
    printf("%3d번 %3d번 %3d번 %3d번 %3d번 %3d번\n", 1, 2, 3, 4, 5, 6);
    for (int i = 0; i < 6; i++) {
        printf("  %3d ", arrayFish[i]); // 서식 지정자로 출력 결과 정렬
    }
    printf("\n\n"); // 가독성을 위해 추가
}


void decreaseWater(long elapsedTime) { // 어항의 물을 증발(감소)시키는 함수
    for (int i = 0; i < 6; i++) { // 어항 6개
        arrayFish[i] -= (level * 3 * (int)elapsedTime); // 증발하는 물의 양 계산
        if (arrayFish[i] < 0) { // 물 높이가 0 미만이면 물 높이를 0으로 고정
            arrayFish[i] = 0;
        }
    }
}


int checkFishAlive() { // 모든 물고기가 죽었는지 확인하는 함수
    for (int i = 0; i < 6; i++) {
        if (arrayFish[i] > 0) {
            return 1; // 참(true)
```

```
        }
    }
    return 0;
}
```

```
실행결과                                                    —  □  ✕

       1번    2번    3번    4번    5번    6번
       100   100   100   100   100   100


   몇 번 어항에 물을 줄까요?(1~6) 1
   총 경과 시간 : 4초
   최근 경과 시간 : 4초
   1번 어항에 물을 줍니다.

   물고기가 아직 살아 있어요!
       1번    2번    3번    4번    5번    6번
       89    88    88    88    88    88

   (중략)

   몇 번 어항에 물을 줄까요?(1~6) 1
   총 경과 시간 : 21초
   최근 경과 시간 : 6초
   1번 어항에 물을 줍니다.

    *** 축하합니다. 1레벨에서 2레벨로 올랐습니다. ***

   물고기가 아직 살아 있어요!
       1번    2번    3번    4번    5번    6번
       39    38    38    38    38    37

   (중략)

   몇 번 어항에 물을 줄까요?(1~6) 6
   총 경과 시간 : 28초
   최근 경과 시간 : 1초
   6번 어항의 물고기는 이미 죽었으므로 물을 주지 않습니다.
   모든 물고기가 죽었습니다. ㅠㅠ
```

실행해 보면 처음에는 모든 어항의 물 높이가 100입니다. 1번 어항에 물을 주니 1번 어항에는 1만큼 물이 증가하지만, 그동안 모든 어항의 물이 조금씩 증발해 줄어들고 있네요. 계속 어항 번호를 입력하면 시간이 지남에 따라 모든 어항의 물 높이가 줄어듭니다. 중간에 레벨업도 하고요. 레벨업을 하면 물이 줄어드는 속도가 빨라집니다. 물을 주는 속도보다 줄어드는 속도가 빨라지면 결국 물이 말라서 모든 물고기가 죽고 게임이 종료됩니다.

실제로 게임을 하다 보면 물이 생각보다 빠르게 증발합니다. 레벨이 올랐을 때 속도가 빨라 게임이 너무 어려우면 decreaseWater() 함수 안 계산식 level * 3 * (int)elapsedTime에서 3을 1로 낮추는 등의 방법으로 증발 속도를 조절할 수 있습니다.

이 프로그램에서는 크기 6, 즉 6개 공간을 가진 배열을 포인터 변수인 cursor로 접근합니다. 그리고 미션맨이 철수네, 영희네, 민수네 아파트의 암호를 바꾼 것처럼 cursor가 어항의 물 높이를 바꿉니다. 이렇게 포인터 변수를 활용해 게임을 만들어 봤습니다.

마무리

1. 포인터 변수

① 변수를 선언하면 메모리에 공간이 생기고 변수명 앞에 &를 붙여 출력하면 메모리 공간의 주소를 확인할 수 있습니다.

② 메모리 주소를 확인하기 위한 서식 지정자는 %p입니다.

③ 포인터 변수는 메모리의 주소를 저장하는 데 사용하고 다음 형식으로 만듭니다.

> **형식**   자료형 * 변수명;

④ 포인터 변수가 가리키는 주소의 값에 접근하려면 변수명 앞에 *를 붙입니다.

2. 배열과 포인터

① 포인터 변수를 선언하고 배열을 넣으면 포인터 변수가 배열의 시작 주소를 가리키게 됩니다.

② 포인터 변수로 배열의 i번째 요소에 접근하려면 포인터변수명[i] 또는 *(포인터변수명 + i)와 같이 작성합니다.

③ 배열명을 이용해서도 포인터 변수와 동일하게 배열명[i] 또는 *(배열명 + i)와 같은 형태로 배열의 i번째 요소에 접근할 수 있습니다.

3. 함수의 호출

① 함수를 호출할 때 전달값으로 일반 변수를 넘기는 것을 **값에 의한 호출**(call by value)이라고 합니다. 이때 변수 자체가 아닌 변수의 값만 복사해 사용하므로 함수 안에서 값을 변경하더라도 원본 변수의 값은 변경되지 않습니다.

② 함수를 호출할 때 전달값으로 변수의 주소를 전달하는 것을 **참조에 의한 호출**(call by reference)이라고 합니다. 이때 함수의 전달값을 포인터 변수로 선언합니다. 함수 안에서 포인터 변수로 원본 변수의 주소를 참조해 직접 값을 변경할 수 있습니다.

셀프체크

문제 배열의 특정 요소 값을 바꾸는 프로그램을 포인터로 만들어 보세요.

조건

1. square라는 이름의 함수를 정의합니다. 이 함수는 전달값으로 어느 변수의 메모리 주소 1개를 정수형 포인터 변수로 받고, 반환값은 없습니다.

2. 전달값으로 받은 메모리 주소의 값이 홀수이면 그대로 두고, 짝수이면 그 값의 제곱으로 변경합니다. 예를 들어, 주소의 값이 3일 때는 홀수이므로 그대로 두고, 4일 때는 짝수이므로 4의 제곱인 16으로 변경합니다.

3. main( ) 함수에 다음과 같이 정수형 배열을 선언합니다. 이 배열은 크기가 10이고, 1부터 10까지의 정수가 순서대로 저장됩니다.

```
int arr[10] = { 1, 2, 3, 4, 5, 6, 7, 8, 9, 10 };
```

4. 반복문을 이용해 배열을 순서대로 순회하면서 배열의 각 요소의 주소를 전달값으로 square( ) 함수를 호출합니다.

5. 앞의 작업이 완료되면 새로운 반복문을 이용해 배열을 순서대로 순회하면서 각 요소의 값을 출력합니다.

힌트 1. 변수의 메모리 주소를 알려면 변수명 앞에 &를 붙입니다.
    2. 포인터 변수를 선언하거나 포인터 변수가 가리키는 메모리 주소의 값을 변경할 때는 변수명 앞에 *를 붙입니다.
    3. 어떤 정수를 2로 나눴을 때의 나머지가 0이면 짝수, 1이면 홀수입니다.

실행결과	— ☐ ✕
1, 4, 3, 16, 5, 36, 7, 64, 9, 100	

8장

배열에 배열 더하기: 다차원 배열

6장에서 배열을 배웠습니다. 이 장에서는 더 나아가 다차원 배열을 살펴봅니다. 다차원 배열을 배운 후에는 '동물 카드 뒤집기'라는 게임을 만들어 봅니다.

8.1

이 장에서 만드는 프로그램

'동물 카드 뒤집기' 게임이 무엇인지 살펴보겠습니다. 초기 화면에서 시작하기를 누르면 동일한 그림의 카드 20장이 보입니다. 카드가 뒤집히고 앞면이 보이는데 각기 다른 동물들이 그려져 있습니다. 자세히 보면 같은 동물이 2장씩 총 10종임을 알 수 있습니다. 카드가 다시 뒤집히고 처음처럼 모두 같은 그림이 보입니다. 어떤 게임인지 알겠죠? 같은 동물이 그려진 카드 2장을 찾아 짝을 맞추는 게임입니다.

그림 8-1 동물 카드 뒤집기 게임 구성 1

카드 20장이 모두 뒷면인 상태에서 카드 2장을 선택해 뒤집습니다. 선택한 두 카드의 동물이 같으면 카드가 앞면으로 유지되고, 다르면 다시 뒷면으로 뒤집힙니다. 카드가 모두 앞면이 되면 메시지와 함께 몇 번 틀렸는지 횟수를 알려 주고 게임이 끝납니다.

그림 8-2 동물 카드 뒤집기 게임 구성 2

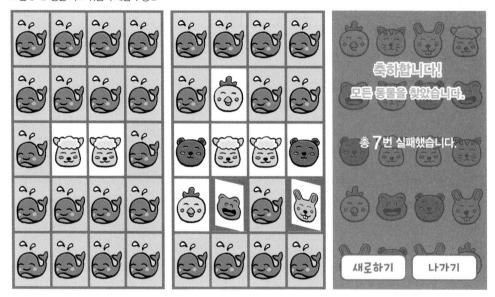

굉장히 익숙한 게임이죠. 다차원 배열의 개념과 사용법을 배운 후 이 게임을 만들어 보겠습니다.

8.2

다차원 배열이란

다음 코드를 봅시다. i는 int형 크기 1개만큼 메모리 공간을 차지하는 변수입니다. arr은 i와 같은 변수 5개를 한꺼번에 선언한 배열입니다.

```
int i;
int arr[5];
```

6장에서 배열은 동일한 자료형의 값 여러 개를 저장하는 연속된 메모리 공간이라고 했습니다. 이렇게 연속된 메모리 공간이 하나 있는 배열을 **1차원 배열**이라고 합니다. arr은 5개의 연속된 메모리 공간이 하나 있는 1차원 배열입니다.

그림 8-3 변수와 1차원 배열

다차원 배열(multi-dimensional array)은 1차원 배열에 배열을 하나 이상 추가한 2차원, 또는 그 이상의 배열을 의미합니다. 예를 늘어, 5개의 연속된 메모리 공간을 가진 배열에 동일한 공간을 가진 배열 하나를 추가하면 다음과 같이 작성합니다. 이처럼 동일한 크기의 1차원 배열이 2개 이상 연속되면 이를 **2차원 배열**이라고 합니다.

```
int arr2[2][5];
```

2차원 배열은 크기를 뒤부터 읽어서 arr2[2][5]는 5개의 연속된 메모리 공간을 가진 1차원 배열이 2개 있다는 뜻이고, 이 배열의 총 요소는 5 × 2 = 10개입니다. 예제처럼 2차원 배열은 1차원 배열을 의미하는 대괄호에 대괄호가 하나 더 추가됩니다.

하나 더 예를 들어 보겠습니다. 다음과 같이 선언한 arr3 배열은 2개의 연속된 메모리 공간을 가진 배열이 4개 있다는 뜻이고, 총 요소는 2 × 4 = 8개입니다.

```
int arr3[4][2];
```

2차원 배열을 그림으로 표현하면 다음과 같습니다. 마치 표와 같아서 배열의 크기를 각각 세로(행) 크기와 가로(열) 크기로 나타낼 수 있습니다.

그림 8-4 2차원 배열

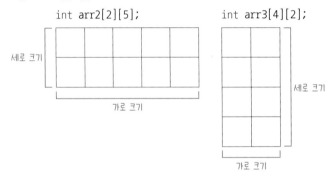

정리하면 2차원 배열은 다음과 같은 형식으로 선언합니다.

형식   자료형 배열명[세로크기][가로크기];

같은 원리로 2차원 배열이 2개 이상 연속되면 3차원 배열이 됩니다. 예를 들어, 3차원 배열은 다음과 같이 선언합니다.

```
int arr4[3][3][3];
```

3차원 배열도 크기를 뒤부터 읽습니다. 따라서 이 배열은 3개의 연속된 공간을 가진 1차원 배열이 3개 있고, 이런 2차원 배열이 다시 3개 있다는 뜻입니다. 즉, 3 × 3 크기의 2차원 배열이 3개 있으며, 총 요소는 3 × 3 × 3 = 27개가 됩니다.

그림 8-5 3차원 배열

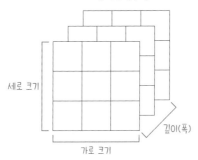

실무에서는 보통 2차원 배열과 3차원 배열까지 사용하고 그 이상은 잘 사용하지 않습니다.

1분 퀴즈

해설 노트 p.409

1. 세로 크기가 2이고 가로 크기가 3인 2 × 3 형태의 정수형 2차원 배열을 선언하는 코드를 작성하세요.

8.3

다차원 배열 다루기

다차원 배열을 선언하고 배열의 값에 접근하는 방법을 알아보겠습니다.

8.3.1 다차원 배열 초기화하기

1차원 배열을 초기화할 때는 다음과 같이 값을 중괄호로 묶고 쉼표로 구분해 저장했습니다.

```
int arr[5] = { 1, 2, 3, 4, 5 };
```

2차원 배열에서는 값을 한 번 더 중괄호로 감싸면 됩니다. 예를 들어, arr2[2][5]는 5개의 메모리 공간을 가진 1차원 배열이 2개 있으므로 다음과 같이 1차원 배열 2개를 쉼표로 구분하고 중괄호로 한 번 더 감싸면 됩니다. 즉, 배열 안에 배열이 요소로 들어 있다고 볼 수 있습니다.

```
int arr2[2][5] = { { 1, 2, 3, 4, 5 }, { 1, 2, 3, 4, 5 } };
```

같은 방식으로 arr3[4][2] 배열은 2개의 메모리 공간을 가진 1차원 배열이 4개 있으니 1차원 배열 4개를 쉼표로 구분하고 중괄호로 한 번 더 묶으면 됩니다.

```
int arr3[4][2] = { { 1, 2 }, { 3, 4 }, { 5, 6 }, { 7, 8 } };
```

3차원 배열 arr4[3][3][3]도 방식은 같습니다. 이 배열은 3개의 메모리 공간을 가진 1차원 배열이 3개 있고, 이렇게 만든 2차원 배열이 다시 3개 있다는 뜻입니다. 먼저 1차원 배열 3개를 중괄호로 묶고 쉼표로 구분하면 { {}, {}, {} } 같은 모양의 2차원 배열이 됩니다. 그런 다음 2차원 배열 3개를 다시 중괄호로 묶어 쉼표로 구분하면 { { {}, {}, {} }, { {}, {}, {} }, { {}, {}, {} } } 같은 모양이 만들어집니다. 마지막으로 각 중괄호 안에 값을 넣으면 끝입니다.

```
int arr4[3][3][3] = { { { 1, 2, 3 }, { 4, 5, 6 }, { 7, 8, 9 } }, { { 11, 12, 13 }, { 14, 15, 16 }, { 17, 18, 19 } }, { { 21, 22, 23 }, { 24, 25, 26 }, { 27, 28, 29 } } };
```

그런데 이렇게 값을 나열해 초기화하면 배열이 매우 복잡해 보입니다. 1차원 배열은 값을 나열해도 바로 이해할 수 있지만, 2차원 배열은 복잡하고 3차원 배열로 가면 헷갈리기까지 합니다. 그래서 2차원 이상의 다차원 배열을 선언할 때는 다음과 같이 중괄호 하나가 끝나는 지점마다 줄바꿈해서 코드를 읽기 좋게 만듭니다.

```
int arr2[2][5] = {
    { 1, 2, 3, 4, 5 },
    { 5, 6, 7, 8, 9 }
};
int arr3[4][2] = {
    { 1, 2 },
    { 3, 4 },
    { 5, 6 },
    { 7, 8 }
};
```

3차원 배열도 같은 방식으로 정리하면 코드를 훨씬 이해하기 쉽습니다.

```
int arr4[3][3][3] = {
    {
        { 1, 2, 3 },
        { 4, 5, 6 },
        { 7, 8, 9 }
    },
    {
```

```
            { 11, 12, 13 },
            { 14, 15, 16 },
            { 17, 18, 19 }
        },
        {
            { 21, 22, 23 },
            { 24, 25, 26 },
            { 27, 28, 29 }
        }
    };
```

> **Note** **크기를 명시하지 않고 다차원 배열 초기화하기**
>
> 다차원 배열은 다음과 같은 방식으로도 초기화할 수 있습니다.
>
> ```
> int arr[][2] = { 1, 2, 3, 4 };
> ```
>
> arr 배열은 두 번째 대괄호 속에 있는 2에 의해 2개의 공간으로 이루어진 2차원 배열을 만들게 됩니다. 즉,
> 코드에 명시된 가로 크기와 요소의 개수에 따라 첫 번째 대괄호에 해당하는 세로 크기가 자동으로 정해집니
> 다. 앞의 배열은 요소가 4개이므로 2 × 2 크기의 2차원 배열을 만들게 됩니다.
>
> 만약 다음과 같이 6개 값으로 초기화한다면 3 × 2 크기의 2차원 배열이 됩니다.
>
> ```
> // int arr[][2] = { { 1, 2 }, { 3, 4 }, { 5, 6 } };와 동일
> int arr[][2] = { 1, 2, 3, 4, 5, 6 };
> ```

8.3.2 다차원 배열의 요소에 접근하기

1차원 배열에서는 0부터 시작하는 인덱스로 배열 요소를 구분해 각 요소에 접근했습니다. 그래
서 arr[5] 배열의 각 요소는 인덱스 [0], [1], [2], [3], [4]로 접근할 수 있습니다. 그럼 다차
원 배열의 각 요소는 어떻게 접근할까요?

1차원 배열은 번호 하나로 된 인덱스로 요소에 접근하지만, 2차원 이상의 다차원 배열에서는 차

원이 하나씩 늘 때마다 인덱스 번호도 하나씩 더 필요합니다. 예를 들어, arr2[2][5] 배열은 5개 공간의 1차원 배열이 2개 있는 2차원 배열입니다.

```
int arr2[2][5] = {
    { 1, 2, 3, 4, 5 },
    { 5, 6, 7, 8, 9 }
};
```

가로 크기를 의미하는 두 번째 대괄호의 값 5에 의해서 가로에 해당하는 위치는 인덱스 [0], [1], [2], [3], [4]로 접근합니다. 그리고 세로 크기를 의미하는 첫 번째 대괄호의 값 2에 의해서 세로에 해당하는 위치인 [0] 또는 [1]을 인덱스 앞에 추가합니다. 따라서 첫 번째 배열의 인덱스는 [0][0], [0][1], [0][2], [0][3], [0][4]가 되고, 두 번째 배열의 인덱스는 [1][0], [1][1], [1][2], [1][3], [1][4]가 됩니다.

그림 8-6 2차원 배열의 요소에 접근하는 방법

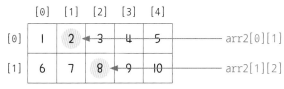

2차원 배열을 표와 비교했을 때 앞의 그림에서 인덱스는 표의 행 번호와 열 번호로 볼 수 있습니다. 이를 활용해 2차원 배열 arr3[4][2]의 인덱스를 유추해 볼까요? 이 배열은 4행 2열의 표와 같습니다. 따라서 4행에 해당하는 인덱스 [0]~[3]을 행 좌표에, 2열에 해당하는 인덱스 [0], [1]을 열 좌표에 사용하면 최종 인덱스는 [0][0]~[3][1]이 됩니다.

그림 8-7 행과 열로 표현되는 2차원 배열의 인덱스

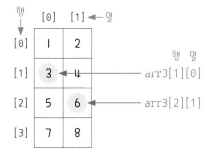

즉, 다음 형식으로 접근할 수 있습니다.

형식　배열명[행인덱스][열인덱스]

3차원 배열 arr4[3][3][3]의 인덱스도 같은 방식으로 작성합니다. 3 × 3 표가 있고, 이 표가 3개 있다는 뜻이므로 인덱스 맨 앞에 표를 나타내는 [0], [1], [2]를 붙입니다. 따라서 최종 인덱스는 [0][0][0]~[2][2][2]가 됩니다. 복잡하게 보일 수 있는데, 그림으로 보면 간단합니다. 2차원 배열의 인덱스에 표를 구분하기 위한 번호를 하나 더 붙입니다. 즉, 첫 번째 표의 인덱스에는 모두 [0]을, 두 번째 표에는 모두 [1]을, 세 번째 표에는 모두 [2]를 추가합니다.

그림 8-8 3차원 배열의 인덱스

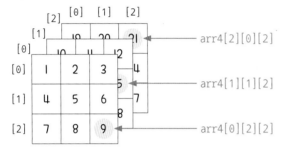

8.3.3 **다차원 배열 사용하기**

다차원 배열에 접근하는 방법을 알았으니 어떻게 사용하는지 배워 봅시다. 비주얼 스튜디오에서 새로운 파일을 만들고 다음과 같이 2차원 배열을 선언합니다.

8.3.3 **다차원배열사용하기.c**

```c
int main(void) {
    int arr3[4][2] = {
        { 1, 2 },
        { 3, 4 },
        { 5, 6 },
        { 7, 8 }
    };
    return 0;
}
```

arr3[4][2] 배열의 모든 요소에 접근해 저장된 값을 출력해 보겠습니다. 6장에서 1차원 배열에 접근할 때 for 문을 사용했습니다. 2차원 배열에 접근할 때도 for 문을 사용하는데, 이번에는 for 문을 2개 중첩해서 사용합니다. 바깥쪽 for 문은 세로 크기만큼, 안쪽 for 문은 가로 크기만큼 반복합니다. arr3[4][2]이므로 바깥쪽 for 문은 4번 반복하고, 안쪽 for 문은 2번 반복합니다. 그리고 안쪽 for 문에서 printf() 문으로 2차원 배열의 인덱스 [i][j]와 해당 인덱스에 저장된 값 arr3[i][j]를 출력합니다. 안쪽 for 문을 빠져나온 후에는 출력 형태를 알아보기 쉽도록 줄바꿈을 출력합니다.

8.3.3 다차원배열사용하기.c

```c
int main(void) {
    int arr3[4][2] = {
        { 1, 2 },
        { 3, 4 },
        { 5, 6 },
        { 7, 8 }
    };
    for (int i = 0; i < 4; i++) {
        for (int j = 0; j < 2; j++) {
            printf("2차원 배열 [%d][%d]의 값 : %d\n", i, j, arr3[i][j]);
        }
        printf("\n");
    }
    return 0;
}
```

```
실행결과                                                    —  □  ×
2차원 배열 [0][0]의 값 : 1
2차원 배열 [0][1]의 값 : 2

2차원 배열 [1][0]의 값 : 3
2차원 배열 [1][1]의 값 : 4

2차원 배열 [2][0]의 값 : 5
2차원 배열 [2][1]의 값 : 6

2차원 배열 [3][0]의 값 : 7
2차원 배열 [3][1]의 값 : 8
```

이번에는 2차원 배열에 접근해 값을 바꿔 보겠습니다. 다음과 같이 코드를 추가하고 값이 어떻게 바뀌는지 확인해 봅시다.

8.3.3 다차원배열사용하기.c

```c
int main(void) {
    int arr3[4][2] = {
        { 1, 2 },
        { 3, 4 },
        { 5, 6 },
        { 7, 8 }
    };
    arr3[3][0] = 9;
    arr3[3][1] = 10;
    for (int i = 0; i < 4; i++) {
        for (int j = 0; j < 2; j++) {
            printf("2차원 배열 [%d][%d]의 값 : %d\n", i, j, arr3[i][j]);
        }
        printf("\n");
    }
    return 0;
}
```

실행결과　　　　　　　　　　　　　　　　　　　　　　　　　　　　　－ □ ×

```
2차원 배열 [0][0]의 값 : 1
2차원 배열 [0][1]의 값 : 2

2차원 배열 [1][0]의 값 : 3
2차원 배열 [1][1]의 값 : 4

2차원 배열 [2][0]의 값 : 5
2차원 배열 [2][1]의 값 : 6

2차원 배열 [3][0]의 값 : 9 // 7 -> 9
2차원 배열 [3][1]의 값 : 10 // 8 -> 10
```

출력해 보면 arr3[3][0] 요소의 값이 7에서 9로, arr3[3][1] 요소의 값이 8에서 10으로 바뀌었습니다. 이처럼 2차원 배열에 인덱스로 접근해 값을 바꿀 수 있습니다.

3차원 배열에도 접근해 보겠습니다. arr4[3][3][3] 배열을 선언하고 초기화합니다. 3차원 배열에 접근할 때는 for 문이 3개 필요합니다. 배열의 차원 수에 맞춰 for 문의 개수가 늘어나기 때문입니다. for 문에 사용할 변수는 i, j 다음에 k를 사용합니다. 3차원 배열의 크기는 3 × 3 × 3이므로 바깥쪽 for 문은 0부터 3까지 1씩 증가합니다. 그리고 중간 for 문과 안쪽 for 문도 0부터 3까지 1씩 증가합니다. 그리고 안쪽 for 문에서 printf() 문으로 3차원 배열의 인덱스와 해당 인덱스에 저장된 값을 arr4[i][j][k]로 접근해 출력합니다. 마지막으로 for 문을 빠져나올 때마다 알아보기 쉽게 줄바꿈을 출력합니다.

8.3.3 다차원배열사용하기.c

```c
int main(void) {
    int arr4[3][3][3] = {
        {
            { 1, 2, 3 },
            { 4, 5, 6 },
            { 7, 8, 9 }
        },
        {
            { 11, 12, 13 },
            { 14, 15, 16 },
            { 17, 18, 19 }
        },
        {
            { 21, 22, 23 },
            { 24, 25, 26 },
            { 27, 28, 29 }
        }
    };
    for (int i = 0; i < 3; i++) {
        for (int j = 0; j < 3; j++) {
            for (int k = 0; k < 3; k++) {
                printf("3차원 배열 [%d][%d][%d]의 값 : %d\n", i, j, k, arr4[i][j][k]);
            }
            printf("\n");
        }
        printf("\n");
    }
    return 0;
}
```

```
3차원 배열 [0][0][0]의 값 : 1
3차원 배열 [0][0][1]의 값 : 2
3차원 배열 [0][0][2]의 값 : 3
(중략)

3차원 배열 [0][2][0]의 값 : 7
3차원 배열 [0][2][1]의 값 : 8
3차원 배열 [0][2][2]의 값 : 9


3차원 배열 [1][0][0]의 값 : 11
3차원 배열 [1][0][1]의 값 : 12
3차원 배열 [1][0][2]의 값 : 13
(중략)

3차원 배열 [1][2][0]의 값 : 17
3차원 배열 [1][2][1]의 값 : 18
3차원 배열 [1][2][2]의 값 : 19


3차원 배열 [2][0][0]의 값 : 21
3차원 배열 [2][0][1]의 값 : 22
3차원 배열 [2][0][2]의 값 : 23
(중략)

3차원 배열 [2][2][0]의 값 : 27
3차원 배열 [2][2][1]의 값 : 28
3차원 배열 [2][2][2]의 값 : 29
```

실행하면 인덱스 [0][0][0]~[0][2][2]의 값은 1~9, [1][0][0]~[1][2][2]의 값은 11~19, [2][0][0]~[2][2][2]의 값은 21~29로 출력됩니다. 이처럼 3차원 배열도 인덱스로 접근해 저장된 값을 출력할 수 있습니다.

지금까지 살펴봤듯이 다차원 배열은 1차원 배열에서 차원이 하나씩 늘어나는 개념입니다. 즉, 더 많은 값을 저장하기 위해 좀 더 넓은 공간을 사용합니다. 그러나 차원이 늘어나도 배열에 접근하는 원리는 같습니다. 그러므로 배열의 기본 원리를 생각하면 다차원 배열도 이해하기 어렵지 않을 겁니다.

2. 다음 중 2 × 2 크기의 다차원 배열을 올바로 선언한 것을 고르세요.

① int arr[2][2] = { 1, 2 } { 3, 4 };

② int arr[2][2] = { 1, 2 }, { 3, 4 };

③ int arr[2][2] = { { 1, 2 } { 3, 4 } };

④ int arr[2][2] = { { 1, 2 }, { 3, 4 } };

3. 다음 코드를 실행하고 난 뒤 arr 배열의 모습으로 올바른 것을 고르세요.

```c
char arr[2][3] = {
    {'A', 'B', 'C'},
    {'D', 'E', 'F'}
};
arr[1][2] = 'G';
```

①
A	B	G
D	E	F

②
A	B	C
G	E	F

③
A	B	C
D	E	G

④
A	G	C
D	E	F

4. 2 × 2 크기의 다차원 배열이 있습니다. 이중 반복문으로 다음과 같이 모든 요소에 접근을 시도했을 때 실행결과로 올바른 것을 고르세요.

```c
int arr[2][2] = {
    { 1, 2 },
    { 3, 4 }
};

for (int i = 0; i < 2; i++) {
    for (int j = 1; j >= 0; j--) {
        printf("%d", arr[i][j]);
    }
}
```

① 1234　　　② 2143　　　③ 1324　　　④ 4321

8.4

프로젝트: 동물 카드 뒤집기

프로젝트 학습 진도

게임 구성 이해하기 ☐
코드 따라 하기 ☐
코드 이해하기 ☐
직접 구현하기 ☐

다차원 배열을 활용해 동물 카드 뒤집기 게임을 만들어 보겠습니다. 비주얼 스튜디오에서 새로운 파일을 만들고 파일명은 **8.4_프로젝트.c**로 저장합니다.

동물 카드 뒤집기는 카드를 뒤집어 같은 동물을 찾는 게임입니다. 카드 앞면에는 각각 다른 동물이 있고, 뒷면에는 모두 동일한 그림이 있습니다. 앞면의 동물은 총 10종이고 1종당 카드가 2장씩, 총 20장이 있습니다. 처음에는 모두 뒷면이 보이고 사용자는 같은 동물을 찾기 위해 카드를 2장씩 뒤집습니다. 같은 동물을 찾으면 카드를 뒤집은 상태, 즉 앞면으로 두고, 다른 동물이면 다시 뒤집어 뒷면으로 바꿉니다. 같은 동물 카드를 모두 찾으면 게임을 종료하고, 총 몇 번 틀렸는지 실패 횟수를 알려 줍니다.

8.4.1 카드 초기화하기

실제 게임에서는 게임을 새로 시작할 때마다 동물 카드를 섞어 무작위로 배치합니다. 여기서는 배열로 카드 지도를 만들고 동물 이름을 넣는 형식으로 표현하겠습니다.

❶ 동물 이름을 배치할 카드 지도용 배열을 선언하고 초기화합니다. 카드가 20장이므로 5장씩 4줄로 배치하도록 2차원 배열 arrayAnimal[4][5]를 선언합니다. 이 배열은 카드 20장 중 어느 위치에 어떤 동물이 있는지 숨겨 두는 역할을 합니다. main() 함수 외에 다른 함수에서도 사용하므로 main() 함수 위에 전역변수로 선언합니다.

❷ 카드는 앞면과 뒷면이 있습니다. 카드 앞면에는 동물 이름이 들어가고 뒷면은 모두 동일합니다. 게임을 시작하면 카드는 모두 뒷면이 보입니다. 이를 나타내기 위해 arrayAnimal 배

열의 모든 요소에 같은 값을 넣겠습니다. 배열을 초기화하는 initAnimalArray() 함수를 main() 함수 위에 선언합니다. arrayAnimal 배열을 초기화하기 위한 용도로만 사용하므로 전달값이나 반환값은 없습니다.

❸ main() 함수 아래에 initAnimalArray() 함수를 정의합니다. arrayAnimal 배열은 2차원 배열이므로 이중 반복문을 사용해 arrayAnimal[0][0]~arrayAnimal[3][4]까지 20개 요소에 −1을 저장합니다.

❹ main() 함수에서 initAnimalArray() 함수를 호출합니다.

8.5 **프로젝트.**c

```c
#include <stdio.h>

int arrayAnimal[4][5]; ---------- ❶ 카드 지도 배열 선언(카드 20장)
void initAnimalArray(); --------- ❷ 카드 지도 배열 초기화 함수 선언

int main(void) {
    initAnimalArray(); ---------- ❹ 카드 지도 배열 초기화 함수 호출
    return 0;
}

void initAnimalArray() { -------- ❸ 카드 지도 배열 초기화 함수 정의
    for (int i = 0; i < 4; i++) {
        for (int j = 0; j < 5; j++) {
            arrayAnimal[i][j] = -1; // 카드 뒷면 설정
        }
    }
}
```

그림 8-9 카드 지도 배열 초기화

	[0]	[1]	[2]	[3]	[4]
[0]	-1	-1	-1	-1	-1
[1]	-1	-1	-1	-1	-1
[2]	-1	-1	-1	-1	-1
[3]	-1	-1	-1	-1	-1

arrayAnimal

8.4.2 동물 이름 저장하기

다음으로 카드에 표시할 동물 이름을 담을 배열을 만듭니다. 동물 이름이 총 10개이므로 10개 공간의 배열로 만들고, 이름은 문자이므로 자료형은 char로 선언합니다. 이때 일반 배열이 아닌 포인터 배열로 선언합니다. 이렇게 하면 어떤 메모리 공간에 동물 이름 10개를 저장하고 이 공간의 시작 주소를 포인터 배열에 저장할 수 있습니다. 배열 요소가 10개이므로 한 칸에 하나씩 총 10개의 주소를 저장합니다. 이 배열 역시 프로그램의 모든 함수에서 사용하므로 main() 함수 바깥에 전역변수로 선언합니다. 배열명은 strAnimal로 하고 크기는 10으로 선언합니다.

8.5 프로젝트.c

```c
int arrayAnimal[4][5];
char * strAnimal[10]; // 동물 이름 배열
void initAnimalArray();
```

Note   **포인터 배열**

char형 포인터 변수는 char형 값이 저장된 메모리 주소를 저장한 변수라는 뜻입니다. 예를 들어, 다음과 같이 선언하면 '테스트'라는 문자열을 어떤 메모리 공간에 저장하고 그 공간의 시작 주소를 cPtr 변수에 저장합니다.

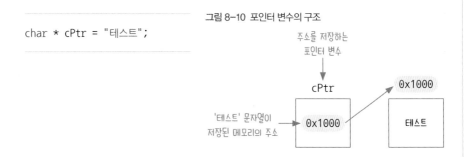

```c
char * cPtr = "테스트";
```

그림 8-10 포인터 변수의 구조

이런 포인터 변수가 요소로 있는 배열을 **포인터 배열**이라고 합니다. 즉, 포인터 배열은 요소의 값이 메모리 주소인 배열을 의미합니다.

char형 포인터 배열을 사용하면 char형 배열과 다르게 데이터를 읽기 전용 메모리 공간에 저장합니다. 읽기 전용이라서 한 번 선언하고 나면 데이터를 편집할 수 없습니다. 마치 상수처럼요. 그래서 코드가 실행되는 동안 값이 변경되지 않는다면 char형 포인터 배열을 이용합니다. 동물 카드 뒤집기 게임에서 동물 이름이 바로 그런 경우죠. 게임하는 동안 '강아지'를 '멍멍이'로 바꿀 필요는 없으니까요.

선언한 strAnimal 배열에 동물 이름을 저장하겠습니다. 코드의 효율성을 높이기 위해 함수로
작성합니다.

❶ initAnimalName이라는 이름의 함수를 main() 함수 위에 선언합니다. initAnimalName()
함수는 strAnimal 배열을 초기화하는 작업만 하므로 전달값이나 반환값은 필요 없습니다.

❷ main() 함수 아래에 initAnimalName() 함수를 정의합니다. 이 함수는 strAnimal 배열에
동물 이름 10개를 저장합니다. strAnimal 배열은 char형 포인터 배열입니다. 따라서 배열
의 각 요소에는 동물 이름의 문자열이 저장되는 것이 아니라 문자열이 저장된 메모리 공간
의 시작 주소가 저장됩니다. 그리고 strAnimal 배열의 인덱스는 각 동물 이름을 나타내는
번호로 사용합니다. 즉, 0은 원숭이, 9는 호랑이를 의미합니다.

❸ main() 함수에서 initAnimalName() 함수를 호출합니다.

8.5 **프로젝트**.c

```c
int arrayAnimal[4][5];
char * strAnimal[10]; // 동물 이름 배열
void initAnimalArray();
void initAnimalName(); ---------- ❶ 동물 이름 배열 초기화 함수 선언

int main(void) {
    initAnimalArray();
    initAnimalName(); ---------- ❸ 동물 이름 배열 초기화 함수 호출
    return 0;
}

void initAnimalArray() { (중략) }

void initAnimalName() { ---------- ❷ 동물 이름 배열 초기화 함수 정의
    strAnimal[0] = "원숭이";
    strAnimal[1] = "하마";
    strAnimal[2] = "강아지";
    strAnimal[3] = "고양이";
    strAnimal[4] = "돼지";
    strAnimal[5] = "코끼리";
    strAnimal[6] = "기린";
    strAnimal[7] = "낙타";
    strAnimal[8] = "타조";
    strAnimal[9] = "호랑이";
}
```

그림 8-11 strAnimal 배열 구조

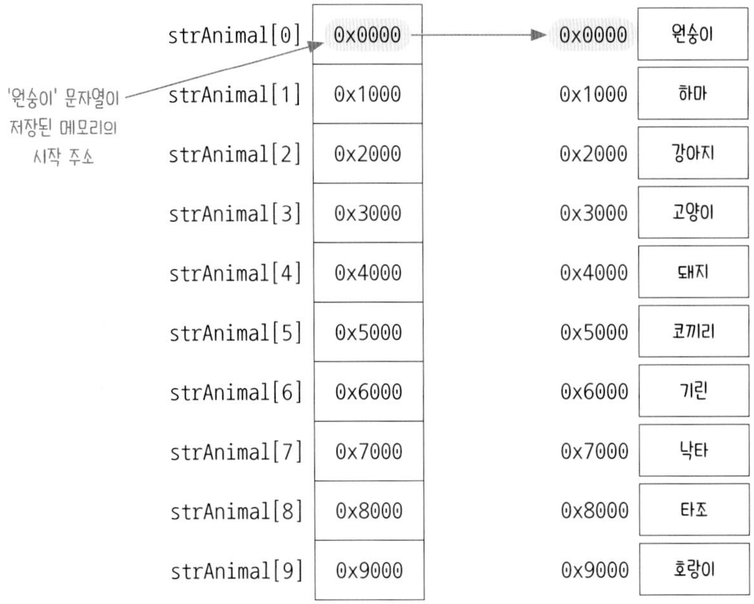

strAnimal[0]	0x0000	→	0x0000	원숭이
strAnimal[1]	0x1000		0x1000	하마
strAnimal[2]	0x2000		0x2000	강아지
strAnimal[3]	0x3000		0x3000	고양이
strAnimal[4]	0x4000		0x4000	돼지
strAnimal[5]	0x5000		0x5000	코끼리
strAnimal[6]	0x6000		0x6000	기린
strAnimal[7]	0x7000		0x7000	낙타
strAnimal[8]	0x8000		0x8000	타조
strAnimal[9]	0x9000		0x9000	호랑이

'원숭이' 문자열이 저장된 메모리의 시작 주소

8.4.3 카드 섞기

이제 저장한 동물 이름 10쌍을 카드 지도에 무작위로 배치해 카드를 섞는 효과를 내 보겠습니다. 이번에도 함수를 이용하고 함수명은 shuffleAnimal로 작성합니다. 어떻게 구현할까요?

카드 지도에서 빈 공간을 찾아 동물 이름을 하나 적습니다. 동물 이름은 한 쌍이므로 공간을 하나 더 찾아서 똑같은 동물 이름을 적습니다. 예를 들어, arrayAnimal[2][4]에 7(낙타)을 넣었다면 다른 공간 arrayAnimal[0][0]을 찾아서 7(낙타)을 넣습니다. 한 번에 같은 동물 이름이 2개씩 들어가므로 10번을 반복하면 10 × 2 = 20개 공간을 다 채우게 됩니다. 똑같은 작업을 2번씩 10번 반복하므로 이중 for 문을 이용합니다.

그림 8-12 카드 지도에 무작위로 동물 이름 넣기

	[0]	[1]	[2]	[3]	[4]
[0]	7	-1	-1	-1	-1
[1]	-1	-1	-1	-1	-1
[2]	-1	-1	-1	-1	7
[3]	-1	-1	-1	-1	-1

arrayAnimal

코드를 작성해 봅시다.

❶ main() 함수 위에 shuffleAnimal() 함수를 선언합니다. 동물 이름을 카드 지도에 무작위로 배치하는 작업만 하므로 이 함수도 전달값과 반환값은 필요 없습니다.

❷ main() 함수 아래에 shuffleAnimal() 함수를 정의합니다. shuffleAnimal() 함수는 안쪽 for 문에서 동물 이름을 배치하는 작업을 2번 반복합니다. 그리고 바깥쪽 for 문에서 이를 10번 반복합니다.

❸ 안쪽 for 문에서는 카드 지도에서 빈 공간을 찾아야 하는데, 이 부분도 getEmptyPosition 이라는 이름의 함수를 사용해 처리합니다. 함수 정의는 뒤에서 설명하고 여기서는 getEmptyPosition() 함수를 호출하는 부분만 작성합니다. 이 함수는 카드 지도에서 빈 공간을 찾아 해당 위치를 반환합니다. 이 값을 받아 동물 이름을 배치하므로 pos라는 변수를 선언해 저장합니다. 반환값은 0~19의 카드 번호이므로 int형으로 선언합니다.

❹ pos 변수의 값, 즉 getEmptyPosition() 함수가 반환한 카드 번호를 카드 지도의 인덱스로 바꿔야 합니다. 이 부분도 함수를 만들어 처리합니다. 2차원 배열의 인덱스는 x, y 좌표로 생각할 수 있습니다. x 좌표는 conv_pos_x라는 함수를, y 좌표는 conv_pos_y라는 함수를 사용해 바꿉니다. 두 함수가 어떻게 작동하는지도 뒤에서 정의합니다. 각 함수는 카드 번호를 인덱스로 변환하므로 호출할 때 pos 변수를 전달합니다.

❺ 바깥쪽 for 문은 동물 이름 수만큼 반복하므로 변수 i는 strAnimal 배열의 인덱스와 같습니다. 따라서 x, y 좌표를 구하고 나면 카드 지도의 arrayAnimal[x][y]에 동물 번호인 i를 저장합니다.

❻ ❹~❺ 과정을 2번 반복하면 같은 동물 번호 한 쌍이 arrayAnimal 배열에 저장됩니다.

❼ 다시 ❹~❻ 과정을 10번 반복하면 동물 번호 10쌍 모두 arrayAnimal 배열에 저장됩니다.

❽ main() 함수에서 shuffleAnimal() 함수를 호출합니다.

8.5 **프로젝트**.c

```
(생략)
void initAnimalName();
void shuffleAnimal();  ------------------------- ❶ 카드 섞기 함수 선언

int main(void) {
    initAnimalArray();
```

```
        initAnimalName();
        shuffleAnimal(); ------------------------- ❻ 카드 섞기 함수 호출
        return 0;
    }

    void initAnimalArray() { (중략) }

    void initAnimalName() { (중략) }

    void shuffleAnimal() { ----------------------- ❷ 카드 섞기 함수 정의
        for (int i = 0; i < 10; i++) { ---------- ❼ 동물 이름 수(10개)만큼 반복
            for (int j = 0; j < 2; j++) { -------- ❻ 같은 동물 2번 반복
                int pos = getEmptyPosition(); ---- ❸ 카드 지도에서 빈 공간 찾기 함수 호출
                int x = conv_pos_x(pos); --------- ❹ 카드 번호를 x 좌표로 변환하는 함수 호출
                int y = conv_pos_y(pos); --------- ❹ 카드 번호를 y 좌표로 변환하는 함수 호출
                arrayAnimal[x][y] = i; ----------- ❺ 카드 배열에 동물 번호 저장
            }
        }
    }
```

arrayAnimal 배열에서 빈 공간을 찾는 getEmptyPostion() 함수를 작성해 봅시다.

❶ main() 함수 위에 함수를 선언합니다. getEmptyPosition() 함수는 카드 번호를 반환하므로 int로 선언합니다.

❷ shuffleAnimal() 함수 아래에 getEmptyPosition() 함수를 정의합니다. 이 함수는 arrayAnimal 배열에 빈 공간이 없을 때까지 작동해야 하므로 무한 반복문으로 작성합니다.

❸ 카드 배열의 빈 공간은 어떻게 찾을까요? 2차원 배열은 표로 나타낼 수 있습니다. 카드가 총 20장이므로 표의 칸마다 번호를 붙이면 그림과 같이 0~19로 표현할 수 있습니다. 이 중에서 번호 하나를 뽑아 카드 지도에서 해당 번호의 위치가 비었는지 확인합니다. 카드 번호는 rand() 함수를 사용해 무작위로 뽑습니다. 그리고 rand() 함수에서 나온 숫자를 정수형 변수 randPos를 선언해 저장합니다.

그림 8-13 카드 지도와 카드 번호 매칭

	[0]	[1]	[2]	[3]	[4]
[0]	-1	-1	-1	-1	-1
[1]	-1	-1	-1	-1	-1
[2]	-1	-1	-1	-1	-1
[3]	-1	-1	-1	-1	-1

카드 지도(arrayAnimal)

0	1	2	3	4
5	6	7	8	9
10	11	12	13	14
15	16	17	18	19

카드 번호

❹ rand( ) 함수를 사용할 수 있도록 time.h와 stdlib.h 파일을 추가하고, main( ) 함수에서 난수 초기화를 합니다.

❺ 19가 나왔다고 해 봅시다. 카드 지도에 접근하려면 19라는 번호 대신 arrayAnimal 배열의 인덱스 [3][4]로 바꿔야 합니다. 카드 번호는 conv_pos_x( ) 함수와 conv_pos_y( ) 함수를 호출해 인덱스로 변환합니다. 각 함수를 호출할 때는 카드 번호(19)를 저장한 randPos 변수를 넘깁니다. 그리고 두 함수에서 반환받은 값(3, 4)을 각각 변수 x와 y에 저장합니다.

❻ 카드 번호를 변환한 인덱스를 얻었다면 arrayAnimal 배열에서 해당 요소가 비었는지 확인합니다. 앞에서 arrayAnimal 배열의 값을 모두 -1로 초기화했습니다. 따라서 arrayAnimal[x][y]의 값이 -1이면 빈 공간이므로 현재 위치를 나타내는 randPos를 반환합니다. 해당 요소가 비어 있지 않으면 반복문 처음으로 돌아가 다시 빈 공간을 찾습니다. 시작할 때는 모두 빈 상태지만, 반복할수록 빈 공간이 줄어듭니다. 결국 모든 위치를 한 번씩 반환하고, 위치를 총 20개 반환하면 더 이상 빈 공간이 없기 때문에 무한 반복문은 끝납니다. 빈 공간이 없을 때는 return 문으로 0을 반환하는데, randPos 때문에 이 함수의 반환형은 int형이라서 넣는 문장이지 큰 의미는 없습니다.

8.5 **프로젝트**.c

```c
#include <stdio.h>
#include <time.h>                      ❹ 헤더 파일 추가
#include <stdlib.h>                    ❹ 헤더 파일 추가

(중략)
int getEmptyPosition();                ❶ 카드 지도에서 빈 공간 찾기 함수 선언

int main(void) {
```

```c
    srand(time(NULL));  ----------------------- ❹ 난수 초기화
    (중략)
    return 0;
}

void initAnimalArray() { (중략) }

void initAnimalName() { (중략) }

void shuffleAnimal() { (중략) } // 카드 섞기 함수

int getEmptyPosition() {  ----------------------- ❷ 카드 지도에서 빈 공간 찾기 함수 정의
    while (1) {
        int randPos = rand() % 20;  ----------- ❸ 무작위로 뽑은 카드 번호 반환(0~19)
        int x = conv_pos_x(randPos);  --------- ❺ 반환한 카드 번호를 x 좌표로 변환
        int y = conv_pos_y(randPos);  --------- ❺ 반환한 카드 번호를 y 좌표로 변환
        if (arrayAnimal[x][y] == -1) {  ------ ❻ 해당 위치가 비었는지 확인
            return randPos; // 찾은 공간이 비었으면 카드 번호 반환
        }
    }
    return 0; // 빈 공간이 하나도 없으면 0 반환
}
```

Note x, y 좌표를 바로 반환하면 안 되나요?

getEmptyPosition() 함수와 shuffleAnimal() 함수에서 모두 conv_pos_x() 함수와 conv_pos_y() 함수를 사용합니다. 같은 함수를 중복으로 사용하고 있죠. getEmptyPosition() 함수에서 빈 공간을 찾아 randPos 변수를 반환한 것처럼 conv_pos_x() 함수와 conv_pos_y() 함수로 구한 x 좌표와 y 좌표를 반환하면 되지 않을까 생각할 수 있습니다.

```c
int pos = getEmptyPosition();
int x = conv_pos_x(pos);
int y = conv_pos_y(pos);
```

shuffleAnimal() 함수의 좌표 변환

```c
int randPos = rand() % 20;
int x = conv_pos_x(randPos);
int y = conv_pos_y(randPos);
```

getEmptyPosition() 함수의 좌표 변환

이러한 중복 작업을 줄이려면 함수의 반환형을 int형 말고 구조체를 사용해야 합니다. 그런데 구조체를 아직 배우지 않아서 여기서는 int형으로 함수의 반환값을 넘기는 방식을 사용했습니다. 구조체는 바로 다음 장인 9장에서 공부합니다.

카드 섞기의 마지막 단계로 conv_pos_x( ) 함수와 conv_pos_y( ) 함수를 작성하겠습니다. 함수 호출은 미리 작성했으니 선언과 정의만 작성하면 됩니다.

❶ main( ) 함수 위에 두 함수를 선언합니다.

❷ 두 함수를 호출할 때 카드 번호(randPos)를 넘기므로 이를 받는 매개변수를 선언합니다. conv_pos_x( ) 함수의 매개변수는 int x로, conv_pos_y( ) 함수의 매개변수는 int y로 선언합니다. 두 함수는 무작위로 뽑은 카드 번호를 좌표로 바꾸는 역할을 합니다. 만약 뽑은 번호가 19라면 x 좌표는 3, y 좌표는 4로 바꿔서 반환합니다. 그렇다면 카드 번호를 좌표로 어떻게 바꿀까요? 다음 그림을 봅시다.

그림 8-14 카드 번호의 좌표 변환

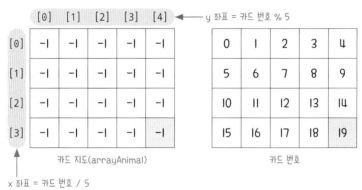

❸ 카드 번호에 따른 2차원 배열의 좌표를 보면 첫 번째 행의 x 좌표는 모두 0, 두 번째 행은 1, 세 번째 행은 2, 네 번째 행은 3입니다. 이는 카드 번호를 배열의 열 개수인 5로 나눈 몫과 같습니다. 카드 번호 0~4를 5로 나누면 몫은 0, 카드 번호 5~9를 나누면 1, 10~14를 나누면 2, 15~19를 나누면 3이 됩니다. 따라서 conv_pos_x( ) 함수의 반환값은 x / 5입니다.

❹ 같은 원리로 y 좌표는 카드 번호를 5로 나눈 나머지입니다. 카드 번호 0~4를 5로 나누면 나머지는 순서대로 0, 1, 2, 3, 4입니다. 마찬가지로 카드 번호 5~9를 5로 나누면 나머지는 0, 1, 2, 3, 4입니다. 10~14와 15~19도 같습니다. 따라서 conv_pos_y( ) 함수의 반환값은 y % 5입니다.

```
(생략)

int conv_pos_x(int x);  ------------  ❶ x 좌표 변환 함수 선언
int conv_pos_y(int y);  ------------  ❶ y 좌표 변환 함수 선언


int main(void) { (중략) }


void initAnimalArray() { (중략) }


void initAnimalName() { (중략) }


void shuffleAnimal() { (중략) }


int getEmptyPosition() { (중략) }


int conv_pos_x(int x) {  -----------  ❷ x 좌표 변환 함수 정의
    return x / 5;  ------------------  ❸ x 좌표, 카드 번호를 5로 나눈 몫
}


int conv_pos_y(int y) {  -----------  ❷ y 좌표 변환 함수 정의
    return y % 5;  ------------------  ❹ y 좌표, 카드 번호를 5로 나눈 나머지
}
```

이 부분은 조금 헷갈릴 수 있습니다. 코드가 이해되지 않는다면 각 카드 번호를 5로 나누어 몫과 나머지를 쓴 후 해당 좌표와 비교해 일치하는지 확인해 보세요.

8.4.4 카드 뒤집기

이제 카드를 뒤집어 보여 주고 사용자에게 정답을 입력받는 부분을 작성해 보겠습니다.

게임이 실행되면 얼마간 전체 동물 카드를 모두 보여 주고 위치를 외우게 합니다. 여기서는 편의상 카드 지도를 출력해서 어느 위치에 어떤 동물이 있는지 모두 보여 주겠습니다. 앞에서 arrayAnimal 배열에 동물 이름을 배치했으므로 arrayAnimal 배열의 값을 출력하면 됩니다. 이 작업은 printAnimals() 함수를 만들어 처리합니다.

그다음 카드를 뒤집습니다. 그리고 이 중에서 카드 2장을 골라 동물 이름이 서로 일치하면 앞면을 그대로 놔두고, 일치하지 않으면 뒷면으로 다시 뒤집습니다. 카드 뒤집기를 구현하기 어려우니 카드 뒷면은 카드 지도에 있는 카드 번호로 표시하겠습니다. 여기서 번호를 골라 서로 일치하면 동물 이름을 표시하고 아니면 그대로 카드 번호를 표시합니다. 따라서 카드가 뒤집혔는지 아닌지는 숫자(뒷면) 또는 동물 이름(앞면)으로 구분합니다. 이 작업은 printQuestion() 함수로 처리하겠습니다.

그림 8-15 카드 뒤집기 표현

printAnimals() 함수 정의부터 작성해 봅시다.

❶ printAnimals() 함수는 카드 지도만 출력하므로 전달값이나 반환값은 필요 없습니다.

❷ printf() 문으로 안내 문구를 작성합니다.

❸ arrayAnimal 배열은 4 × 5 크기의 2차원 배열이므로 이중 for 문으로 접근합니다. 배열의 요소에 모두 접근하려면 바깥쪽 for 문은 i 변수로 4회 반복하고, 안쪽 for 문은 j 변수로 5회 반복합니다.

❹ arrayAnimal 배열에는 strAnimal 배열의 인덱스만 저장되어 있고, 실제 동물 이름은 strAnimal 배열에서 확인할 수 있습니다. 동물 이름은 하마, 호랑이 등 최소 2글자에서 최대 3글자입니다. 한글은 한 글자당 2바이트를 차지하므로 이름을 출력하려면 최대 6바이트가 필요합니다. 서식 지정자를 넉넉하게 %8s로 잡습니다. 8개 공간을 확보하고 여기에 문자열을 넣어 출력하는 거죠. 그리고 %8s에 대응하는 동물 이름을 strAnimal[arrayAnimal[i][j]]로 가져옵니다. 예를 들어, 카드 지도가 다음과 같은 상태라고 합시다. 이때 i와 j가 0, 0이면 arrayAnimal[0][0]에 저장된 값은 1이므로 strAnimal[1]이 되어 '하마'가 출력됩니다.

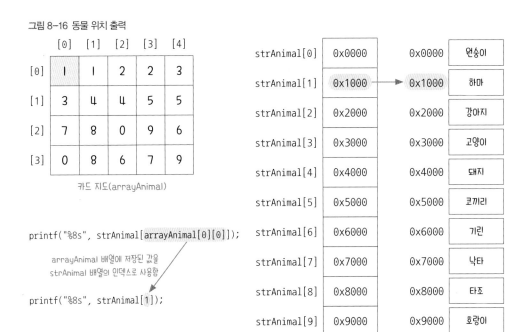

그림 8-16 동물 위치 출력

❺ 안쪽 for 문을 벗어날 때는 가독성이 좋도록 줄바꿈합니다.

❻ 동물 위치 출력 부분을 구분하는 선도 출력합니다.

8.5 프로젝트.c

```c
void printAnimals() { ------------------------ ❶ 동물 위치 출력 함수 정의
    printf("\n======== 동물 위치를 보여 줍니다. ========\n\n"); ---- ❷ 안내 문구
    for (int i = 0; i < 4; i++) { ------------ ❸ 이중 반복문으로 arrayAnimal 배열 접근
        for (int j = 0; j < 5; j++) {
            printf("%8s", strAnimal[arrayAnimal[i][j]]); ❹ 카드 지도 좌표로 동물 이름 출력
        }
        printf("\n"); ------------------------ ❺ 가독성을 위한 줄바꿈
    }
    printf("\n=======================================\n"); --- ❻ 구분선 출력
}
```

printQuestion() 함수를 작성해 봅시다.

❶ printAnimals( ) 함수와 마찬가지로 카드 지도의 상태를 보여 주기만 하므로 전달값이나 반환값은 필요 없습니다.

❷ 카드 지도와 구분하도록 '(문제)'라는 안내 문구를 출력합니다.

❸ 2차원 배열의 카드 지도를 출력해야 하므로 이중 for 문을 작성합니다. arrayAnimal[4][5] 배열에 접근하므로 바깥쪽 for 문은 4번 반복하고, 안쪽 for 문은 5번 반복합니다.

❹ 해당 위치의 카드가 앞면인지 뒷면인지 확인합니다. 앞면이면 이미 짝을 맞춘 상태이므로 다시 뒤집을 필요가 없으니까요. 앞면인지 뒷면인지는 checkAnimal 배열을 선언해 표시합니다. checkAnimal 배열의 요소 값이 1이면 짝을 맞춘 상태고, 0이면 짝을 맞추지 못한 상태입니다. 예를 들어, [0][1] 좌표의 카드가 앞면이면 checkAnimal[0][1]의 값은 1이 되고, 그렇지 않으면 0이 됩니다. checkAnimal 배열은 main( ) 함수에서도 사용하니 전역변수로 선언합니다. 배열을 전역변수로 선언하면 모든 요소가 0으로 초기화되므로 따로 초기화할 필요는 없습니다. 따라서 처음에는 모두 0, 즉 뒷면으로 표시됩니다.

그림 8-17 checkAnimal 배열 예시

	[0]	[1]	[2]	[3]	[4]
[0]	0	0	0	0	0
[1]	1	0	0	0	0
[2]	0	0	0	1	0
[3]	0	0	0	0	0

checkAnimal

❺ 안쪽 for 문에서 checkAnimal[i][j]가 0이 아닌지 확인합니다. 0이 아니면 카드가 뒤집힌 상태, 즉 앞면이므로 동물 이름을 출력합니다. 동물 이름은 printAnimals( ) 함수에서처럼 strAnimal[arrayAnimal[i][j]]의 값을 출력하면 됩니다(**그림 8-16** 참고).

❻ 카드 짝을 못 찾으면 다시 뒷면으로 돌아가므로 카드 번호를 출력합니다. 동물 이름을 %8s로 출력했으므로 카드 번호도 서식 지정자를 %8d로 지정해 간격을 맞춥니다. 이때 카드 번호를 담을 변수가 필요합니다. for 문 앞에 seq라는 변수를 선언하고 0으로 초기화합니다. 변수 seq는 printQuestion( ) 함수에서만 사용하므로 지역변수로 선언합니다. 그리고 seq 변수를 사용해 카드 번호를 출력합니다.

❼ 안쪽 for 문이 한 번 실행될 때마다 seq 변수의 값을 하나씩 증가시킵니다. 값은 0~19까지 증가하고 정답을 맞혔을 때는 이 값을 출력하지 않고 넘어갑니다. seq 변수의 역할은 다음 그림과 같습니다. 카드 번호는 0부터 시작해서 1씩 계속해서 커지므로 짝을 맞췄든, 못 맞췄든 상관없이 seq 변수의 값은 항상 1씩 증가합니다.

그림 8-18 seq 변수의 역할

반복할 때마다 seq++

0	1	2	3	4
하마	6	7	8	9
10	11	12	하마	14
15	16	17	18	19

8.5 프로젝트.c

```c
int arrayAnimal[4][5]; // 카드 지도 배열(카드 20장)
char * strAnimal[10]; // 동물 이름 배열
int checkAnimal[4][5]; ----------------------- ❹ 카드 뒷면, 앞면 확인 배열 선언

(중략)

void printQuestion() { ----------------------- ❶ 카드 지도 출력 함수 정의
    printf("\n(문제)\n\n"); ------------------- ❷ 안내 문구
    int seq = 0; ------------------------------ ❻ 변수 선언 및 초기화
    for (int i = 0; i < 4; i++) { ------------- ❸ 이중 반복문으로 카드 지도에 접근
        for (int j = 0; j < 5; j++) {
            if (checkAnimal[i][j] != 0) { ---- ❺ 카드가 앞면이면
                printf("%8s", strAnimal[arrayAnimal[i][j]]); // 동물 이름 출력
            } else { ------------------------- ❻ 카드가 뒷면이면
                printf("%8d", seq); // 카드 번호 출력
            }
            seq++; --------------------------- ❼ 다음 카드로 넘어가기
        }
        printf("\n");
    }
}
```

카드를 보여 주고 뒤집은 후 사용자에게 정답을 입력받는 부분을 작성해 봅시다.

❶ main( ) 함수 위에 printAnimals( ) 함수와 printQuestion( ) 함수를 선언합니다.

❷ 게임이 끝날 때까지 카드 지도와 문제는 계속 보여 줘야 합니다. 따라서 while 문 안에서 두 함수를 호출합니다.

❸ 카드 지도가 표시되면 사용자는 카드 20장 중에서 2장씩 카드를 뒤집습니다. 여기서는 사용자가 카드 번호 2개를 입력하게 하겠습니다. 이를 위해 변수 2개를 만듭니다. select1 변수는 사용자가 처음에 선택한 카드 번호를 저장하고, select2 변수는 두 번째 선택한 카드 번호를 저장합니다. 둘 다 0으로 초기화합니다.

❹ printf( ) 문으로 카드 2장을 고르라고 안내합니다.

❺ 사용자가 번호 2개를 입력하면 이를 scanf_s( ) 함수로 받아 앞에서 선언한 select1, select2 변수에 저장합니다.

❻ 사용자가 같은 숫자를 입력하면 어떻게 될까요? select1과 select2의 값이 같은 상황이죠. 만약 17과 17을 입력하면 arrayAnimal[2][3]에 있는 카드를 2번 뒤집은 효과이므로 무효입니다. 이럴 때를 대비해 if 문으로 select1과 select2의 값이 같은지 확인합니다. 두 값이 같으면 코드를 더 진행하지 않고 반복문의 시작 지점으로 돌아가게 continue 문을 작성합니다.

8.5 **프로젝트**.c

```
(생략)
void printAnimals();  -------------------- ❶ 카드 지도 출력 함수 선언
void printQuestion();  -------------------- ❶ 문제 출력 함수 선언

int main(void) {
    (중략)
    shuffleAnimal();
    while (1) {  ---------------------- ❷ 게임 끝날 때까지 반복
        int select1 = 0;  --------------- ❸ 사용자가 선택한 첫 번째 번호 저장 변수
        int select2 = 0;  --------------- ❸ 사용자가 선택한 두 번째 번호 저장 변수
        printAnimals(); // 카드 지도 출력 함수 호출
        printQuestion(); // 문제 출력 함수 호출
        printf("\n뒤집을 카드 2장을 고르세요.(예: 12 4) -> "); --- ❹ 안내 문구
        scanf_s("%d %d", &select1, &select2);  ---------------- ❺ 숫자 2개 입력받기
        if (select1 == select2) {  ---------------------- ❻ 같은 카드 선택 시 무효 처리
            continue; // 반복문 시작 지점으로 돌아가기
```

```
        }
    }
```

8.4.5 같은 동물인지 확인하기

사용자가 고른 카드 2장이 서로 같은 동물인지 아닌지 확인하는 코드를 작성하겠습니다.

앞에서 scanf_s( ) 문으로 0~19 중 번호 2개를 입력받아 select1, select2 변수에 저장했습니다. 이렇게 입력받은 번호를 카드 지도의 좌표로 변환해야 합니다. 앞에서 x, y 좌표로 변환하는 함수를 만들었으므로 이 함수들을 사용합니다. 그리고 첫 번째로 입력받은 select1 변수의 x 좌표는 firstSelect_x 변수에, y 좌표는 firstSelect_y 변수에 저장합니다. 두 번째로 입력받은 select2 변수의 x 좌표는 secondSelect_x 변수에, y 좌표는 secondSelect_y 변수에 저장합니다. 예를 들어, select1 변수의 값이 10이면 firstSelect_x 변수의 값은 2, firstSelect_y 변수의 값은 0이 됩니다. 그리고 select2 변수의 값이 18이면 secondSelect_x 변수의 값은 3, secondSelect_y 변수의 값은 3이 됩니다.

8.5 프로젝트.c
```
while (1) {
    (중략)
    scanf_s("%d %d", &select1, &select2);
    if (select1 == select2) {
        continue;
    }
    // 입력받은 카드 번호를 x, y 좌표로 변환
    int firstSelect_x = conv_pos_x(select1);
    int firstSelect_y = conv_pos_y(select1);
    int secondSelect_x = conv_pos_x(select2);
    int secondSelect_y = conv_pos_y(select2);
}
```

다음으로 선택한 카드 2장이 이미 앞면인지 확인합니다. 카드가 이미 뒤집힌 상태라면 또 뒤집을 수 없기 때문입니다. 두 카드 모두 뒷면이고 카드에 담긴 동물 이름이 같다면 성공입니다. 그렇지 않으면 같은 동물을 찾지 못했으므로 실패입니다. 그런데 같은 동물인지는 어떻게 확인할 수 있을까요?

먼저 선택한 카드 2장이 모두 앞면이 아니어야 합니다. 즉, checkAnimal 배열의 해당 좌표 값이 둘 다 0이어야 합니다. checkAnimal 배열은 해당 좌표가 앞면이면 1이 되기 때문에 좌표 값이 0이면 아직 뒷면이라는 뜻입니다.

그리고 arrayAnimal 배열에서 두 좌표에 저장된 카드 번호가 같아야 합니다. arrayAnimal 배열은 0~9까지 숫자로 동물 이름을 구분하고 있으니 두 좌표의 값이 같다면 같은 동물이라는 뜻입니다.

입력된 값이 10번과 18번이라고 했을 때 좌표 값으로 변환하면 [2][0]과 [3][3]입니다. 따라서 checkAnimal[2][0]과 checkAnimal[3][3]이 모두 0이고, arrayAnimal[2][0]과 arrayAnimal[3][3]의 값이 같을 때 성공입니다.

그림 8-19 카드 2장을 뒤집어 짝 찾기에 성공한 경우

	[0]	[1]	[2]	[3]	[4]
[0]	0	0	0	0	0
[1]	1	0	0	0	0
[2]	0	0	0	1	0
[3]	0	0	0	0	0

checkAnimal

	[0]	[1]	[2]	[3]	[4]
[0]	1	1	2	2	3
[1]	3	4	4	5	5
[2]	7	8	0	9	6
[3]	0	8	6	7	9

arrayAnimal

❶ 둘을 모두 만족해야 하므로 앞에서 설명한 내용을 조건으로 넣어 if 문으로 작성합니다. 만약 if 문의 조건을 만족하면 동물 이름을 출력합니다. 동물 이름은 arrayAnimal[x][y] 배열에 저장된 동물 번호를 인덱스로 하는 strAnimal 배열의 값을 출력하면 됩니다. x, y 좌표는 같은 동물을 나타내므로 firstSelect_x, firstSelect_y로 해도 되고, secondSelect_x, secondSelect_y로 해도 상관없습니다. 그리고 짝을 맞췄으므로 checkAnimal 배열의 두 좌표 값을 1로 수정해 카드를 앞면으로 표시합니다.

❷ 두 카드가 모두 뒷면이고 두 카드의 동물이 같아야 하는 조건을 만족하지 않으면 실패입니다. 즉, 선택한 카드의 동물이 다르거나 이미 앞면인 카드를 선택했을 수도 있다는 뜻입니다. 따라서 else 문에서는 이 내용을 출력해 알려 줍니다. 그리고 잘못 뒤집은 카드가 무엇인지도 알려 줍니다. 그래야 해당 위치에 어떤 동물이 있는지 알 수 있으니까요. 그리고 줄 바꿈을 출력합니다.

❸ 처음에 게임을 설명할 때 게임을 종료하면 총 실패 횟수를 알려 준다고 했습니다. 이를 위해 main( ) 함수 안에 failCount라는 변수를 만듭니다. 실패 횟수이므로 int형으로 선언하고 0으로 초기화합니다.

❹ 조건을 만족하지 않으면 이번 반복에서는 짝 찾기에 실패했으므로 failCount 값을 하나 증가시켜 실패 횟수를 추가합니다.

8.5 **프로젝트**.c

```c
int failCount = 0;  ------ ❸ 총 실패 횟수를 저장할 변수 선언 및 초기화

while (1) {
    (중략)
    // 입력받은 카드 번호를 x, y 좌표로 변환
    int firstSelect_x = conv_pos_x(select1);
    int firstSelect_y = conv_pos_y(select1);
    int secondSelect_x = conv_pos_x(select2);
    int secondSelect_y = conv_pos_y(select2);
    if ((checkAnimal[firstSelect_x][firstSelect_y] == 0
            && checkAnimal[secondSelect_x][secondSelect_y] == 0)
            && (arrayAnimal[firstSelect_x][firstSelect_y] ==
            arrayAnimal[secondSelect_x][secondSelect_y])) {
            -------------- ❶ 두 카드가 같은 동물이고 뒷면인 경우
        printf("\n\n빙고! %s 발견\n\n", strAnimal[arrayAnimal[firstSelect_x]
[firstSelect_y]]);
        checkAnimal[firstSelect_x][firstSelect_y] = 1;
        checkAnimal[secondSelect_x][secondSelect_y] = 1;
    } else {  ------------- ❷ 두 카드가 다른 동물이거나 앞면인 경우
        printf("\n\n땡! 서로 다른 동물 카드거나 이미 뒤집힌 카드입니다.\n");
        printf("%d : %s\n", select1, strAnimal[arrayAnimal[firstSelect_x]
[firstSelect_y]]);
        printf("%d : %s\n", select2, strAnimal[arrayAnimal[secondSelect_x]
[secondSelect_y]]);
        printf("\n");
        failCount++;  ----- ❹ 실패 횟수 1 증가
    }
}
```

8.4.6 게임 종료하기

사용자가 모든 동물을 찾으면 게임을 끝내야겠죠. 그런데 모든 동물을 다 찾았는지 어떻게 알수 있을까요? checkAnimal[x][y] 배열의 값이 0이면 뒤집히지 않은 카드라는 뜻입니다. 이를 이용해 foundAllAnimals라는 이름의 함수로 처리하겠습니다.

❶ foundAllAnimals() 함수 정의부터 살펴봅시다. 카드 20장을 모두 확인해야 하므로 이중 for 문을 사용합니다. checkAnimal[x][y] 배열의 값이 0인 경우가 하나라도 있다면 게임을 계속해야 하므로 0을 반환하고 함수 실행을 마칩니다. 그 이후는 확인할 필요가 없습니다. checkAnimal[x][y] 배열의 값이 0인 경우가 하나도 없다면 모든 카드를 뒤집었다는 뜻이므로 반복문을 빠져나와 1을 반환합니다. 반환하는 값이 0과 1이므로 반환형은 int로 합니다.

❷ main() 함수 위에서 foundAllAnimals() 함수를 선언합니다.

❸ main() 함수에서 foundAllAnimals() 함수를 호출합니다. 이때 함수의 반환값이 1이면 모든 동물을 찾았다는 뜻입니다. 이를 확인하기 위해 if 문의 조건으로 foundAllAnimals() 함수의 반환값을 판단합니다. foundAllAnimals() 함수가 1을 반환하면 성공 메시지를 출력하고 몇 번 실패했는지도 알려 줍니다. 그리고 break 문으로 while 문을 빠져나옵니다.

8.5 **프로젝트**.c

```
int foundAllAnimals();  ---------- ❷ 게임 종료 확인 함수 선언

int main(void) {
    while (1) {
        (중략)
        if (foundAllAnimals() == 1) {  ----- ❸ 모든 동물을 찾았는지 여부. 1 : 참, 0 : 거짓
            printf("\n\n축하합니다! 모든 동물을 찾았습니다.\n");
            printf("총 %d번 실패했습니다.\n", failCount);
            break;
        }
    }
    return 0;
}

(중략)
```

```c
int foundAllAnimals() {  --------- ❶ 게임 종료 확인 함수 정의
    for (int i = 0; i < 4; i++) {
        for (int j = 0; j < 5; j++) {
            if (checkAnimal[i][j] == 0) {
                return 0; // 뒤집지 않은 카드가 있음
            }
        }
    }
    return 1; // 모든 카드 뒤집음
}
```

8.4.7 전체 코드 확인하기

코드를 완성했습니다. 설명이 좀 길었는데 실행하면서 문제가 없는지 확인해 보겠습니다.

8.5 **프로젝트.c**

```c
#include <stdio.h>
#include <time.h> // 헤더 파일 추가
#include <stdlib.h> // 헤더 파일 추가

// 전역변수 선언
int arrayAnimal[4][5]; // 카드 지도 배열(카드 20장)
char * strAnimal[10]; // 동물 이름 배열
int checkAnimal[4][5]; // 카드 뒷면, 앞면 확인

// 함수 선언
void initAnimalArray();
void initAnimalName();
void shuffleAnimal();
int getEmptyPosition();
int conv_pos_x(int x);
int conv_pos_y(int y);
void printAnimals();
void printQuestion();
int foundAllAnimals();

int main(void) {
```

```
srand(time(NULL)); // 난수 초기화
initAnimalArray(); // 카드 지도 배열 초기화
initAnimalName(); // 동물 이름 배열 초기화
shuffleAnimal(); // 카드 섞기
int failCount = 0; // 총 실패 횟수
while (1) {
    int select1 = 0; // 사용자가 선택한 첫 번째 번호 저장
    int select2 = 0; // 사용자가 선택한 두 번째 번호 저장
    printAnimals(); // 카드 지도 출력 함수 호출
    printQuestion(); // 문제 출력 함수 호출
    printf("\n뒤집을 카드 2장을 고르세요.(예: 12 4) -> ");
    scanf_s("%d %d", &select1, &select2); // 입력받기
    if (select1 == select2) { // 같은 카드 선택 시 무효 처리
        continue; // 반복문 시작 지점으로 돌아가기
    }
    // 입력받은 카드 번호를 x, y 좌표로 변환
    int firstSelect_x = conv_pos_x(select1);
    int firstSelect_y = conv_pos_y(select1);
    int secondSelect_x = conv_pos_x(select2);
    int secondSelect_y = conv_pos_y(select2);
    // 두 카드가 같은 동물이고 뒷면인 경우
    if ((checkAnimal[firstSelect_x][firstSelect_y] == 0
            && checkAnimal[secondSelect_x][secondSelect_y] == 0)
            && (arrayAnimal[firstSelect_x][firstSelect_y] ==
            arrayAnimal[secondSelect_x][secondSelect_y])) {
        printf("\n\n빙고! %s 발견\n\n", strAnimal[arrayAnimal[firstSelect_x]
[firstSelect_y]]);
        checkAnimal[firstSelect_x][firstSelect_y] = 1;
        checkAnimal[secondSelect_x][secondSelect_y] = 1;
    } else { // 두 카드가 다른 동물이거나 앞면인 경우
        printf("\n\n땡! 서로 다른 동물 카드이거나 이미 뒤집힌 카드입니다.\n");
        printf("%d : %s\n", select1, strAnimal[arrayAnimal[firstSelect_x]
[firstSelect_y]]);
        printf("%d : %s\n", select2, strAnimal[arrayAnimal[secondSelect_x]
[secondSelect_y]]);
        printf("\n");
        failCount++; // 실패 횟수 1 증가
    }
    if (foundAllAnimals() == 1) { // 모든 동물을 찾았는지 여부, 1 : 참, 0 : 거짓
        printf("\n\n축하합니다! 모든 동물을 찾았습니다.\n");
```

```c
            printf("총 %d번 실패했습니다.\n", failCount);
            break;
        }
    }
    return 0;
}

void initAnimalArray() { // 카드 지도 배열 초기화 함수
    for (int i = 0; i < 4; i++) {
        for (int j = 0; j < 5; j++) {
            arrayAnimal[i][j] = -1; // 카드 뒷면 설정
        }
    }
}

void initAnimalName() { // 동물 이름 배열 초기화 함수
    strAnimal[0] = "원숭이";
    strAnimal[1] = "하마";
    strAnimal[2] = "강아지";
    strAnimal[3] = "고양이";
    strAnimal[4] = "돼지";
    strAnimal[5] = "코끼리";
    strAnimal[6] = "기린";
    strAnimal[7] = "낙타";
    strAnimal[8] = "타조";
    strAnimal[9] = "호랑이";
}

void shuffleAnimal() { // 카드 섞기 함수
    for (int i = 0; i < 10; i++) {
        for (int j = 0; j < 2; j++) {
            int pos = getEmptyPosition(); // 카드 지도에서 빈 공간 찾기
            int x = conv_pos_x(pos); // 카드 번호를 x 좌표로 변환
            int y = conv_pos_y(pos); // 카드 번호를 y 좌표로 변환
            arrayAnimal[x][y] = i; // 카드 지도 배열에 동물 번호 저장
        }
    }
}

int getEmptyPosition() { // 카드 지도에서 빈 공간 찾기 함수
```

```
    while (1) {
        int randPos = rand() % 20; // 무작위로 뽑은 카드 번호 반환(0~19)
        int x = conv_pos_x(randPos); // 반환한 카드 번호를 x 좌표로 변환
        int y = conv_pos_y(randPos); // 반환한 카드 번호를 y 좌표로 변환
        if (arrayAnimal[x][y] == -1) { // 해당 위치가 비었는지 확인
            return randPos; // 비었으면 카드 번호 반환
        }
    }
    return 0; // 빈 공간이 하나도 없으면 0 반환
}

int conv_pos_x(int x) { // x 좌표 변환 함수
    return x / 5; // x 좌표, 카드 번호를 5로 나눈 몫
}

int conv_pos_y(int y) { // y 좌표 변환 함수
    return y % 5; // y 좌표, 카드 번호를 5로 나눈 나머지
}

void printAnimals() { // 동물 위치 출력 함수
    printf("\n========= 동물 위치를 보여 줍니다. =========\n\n");
    for (int i = 0; i < 4; i++) { // arrayAnimal 배열 접근
        for (int j = 0; j < 5; j++) {
            // 카드 지도 좌표로 동물 이름 출력
            printf("%8s", strAnimal[arrayAnimal[i][j]]);
        }
        printf("\n");
    }
    printf("\n==========================================\n");
}

void printQuestion() { // 카드 지도 출력 함수
    printf("\n(문제)\n\n");
    int seq = 0; // 변수 선언 및 초기화
    for (int i = 0; i < 4; i++) { // 카드 지도에 접근
        for (int j = 0; j < 5; j++) {
            if (checkAnimal[i][j] != 0) { // 카드가 앞면이면
                printf("%8s", strAnimal[arrayAnimal[i][j]]); // 동물 이름 출력
            } else { // 카드가 뒷면이면
                printf("%8d", seq); // 카드 번호 출력
```

```
        }
        seq++; // 다음 카드를 확인하러 넘어가기
    }
    printf("\n");
    }
}

int foundAllAnimals() { // 게임 종료 확인 함수
    for (int i = 0; i < 4; i++) {
        for (int j = 0; j < 5; j++) {
            if (checkAnimal[i][j] == 0) {
                return 0; // 뒤집지 않은 카드가 있음
            }
        }
    }
    return 1; // 모든 카드 뒤집음
}
```

실행하면 동물 위치와 카드 번호인 0~19가 보입니다. 동물 위치는 무작위로 정해지기 때문에 실행하는 컴퓨터마다 다르게 출력될 수 있습니다. 기린을 뒤집어 보죠. 4와 6을 입력합니다.

그림 8-20 실행결과

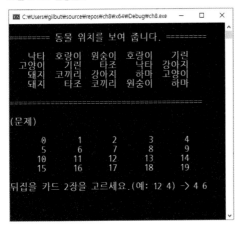

기린을 발견했다는 문구가 나오고 기린 카드가 뒤집힌 상태로 있습니다. 이번에는 호랑이를 뒤집어 보겠습니다. 1과 3을 입력합니다. 이번에도 빙고가 뜨고 호랑이 카드가 뒤집힌 상태가 됩니다.

그림 8-21 짝을 맞췄을 때

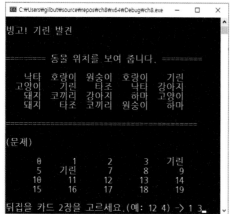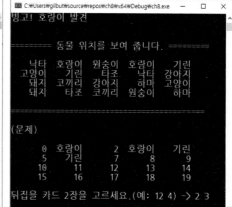

이번에는 틀려 보겠습니다. 이미 뒤집힌 호랑이 3번과 원숭이 2번을 입력합니다. 틀렸다고 나오고 어떤 동물인지 보여 줍니다. 이번에는 서로 다른 동물을 뒤집어 보겠습니다. 돼지 10번과 하마 13번을 입력합니다. 역시 틀렸다고 나오고 동물 이름도 보여 줍니다.

그림 8-22 짝이 맞지 않을 때

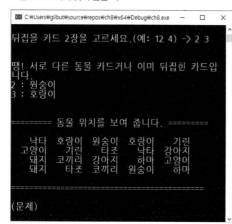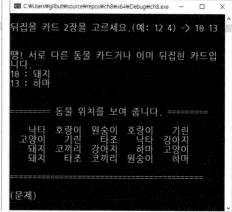

모든 카드를 뒤집어 게임을 끝내 봅시다. 모든 카드를 다 찾으면 축하 메시지와 함께 실패 횟수를 출력하고 끝납니다.

그림 8-23 게임 종료

이렇게 다차원 배열을 활용해 동물 뒤집기 프로그램을 작성해 봤습니다.

마무리

1. 다차원 배열은 2차원 이상의 배열을 의미합니다.

2. 2차원 배열은 다음과 같은 형식으로 선언합니다. 예를 들어, `int arr[4][3];`과 같이 선언하면 세로 크기가 4, 가로 크기가 3인 2차원 배열이 됩니다.

> **형식** 자료형 배열명[세로크기][가로크기];

3. 2차원 배열은 요소에 인덱스로 접근합니다. 2차원 배열은 표와 같은 구조이므로 다음 형식으로 접근할 수 있습니다.

> **형식** 배열명[행인덱스][열인덱스]

4. 다차원 배열의 모든 요소에 접근하려면 중첩 반복문을 사용합니다. for 문을 사용한다면 2차원 배열일 때 for 문 2개, 3차원 배열일 때 for 문 3개를 사용합니다.

셀프체크

문제 무인 자판기 프로그램을 다차원 배열을 이용해 만들어 보세요.

조건

1. 무인 자판기에는 상품 총 12개가 각각 세로 3, 가로 4 크기의 공간에 진열되어 있습니다.

2. 각 상품은 다음 예시처럼 1부터 12까지의 번호로 구성되어 있습니다.

> **예시**　1. 우유　　　2. 커피　　　3. 주스　　　4. 탄산음료
>
> 　　　5. 칸칩　　　6. 거북칩　　　7. 감자칩　　　8. 고구마칩
>
> 　　　9. 안타볼　　10. 초코버섯　11. 가재깡　　12. 씨리얼

3. 전체 상품 목록을 출력합니다.

4. 사용자로부터 1~12의 상품 번호를 입력받습니다.

5. 입력받은 번호가 유효하다면 해당 상품 정보를 출력하고 프로그램을 종료합니다.

6. 입력받은 번호가 유효하지 않다면 잘못 입력했다는 문장을 출력하고 프로그램을 종료합니다.

> 힌트　1. 프로그램을 즉시 종료할 때는 exit(0);을 사용합니다.
>
> 　　　2. 상품 목록은 서식 지정자를 %-12s로 지정해 크기 12만큼의 공간을 확보하고 왼쪽 정렬로 출력합니다.

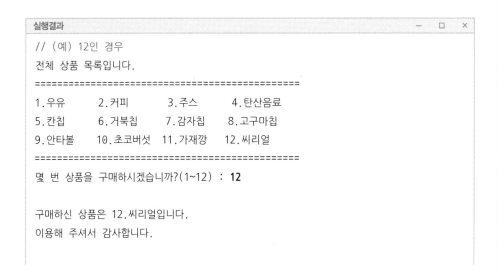

```
실행결과                                          ─  □  ×

// （예）12인 경우
전체 상품 목록입니다.
==========================================
1.우유      2.커피      3.주스      4.탄산음료
5.칸칩      6.거북칩    7.감자칩    8.고구마칩
9.안타볼    10.초코버섯  11.가재깡   12.씨리얼
==========================================
몇 번 상품을 구매하시겠습니까?(1~12) : 12

구매하신 상품은 12.씨리얼입니다.
이용해 주셔서 감사합니다.
```

// （예）4인 경우
전체 상품 목록입니다.
==
1. 우유   2. 커피   3. 주스   4. 탄산음료
5. 칸칩   6. 거북칩   7. 감자칩   8. 고구마칩
9. 안타볼   10. 초코버섯   11. 가재깡   12. 씨리얼
==
몇 번 상품을 구매하시겠습니까?(1~12) : **4**

구매하신 상품은 4. 탄산음료입니다.
이용해 주셔서 감사합니다.

// （예）잘못된 값(500)인 경우
전체 상품 목록입니다.
==
1. 우유   2. 커피   3. 주스   4. 탄산음료
5. 칸칩   6. 거북칩   7. 감자칩   8. 고구마칩
9. 안타볼   10. 초코버섯   11. 가재깡   12. 씨리얼
==
몇 번 상품을 구매하시겠습니까?(1~12) : **500**

상품 번호를 잘못 입력했습니다. 프로그램을 종료합니다.

코딩
자율학습

9장

다양한 자료형 하나로 묶기: 구조체

이 장에서 배울 내용은 구조체입니다. **구조체**는 관련 있는 여러 변수를 묶어 하나로 통합하는 역할을 합니다. 구조체를 배운 후에는 '너, 내 집사가 되어라'라는 게임을 만들어 봅니다.

9.1

프로그램 실행
영상 보기

이 장에서 만드는 프로그램

이 장에서 만드는 '너, 내 집사가 되어라'는 고양이 5마리를 모으는 게임입니다. 어떤 게임인지 한번 살펴보겠습니다.

초기 화면에서 시작하기를 클릭하면 거실이 보이고, 가운데 큰 상자 하나와 윗부분에 작은 상자가 5개 있습니다. 큰 상자를 클릭하면 상자가 흔들리면서 고양이가 튀어나옵니다. 고양이의 이름과 나이, 특징, 레벨이 표시됩니다. 레벨은 키우기 어려운 정도를 나타냅니다.

그림 9-1 너, 내 집사가 되어라 구성 1

323

다시 큰 상자를 클릭하면 거실 화면으로 돌아가고 작은 상자에 고양이가 들어갑니다. 이런 식으로 고양이 5마리를 작은 상자에 다 넣으면 게임이 끝납니다. 그런데 클릭하다 보면 이미 나왔던 고양이가 또 나옵니다. 이럴 때는 다른 고양이가 나올 때까지 큰 상자를 계속 클릭합니다. 서로 다른 고양이 5마리를 모두 모으고 나면 메시지와 함께 게임 종료 화면이 나옵니다.

그림 9-2 너, 내 집사가 되어라 게임 구성 2

그럼 구조체의 개념과 사용법을 배운 후 이 게임을 만들어 보겠습니다.

9.2

구조체란

비주얼 스튜디오에서 새로운 프로젝트를 만듭니다. 파일명은 **struct.c**로 하고 기본 코드를 작성합니다.

9.2.1 구조체 정의하기

어떤 회사에서 게임을 출시했다고 가정해 봅시다. 게임 이름은 '나도게임', 발매 연도는 '2022년', 게임 가격은 '50원', 제작 회사는 '나도회사'입니다. 이 내용을 변수에 집어넣으려면 어떻게 해야 할까요? 다음과 같이 변수 4개를 선언한 후 각각의 정보를 저장하면 됩니다.

9.2.1 **구조체정의.c**

```c
#include <stdio.h>

int main(void) {
    char * name = "나도게임";
    int year = 2022;
    int price = 50;
    char * company = "나도회사";
    return 0;
}
```

다른 회사에서도 게임을 출시했습니다. 게임 이름은 '너도게임', 발매 연도는 똑같이 '2022년'인데, 게임 가격은 '100원', 제작 회사는 '너도회사'입니다. 이 정보도 변수에 저장합니다. 변수명은 중복하면 안 되니까 앞의 코드를 그대로 복사한 후 변수명을 name2, year2, price2, company2로 수정하고 내용을 저장합니다.

9.2.1 구조체정의.c

```c
int main(void) {
    char * name = "나도게임";
    int year = 2022;
    int price = 50;
    char * company = "나도회사";

    char * name2 = "너도게임";
    int year2 = 2022;
    int price2 = 100;
    char * company2 = "너도회사";
    return 0;
}
```

이렇게 하면 두 게임 정보를 각각 저장할 수 있습니다. 그런데 같은 형태의 게임 정보를 관리하는데 게임마다 변수에 따로따로 저장되어 있습니다. 앞에서 같은 자료형의 변수가 많을 때는 배열을 사용했지만, 이번에는 변수의 자료형도 다양합니다. 그래도 정보를 하나로 관리하면 좋겠죠? 이럴 때 **구조체**(structure)를 사용합니다.

구조체는 다음과 같은 형식으로 정의합니다. 구조체를 나타내는 struct 키워드 뒤에 구조체명을 적고 중괄호({}) 안에 구조체로 관리할 정보를 넣습니다. 구조체 끝에는 세미콜론(;)을 붙입니다.

형식
```
struct 구조체명 {
    자료형1 변수명1;
    자료형2 변수명2;
    자료형3 변수명3;
    ...
};
```

앞에 나온 두 게임 정보를 구조체로 정의해 보겠습니다. struct 키워드 다음에 구조체명을 GameInfo라고 넣습니다. 그리고 중괄호를 열고 닫으면 세미콜론이 자동으로 붙습니다. 중괄호 안에 게임 이름, 발매 연도, 게임 가격, 제작 회사를 나타내는 변수를 각각 선언합니다. 선언만

TIP ─ 구글의 C++ 코딩 스타일 가이드(https://google.github.io/styleguide/cppguide.html)에 따르면 구조체명은 GameInfo처럼 단어의 첫 글자를 대문자로 적는 파스칼 표기법(pascal case)을 권장합니다. 실무에서는 회사마다, 프로젝트마다 조금씩 다를 수 있습니다.

하므로 자료형과 변수명, 세미콜론까지만 써 주세요. 이제 변수들은 각각 GameInfo 구조체를 구성하는 멤버가 됩니다. 구조체는 보통 전역변수와 마찬가지로 main() 함수 위 전역 위치에 정의합니다.

9.2 **구조체정의**.c

```c
#include <stdio.h>

struct GameInfo {    // 구조체 정의
    char * name;      // 구조체 멤버1
    int year;         // 구조체 멤버2
    int price;        // 구조체 멤버3
    char * company; // 구조체 멤버4
};
```

멤버를 4개 가진 GameInfo라는 구조체를 만들었습니다. 코드에서 보듯이 구조체는 여러 자료형으로 된 변수들을 묶어 하나의 새로운 자료형으로 정의하는 것입니다. C 언어에 내장된 int, float, double, char 등 기본 자료형과 달리 구조체는 이름과 멤버를 사용자가 직접 정의할 수 있습니다. 그래서 **사용자 정의 자료형**(UDT, User-defined Data Type)이라고 합니다.

9.2.2 구조체 변수 선언하기

구조체를 정의했으니 사용해 보겠습니다. 구조체를 사용하려면 먼저 구조체를 변수로 선언해야 합니다. 일반적인 변수 선언과 같은 방식으로 선언합니다. 다만, struct 키워드와 구조체명까지 그대로 가져와 자료형에 넣고 그 뒤에 변수명을 적으면 됩니다.

형식   struct 구조체명 변수명;

예를 들어, 구조체 변수를 다음과 같이 선언하면 자료형은 struct GameInfo가 되고, 변수명은 gameInfo1이 됩니다.

```c
struct GameInfo gameInfo1;
```

그림 9-3 일반 변수 선언과 구조체 변수 선언

```
int    year;
                    일반 변수
char   name;
```

```
struct GameInfo  gameInfo1;  구조체 변수        자료형
                                               변수명
```

그리고 선언한 구조체 변수에 값을 저장할 때는 마침표(.)로 변수명과 멤버명을 연결해 구조체
의 멤버를 지정한 후 값을 저장합니다. 즉, 값은   **TIP** —— 구조체에 사용한 마침표를 **멤버 참조 연산자**라고
구조체 멤버 각각에 저장합니다.   도 합니다.

> **형식**   변수명.멤버명 = 값;

그럼 구조체 변수 gameInfo1을 선언하고 name, year, price, company 멤버의 값을 저장해 봅시
다. 구조체는 전역으로 정의하지만, 구조체 변수는 main( ) 함수에 선언합니다. 그리고 비주얼
스튜디오에서 코드를 작성할 때 멤버명을 직접 입력해도 되지만 멤버 중에서 선택할 수도 있습
니다. gameInfo1까지 작성하고 마침표를 입력하면 사용할 수 있는 멤버가 뜹니다. 이 중에서 원
하는 멤버를 선택한 후 값을 저장하면 편합니다.

그림 9-4 구조체 멤버 선택

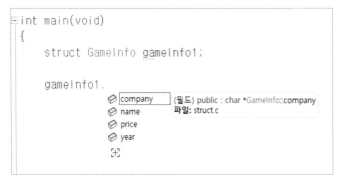

첫 번째 게임 정보를 다음과 같이 저장합니다. 그리고 구조체로 저장한 게임 정보를 출력해 보
겠습니다. name과 company는 문자열이므로 %s로 출력하고, year와 price는 정수이므로 %d로
출력합니다. 보기 좋게 출력 형태의 간격을 맞춥니다.

```c
struct GameInfo { // 구조체 정의
    char * name;
    int year;
    int price;
    char * company;
};

int main(void) {
    struct GameInfo gameInfo1; // 구조체 변수 선언
    // 구조체 멤버 저장
    gameInfo1.name = "나도게임";
    gameInfo1.year = 2022;
    gameInfo1.price = 50;
    gameInfo1.company = "나도회사";
    // 구조체 멤버 출력
    printf("-- 게임 출시 정보 --\n");
    printf("게임 이름 : %s\n", gameInfo1.name);
    printf("발매 연도 : %d\n", gameInfo1.year);
    printf("게임 가격 : %d\n", gameInfo1.price);
    printf("제작 회사 : %s\n", gameInfo1.company);
    return 0;
}
```

실행결과   — □ ×

```
-- 게임 출시 정보 --
게임 이름 : 나도게임
발매 연도 : 2022
게임 가격 : 50
제작 회사 : 나도회사
```

실행하면 저장한 값이 잘 출력됩니다. 이번에는 다른 방식으로 저장해 보겠습니다. 앞에서는 구조체 변수를 선언하고 멤버마다 값을 일일이 저장했습니다. 그런데 구조체도 배열처럼 중괄호를 사용해 값을 한꺼번에 초기화할 수 있습니다. 이 방식으로 '너도게임'의 게임 정보를 저장해 봅시다.

기존 코드 아래에 구조체 변수 gameInfo2를 선언하고 중괄호를 엽니다. 구조체 변수 gameInfo2의 멤버는 name, year, price, company이므로 쉼표로 구분한 멤버의 값을 중괄호 안에 순서대로 작성합니다. gameInfo1과 마찬가지로 printf() 문으로 저장한 값을 출력합니다.

9.2.2 구조체변수.c

```c
int main(void) {
    (중략)
    printf("제작 회사 : %s\n", gameInfo1.company);
    // 구조체 멤버 저장
    struct GameInfo gameInfo2 = { "너도게임", 2022, 100, "너도회사" };
    // 구조체 멤버 출력
    printf("\n-- 또 다른 게임 출시 정보 --\n");
    printf("게임 이름 : %s\n", gameInfo2.name);
    printf("발매 연도 : %d\n", gameInfo2.year);
    printf("게임 가격 : %d\n", gameInfo2.price);
    printf("제작 회사 : %s\n", gameInfo2.company);
    return 0;
}
```

실행결과   — □ ×

```
-- 게임 출시 정보 --
(중략)
-- 또 다른 게임 출시 정보 --
게임 이름 : 너도게임
발매 연도 : 2022
게임 가격 : 100
제작 회사 : 너도회사
```

실행해 보면 gameInfo2 변수에 저장한 내용도 잘 출력됩니다.

9.2.3 구조체 배열 만들기

구조체 변수는 일반 변수와 생김새가 조금 다를 뿐이지 사용하는 방법은 비슷합니다. 구조체 배열도 일반 배열과 비슷하며, 선언 형식은 다음과 같습니다.

형식   struct 구조체명 배열명[배열크기];

다음과 같이 선언하면 구조체 변수 2개를 연속해서 저장할 수 있습니다. 앞에서 중괄호 안에 멤버별 값을 넣어 구조체 변수를 초기화한 것처럼 배열 크기가 2일 때는 2차원 배열 때처럼 중괄호 2개를 넣고 쉼표로 구분한 후 다시 중괄호로 감싸면 됩니다.

9.2.3 구조체배열.c

```
struct GameInfo gameArray[2] = {
    { "나도게임", 2022, 50, "나도회사" },
    { "너도게임", 2022, 100, "너도회사" }
};
```

gameArray 구조체 배열의 상태를 그림으로 표현하면 다음과 같습니다.

그림 9-5 구조체 배열

나도게임	2022	50	나도회사	너도게임	2022	100	너도회사
gameArray[0]				gameArray[1]			

1분 퀴즈

해설 노트 p.411

1. **다음 중 구조체에 관한 설명으로 <u>잘못된</u> 것을 고르세요.**

   ① 동일한 자료형의 변수들로만 이루어진다.

   ② 일반적으로 main( ) 함수 위의 전역 위치에 정의한다.

   ③ 관련 있는 변수들을 묶어 한 번에 관리하려고 사용한다.

   ④ 이름과 멤버를 사용자가 직접 정의할 수 있어서 '사용자 정의 자료형'이라고도 한다.

2. **판매하는 물건의 이름과 가격 정보를 Item이라는 이름의 구조체로 정의하려고 합니다. 다음 코드에서 가에 들어갈 값으로 올바른 것을 고르세요.**

   ```
   가 {
       char * name; // 이름
       int price; // 가격
   };
   ```

   ① Item   ② struct Item   ③ structure Item   ④ class Item

3. 영어 단어를 공부하기 위해 단어와 뜻을 구조체로 정의하려고 합니다. 구조체의 값을 출력하기 위해 ㉮에 들어갈 내용으로 알맞은 것을 고르세요.

```c
struct Voca {
    char * word; // 단어
    char * meaning; // 뜻
};

int main(void) {
    struct Voca voca = { "invite", "초대하다" };
    printf("%s의 뜻은 '%s'예요.\n", ㉮);
    return 0;
}
```

① voca.word, voca.meaning   ② voca[word], voca[meaning]

③ voca->word, voca->meaning   ④ voca(word), voca(meaning)

4. 어느 동물원에서 동물들의 이름과 나이 정보를 다음과 같은 구조체로 정의해 관리하고 있습니다. 이 구조체에 관한 설명으로 <u>잘못된</u> 것을 고르세요.

```c
struct Animal {
    char * name; // 이름
    int age; // 나이
};

int main(void) {
    struct Animal animals[3] = {
        { "사자", 3 },
        { "호랑이", 5 },
        { "기린", 7 }
    };
    return 0;
}
```

① 동물 정보는 중괄호 안에 입력된 순서대로 name, age 변수에 저장된다.

② 구조체 배열의 각 요소는 일반 배열과 동일하게 인덱스로 접근할 수 있다.

③ 구조체는 한 번 정의하고 나면 값을 수정할 수 없다.

④ animals[2].name의 값은 '기린'이다.

9.3

구조체 사용하기

구조체의 기본 개념을 배웠으니 구조체를 좀 더 다양하게 사용해 보겠습니다.

9.3.1 구조체 포인터 사용하기

포인터 변수는 어떤 메모리 공간의 주소를 저장해 해당 주소를 가리키는 변수입니다. 이와 마찬가지로 **구조체 포인터**는 구조체 변수의 주소를 가리키는 변수를 의미합니다.

구조체 포인터의 선언 형식은 포인터 변수와 같습니다. 다만, 구조체는 자료형이 struct 구조체명이므로 자료형 자리에 다음과 같이 들어갑니다.

> **형식** struct 구조체명 * 변수명;

구조체 포인터 gamePtr을 선언하고 앞에서 선언한 구조체 변수 gameInfo1의 주소를 가져와 보겠습니다. 다음과 같이 작성하면 gamePtr은 구조체 변수 gameInfo1을 가리키는, 즉 gameInfo1의 주소를 담고 있는 구조체 포인터가 됩니다.

```
struct GameInfo * gamePtr; // 구조체 포인터 변수 선언
gamePtr = &gameInfo1;
```

그림 9-6 구조체 포인터 선언

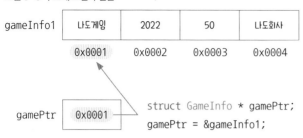

gameInfo1

나도게임	2022	50	나도회사
0x0001	0x0002	0x0003	0x0004

gamePtr | 0x0001

```
struct GameInfo * gamePtr;
gamePtr = &gameInfo1;
```

구조체 포인터 gamePtr로 구조체 변수 gameInfo1에 접근해 저장된 멤버들을 출력해 보겠습니다. 구조체 멤버를 출력할 때처럼 printf() 문의 변수명 자리에 gamePtr을 쓰면 될까요? 확인해 봅시다.

9.3.1 구조체포인터.c

```c
struct GameInfo {
    char * name;
    int year;
    int price;
    char * company;
};

int main(void) {
    struct GameInfo gameInfo1;
    gameInfo1.name = "나도게임";
    gameInfo1.year = 2022;
    gameInfo1.price = 50;
    gameInfo1.company = "나도회사";

    struct GameInfo * gamePtr;
    gamePtr = &gameInfo1;
    printf("-- 미션맨의 게임 출시 정보 --\n");
    printf("게임 이름 : %s\n", gamePtr.name);
    printf("발매 연도 : %d\n", gamePtr.year);
    printf("게임 가격 : %d\n", gamePtr.price);
    printf("제작 회사 : %s\n", gamePtr.company);
    return 0;
}
```

코드에 오류가 있는지 비주얼 스튜디오에서 gamePtr 부분에 빨간 줄이 생깁니다. 왜 그럴까요?

그림 9-7 구조체 포인터로 구조체 변수에 접근했을 때

```
21        printf(_Format:"-- 미션맨의 게임 출시 정보 --\n");
22        printf(_Format:"게임 이름 : %s\n", gamePtr.name);
23        printf(_Format:"발매 연도 : %d\n", gamePtr.year);
24        printf(_Format:"게임 가격 : %d\n", gamePtr.price);
25        printf(_Format:"제작 회사 : %s\n", gamePtr.company);
```

일반적으로 포인터 변수가 가리키는 int형 변수의 값을 나타낼 때 포인터 변수 앞에 별표를 붙여 *ptr로 작성합니다. ptr은 int형 변수의 주소를 담고 있는데, 그 앞에 별표를 붙임으로써 가리키는 주소에 저장된 값을 나타내죠. 구조체 포인터도 똑같습니다. 구조체 포인터가 가리키는 구조체 변수의 값을 나타내려면 gamePtr 앞에 별표를 붙여 *gamePtr로 쓰면 됩니다.

9.3.1 구조체포인터.c
```
printf("-- 미션맨의 게임 출시 정보 --\n");
printf("게임 이름 : %s\n", *gamePtr.name);
printf("발매 연도 : %d\n", *gamePtr.year);
printf("게임 가격 : %d\n", *gamePtr.price);
printf("제작 회사 : %s\n", *gamePtr.company);
```

그런데 여전히 오류가 있다고 나옵니다. 이번에는 왜 그럴까요? 실제로 의도한 것은 gameInfo1.name이지만, 컴퓨터는 *gamePtr.name을 *(gamePtr.name)으로 해석해서 그렇습니다. gamePtr 변수는 gameInfo1 변수의 역할을 해야 합니다. 그런데 *(gamePtr.name)으로 해석하면 gamePtr 자체는 gameInfo1의 주소를 가지므로 gameInfo1의 역할을 할 수 없습니다. 따라서 *gamePtr이 우선순위에서 먼저 인식되도록 (*gamePtr)처럼 소괄호로 처리합니다.

9.3.1 구조체포인터.c
```
printf("-- 미션맨의 게임 출시 정보 --\n");
printf("게임 이름 : %s\n", (*gamePtr).name);
printf("발매 연도 : %d\n", (*gamePtr).year);
printf("게임 가격 : %d\n", (*gamePtr).price);
printf("제작 회사 : %s\n", (*gamePtr).company);
```

실행결과
```
-- 미션맨의 게임 출시 정보 --
게임 이름 : 나도게임
발매 연도 : 2022
게임 가격 : 50
제작 회사 : 나도회사
```

실행하면 게임 출시 정보가 구조체 변수 gameInfo1에 저장된 '나도게임' 정보와 똑같이 나옵니다. 이때 연산자 여러 개를 작성하는 것이 귀찮다면 화살표(->) 하나만 사용하는 방법도 있습니다. gamePtr->name은 (*gamePtr).name과 같은 의미   **TIP** — 화살표는 **간접멤버 참조 연산자**라고도 합니다. 입니다. 실행해 보면 정보가 똑같이 나옵니다.

9.3.1 **구조체포인터.c**
```c
printf("-- 미션맨의 게임 출시 정보 --\n");
printf("게임 이름 : %s\n", gamePtr->name);
printf("발매 연도 : %d\n", gamePtr->year);
printf("게임 가격 : %d\n", gamePtr->price);
printf("제작 회사 : %s\n", gamePtr->company);
```

9.3.2 구조체 안에 구조체 사용하기

구조체 포인터를 사용해 구조체 안에 똑같이 생긴 구조체를 다시 한번 정의할 수 있습니다. 예를 들어, '나도회사'에서 자사 게임 정보를 소개하면서 '너도회사'에서 만든 게임 정보도 같이 소개한다고 해 봅시다.

앞에서 정의한 GameInfo 구조체의 마지막 멤버로 다음과 같이 friendGame을 추가로 선언합니다. friendGame은 구조체 GameInfo의 구조체 변수를 가리키는 구조체 포인터로, 구조체 안에 있는 또 다른 구조체를 가리키는 역할을 합니다.

9.3.2 **구조체안의구조체.c**
```c
struct GameInfo {
    char * name;
    int year;
    int price;
    char * company;
    struct GameInfo * friendGame; // 구조체 포인터
};
```

friendGame은 GameInfo 구조체의 5번째 멤버이면서 포인터 변수입니다. 따라서 '나도회사' 정보를 가진 gameInfo1 변수로 friendGame 멤버에 접근할 수 있습니다. 그리고 '너도회사' 정보를 가진 gameInfo2 변수의 주소를 저장하면 gameInfo1.frendGame이 gameInfo2를 가리키게 되어

다른 회사의 게임 정보도 접근할 수 있습니다.

---

gameInfo1.friendGame = &gameInfo2; // 다른 회사의 게임 정보를 담은 변수 주소 저장

그림 9-8 구조체 안 구조체 포인터 선언

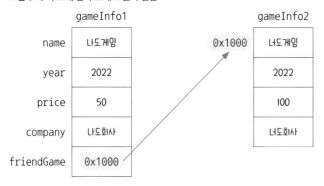

제대로 접근했는지 게임 정보를 출력해서 확인해 볼까요? 앞에서 gamePtr->name과 같이 구조체 포인터에서 화살표를 사용해 출력하는 방법을 배웠으니 이번에는 화살표를 사용해 보겠습니다. 구조체 포인터는 gameInfo1.friendGame이므로 주소의 값을 표시하는 부분을 gameInfo1.friendGame->name과 같이 작성합니다.

9.3.2 **구조체안의구조체.c**

```c
struct GameInfo {
    char * name;
    int year;
    int price;
    char * company;
    struct GameInfo * friendGame; // 구조체 포인터
};

int main(void) {
    struct GameInfo gameInfo1;
    gameInfo1.name = "나도게임";
    gameInto1.year = 2022;
    gameInfo1.price = 50;
    gameInfo1.company = "나도회사";
    struct GameInfo gameInfo2 = { "너도게임", 2022, 100, "너도회사" };
    gameInfo1.friendGame = &gameInfo2;
```

```
        printf("-- 다른 회사의 게임 출시 정보 --\n");
        printf("게임 이름 : %s\n", gameInfo1.friendGame->name);
        printf("발매 연도 : %d\n", gameInfo1.friendGame->year);
        printf("게임 가격 : %d\n", gameInfo1.friendGame->price);
        printf("제작 회사 : %s\n", gameInfo1.friendGame->company);
        return 0;
}
```

실행결과	— □ ×

```
-- 다른 회사의 게임 출시 정보 --
게임 이름 : 너도게임
발매 연도 : 2022
게임 가격 : 100
제작 회사 : 너도회사
```

실행결과를 보면 '너도회사'의 게임 정보가 나오는 것을 확인할 수 있습니다. gameInfo1.
friendGame이 가리키는 곳이 gameInfo2이므로 gameInfo2의 정보에 접근해 출력할 수 있습니다.

1분 퀴즈 해설 노트 p.411

5. 다음과 같이 구조체 포인터로 다른 구조체 변수의 값에 접근하려고 할 때 (*moviePtr).name 대신 사용할 수 있는 코드를 고르세요.

```
struct Movie {
    char * name; // 영화 제목
    int year; // 개봉 연도
};

int main(void) {
    struct Movie movie = { "극한직업", 2019 };
    struct Movie * moviePtr = &movie;
    printf("제목 : %s\n", (*moviePtr).name);
    return 0;
}
```

① *(moviePtr.name)   ② moviePtr->name   ③ moviePtr<-name   ④ moviePtr.*name

6. 다음 코드는 기차에서 승무원이 각 호차를 이동하는 과정을 표현한 것입니다. 코드의 실행결과로 올바른 것을 고르세요.

```
struct Train {
    int no; // 호차 번호
    struct Train * next; // 다음 호차
};

int main(void) {
    struct Train train1 = { 1 };
    struct Train train2 = { 2 };
    struct Train train3 = { 3 };
    train1.next = &train2;
    train2.next = &train3;
    struct Train * cursor = &train1; // 승무원 위치
    printf("%d호차\n", cursor->next->next->no);
    return 0;
}
```

① 1호차   ② 2호차   ③ 3호차   ④ 오류 발생

9.4

typedef로 구조체 선언하기

구조체 변수를 선언할 때 자료형으로 struct GameInfo처럼 키워드와 구조체명을 모두 넣습니다. 이는 int형이나 char형처럼 한 단어로 된 다른 자료형에 비해 너무 깁니다. 그래서 구조체를 선언할 때 typedef 키워드로 자료형을 간단하게 줄이는 방법이 있습니다.

typedef는 C 언어에서 자료형에 새로 이름을 붙일 때 사용합니다. 자료형에 별명을 붙인다고 보면 됩니다. 예를 들어, 다음과 같이 선언하면 정수형 변수 i를 만들고 1이라는 값을 저장하겠다는 뜻입니다.

```
int i = 1;
```

이때 int형을 다음과 같이 정수라는 한글 이름으로 바꾸면 이후부터는 int 대신 정수를 자료형으로 사용할 수 있습니다.

```
int i = 1;
typedef int 정수;
```

int의 별명을 정수라고 붙였으므로 변수 이름도 한글로 선언해 보겠습니다. 그리고 3을 저장해 보죠.

```
정수 정수변수 = 3; // int i = 3;
```

그랬더니 오류를 표시하는 빨간 줄이 안 생깁니다. 즉, 문제없다는 뜻입니다. 그럼 자료형에 별명을 붙이는 게 정수형만 될까요? 그렇지 않습니다. 다음과 같이 실수형에도 별명을 붙일 수 있습니다.

```
typedef float 실수;
실수 실수변수 = 3.23f; // float f = 3.23f;
```

별명을 사용해도 실행결과가 제대로 나오는지 확인해 봅시다. printf() 문에서 정수변수는 %d로, 실수변수는 소수점 이하 둘째 자리까지 나오도록 %.2f로 서식 지정자를 넣습니다.

```
printf("정수변수 : %d, 실수변수 : %.2f\n", 정수변수, 실수변수);
```

실행결과	—	□	×
정수변수 : 3, 실수변수 : 3.23			

실행해 보면 정수변수의 값과 실수변수의 값이 잘 나옵니다.

이번에는 typedef를 이용해 구조체에도 별명을 붙여 봅시다. 앞에서 정의한 GameInfo 구조체에 다음과 같이 게임정보라는 별명을 붙여 보겠습니다. 이렇게 작성하면 자료형에 struct GameInfo 대신 게임정보를 사용할 수 있습니다.

9.4 **typedef.c**
```
#include <stdio.h>

struct GameInfo {
    char * name;
    int year;
    int price;
    char * company;
    struct GameInfo * friendGame;
};

int main(void) {
    typedef struct GameInfo 게임정보;
    return 0;
}
```

그런 다음 게임정보로 game1이라는 구조체 변수를 선언하고 name, year 멤버에 값을 저장합니다. 앞에서 struct GameInfo로 선언한 구조체 변수로 구조체 멤버에 값을 저장한 것처럼 별명으로 만든 변수도 똑같이 사용할 수 있습니다.

9.4 **typedef.c**

```c
int main(void) {
    typedef struct GameInfo 게임정보;
    게임정보 game1;
    game1.name = "한글 게임";
    game1.year = 2022;
    return 0;
}
```

구조체 변수를 선언할 때 typedef를 사용하는 방법 외에도 구조체를 정의할 때 별명을 붙이는 방법이 있습니다. GameInfo 구조체 정의를 복사해 바로 밑에 붙여 넣은 후 구조체 이름을 GameInformation으로 수정합니다. 그리고 struct 키워드 앞에 typedef 키워드를 넣고 닫는 괄호 뒤에 GAME_INFO라고 작성하고 세미콜론을 붙입니다. 이렇게 하면 struct GameInformation을 GAME_INFO로 치환하겠다는 의미가 됩니다.

9.4 **typedef.c**

```c
struct GameInfo {
    char * name;
    int year;
    int price;
    char * company;
    struct GameInfo * friendGame;
};
typedef struct GameInformation {
    char * name;
    int year;
    int price;
    char * company;
    struct GameInfo * friendGame;
} GAME_INFO;
```

치환

이제 GAME_INFO로 구조체 변수를 선언할 수 있습니다. main() 함수에서 GAME_INFO로 game2라는 구조체 변수를 선언하고 name, year 멤버에 값을 저장해 봅시다. 코드에 빨간 줄이 생기지 않고 값도 잘 저장되어 출력되는 것을 확인할 수 있습니다.

9.4 **typedef.c**

```c
int main(void) {
    typedef struct GameInfo 게임정보;
    게임정보 game1;
    game1.name = "한글 게임";
    game1.year = 2022;
    GAME_INFO game2;
    game2.name = "한글 게임2";
    game2.year = 2023;
    // 구조체 멤버 출력
    printf("-- 게임 출시 정보 --\n");
    printf("게임 이름 : %s\n", game1.name);
    printf("발매 연도 : %d\n", game1.year);
    printf("게임 이름 : %s\n", game2.name);
    printf("발매 연도 : %d\n", game2.year);
    return 0;
}
```

실행결과 — □ ×

```
-- 게임 출시 정보 --
게임 이름 : 한글 게임
발매 연도 : 2022
게임 이름 : 한글 게임2
발매 연도 : 2023
```

이때 별명으로 붙인 GAME_INFO 대신 원래대로 struct GameInformation을 써도 됩니다. 변수를 선언한 후 name 멤버에 값을 새로 저장해도 오류 없이 잘 작동합니다.

```c
struct GameInformation game3;
game3.name = "한글 게임3";
```

구조체 정의에서 구조체명인 GameInformation을 지우고 별명인 GAME_INFO만 남겨도 됩니다. 이는 '구조체명은 잘 모르지만, typedef struct를 써서 구조체에 GAME_INFO라는 별명을 붙이겠다'는 뜻입니다.

```
typedef struct {
    char * name;
    int year;
    int price;
    char * company;
    struct GameInfo * friendGame;
} GAME_INFO;
```

보통 typedef로 구조체를 정의할 때는 구조체명 없이 별명을 지어 사용하는 방법을 주로 사용합니다. 단, 이렇게 작성하면 구조체 변수를 선언할 때 struct GameInformation을 사용할 수 없습니다.

```
GAME_INFO game2; // 사용 가능
struct GameInformation game3; // 사용 불가
```

그림 9-9 game3 변수에 빨간 줄이 생김

```
27        GAME_INFO game2;
28        game2.name = "한글 게임2";
29        game2.year = 2023;
30
31        struct GameInformation game3;
32        game3.name = "한글 게임3";
```

구조체의 기본 개념과 사용 방법을 알아봤습니다. 여기까지 알면 구조체를 사용하기 위한 기본 지식은 갖췄다고 볼 수 있습니다. 이제 프로젝트를 작성하면서 구조체를 실제 프로그램에 적용해 보겠습니다.

7. 다음 중 typedef에 관한 설명으로 <u>잘못된</u> 것을 고르세요.

① 자료형에 새로운 이름을 붙일 때 사용한다.

② struct를 적지 않고도 구조체 변수를 선언할 수 있다.

③ typedef로 만들어진 구조체의 변수는 마침표(.) 대신 콜론(:)으로 접근한다.

④ typedef로 새로운 이름을 붙이더라도 기존 방식으로 변수를 선언할 수 있다.

9.5

프로젝트: 너, 내 집사가 되어라

프로젝트 학습 진도

게임 구성 이해하기 ☐
코드 따라 하기 ☐
코드 이해하기 ☐
직접 구현하기 ☐

'너, 내 집사가 되어라' 게임을 만들어 보겠습니다. 비주얼 스튜디오에서 새로운 파일을 만들고 파일명은 **9.5_프로젝트.c**로 저장합니다. 그리고 기본 코드를 작성합니다.

이 게임은 큰 상자에서 고양이를 뽑아서 작은 상자에 넣고, 작은 상자에 서로 다른 고양이 5마리가 모이면 끝납니다. 큰 상자를 클릭할 때마다 어떤 고양이가 나올지 모르고 같은 고양이가 나오면 다른 고양이가 나올 때까지 계속 뽑아야 합니다. 이 점에 유의하면서 게임을 만들어 봅시다.

9.5.1 고양이 정보 초기화하기

큰 상자에서 뽑는 고양이는 5마리입니다. 각 고양이는 이름, 나이, 특징, 레벨이라는 4가지 정보로 구분합니다. 고양이마다 값은 다르지만 정보의 종류는 동일하므로 구조체로 정의하겠습니다. 정의한 구조체를 이용해 고양이 정보를 초기화합니다. 이 부분은 initCats()라는 함수를 만들어 처리하겠습니다.

❶ main() 함수 위에 고양이에 관한 정보를 저장하는 구조체를 typedef로 정의합니다. 이때 구조체명은 넣지 않고 구조체 별명만 CAT으로 붙입니다. 고양이 정보 4가지에서 이름(name)과 특징(character)은 문자형 포인터 변수로, 나이(age)와 레벨(level)은 정수형 변수로 정의합니다. 레벨의 범위는 1~5이고, 숫자가 클수록 키우기 어렵다는 뜻입니다.

❷ 큰 상자에 들어갈 고양이 목록을 저장하는 배열을 선언합니다. 고양이 정보를 구조체로 정의했으므로 이를 사용하는 구조체 배열로 선언합니다.

❸ main( ) 함수 위에 initCats( ) 함수를 선언합니다. 정보를 저장만 하므로 전달하거나 반환할 값은 없습니다.

❹ main( ) 함수 아래에 initCats( ) 함수를 정의합니다. initCats( ) 함수는 앞에서 선언한 cats 구조체 배열에 접근해 고양이 5마리의 정보를 저장합니다. 고양이 정보로 넣는 내용은 각각 이름, 나이, 특징, 레벨입니다.

TIP — 고양이 정보로 저장하는 값은 책과 달리 원하는 내용으로 넣어도 상관없습니다. 친숙한 정보를 활용해 코드를 재미있게 작성해도 좋습니다.

❺ main( ) 함수에서 initCats( ) 함수를 호출해 고양이 정보를 초기화합니다.

9.5 **프로젝트**.c

```c
#include <stdio.h>

typedef struct { ------------ ❶ 고양이 정보를 담은 구조체 정의
    char *name; // 이름
    int age; // 나이
    char *character; // 특징
    int level; // 레벨(1~5, 5가 가장 키우기 어려움)
} CAT;

CAT cats[5]; ----------------- ❷ 큰 상자에 있는 고양이 목록을 배열로 선언
void initCats(); ------------ ❸ 고양이 정보 초기화 함수 선언

int main(void) {
    initCats(); -------------- ❺ 고양이 정보 초기화 함수 호출
    return 0;
}

void initCats() { ----------- ❹ 고양이 정보 초기화 함수 정의
    cats[0].name = "깜냥이";
    cats[0].age = 5;
    cats[0].character = "온순함";
    cats[0].level = 1;
    cats[1].name = "귀요미";
    cats[1].age = 3;
    cats[1].character = "까칠함";
    cats[1].level = 2;
    cats[2].name = "수줍이";
    cats[2].age = 7;
```

```
        cats[2].character = "잠이 많음";
        cats[2].level = 3;
        cats[3].name = "까꿍이";
        cats[3].age = 2;
        cats[3].character = "시끄러움";
        cats[3].level = 4;
        cats[4].name = "돼냥이";
        cats[4].age = 1;
        cats[4].character = "늘 배고픔";
        cats[4].level = 5;
    }
```

initCats( ) 함수를 호출해 초기화한 cats 구조체 배열의 상태는 다음과 같습니다.

그림 9-10 cats 구조체 배열

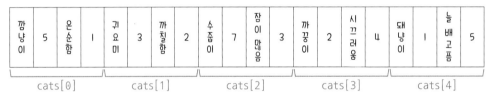

9.5.2 큰 상자에서 고양이 뽑기

게임이 시작되면 큰 상자에서 고양이를 뽑아야 합니다. 작은 상자 5개에 서로 다른 고양이 5마리가 들어갈 때까지 반복합니다. 이 부분을 작성해 보겠습니다.

❶ 어떤 고양이를 뽑을지 모르게 난수를 이용해 무작위로 뽑겠습니다. 난수 생성은 뒤에서 진행하고 여기서는 난수 생성을 위해 필요한 기본 코드를 작성합니다. main( ) 함수에서 난수 초기화 코드를 넣고, 헤더 부분에 time.h와 stdlib.h 파일을 추가합니다.

❷ 큰 상자에서 고양이를 뽑으면 고양이를 담을 작은 상자가 필요합니다. 작은 상자는 collection이라는 이름으로 배열을 만들어 표시하겠습니다. 고양이가 5마리이므로 배열 크기는 5입니다. 배열 1칸이 작은 상자 하나를 의미합니다. 상자의 상태는 고양이가 있으면 1, 없으면 0으로 표시합니다. 아직 고양이를 뽑지 않았으므로 모두 0으로 초기화합니다.

❸ 작은 상자가 채워질 때까지 반복해야 하므로 while 문으로 무한 반복합니다.

❹ 큰 상자 클릭하기를 대신해 키보드에서 Enter 를 누르면 무작위로 고양이가 뽑히게 하겠습니다. 이를 사용자가 알 수 있게 안내 문구를 출력하는 printf( ) 문을 반복문 안에 작성합니다.

❺ 사용자가 입력한 Enter 를 getchar( )로 받습니다.

TIP — getchar( ) 함수에서 반환값이 무시됐다는 경고 메시지가 나타나도 실행하는 데는 아무런 문제가 없으므로 무시합니다. 또는, getchar( ) 함수 앞에 (void)를 추가해 경고를 없애도 됩니다.

❻ 5마리 고양이 중에서 무작위로 한 마리를 뽑습니다. 이를 위해 rand( ) 함수로 뽑은 난수를 5로 나머지 연산합니다. 뽑은 값은 selected라는 정수형 변수를 선언해 저장합니다. 이렇게 하면 selected 변수에 0~4 숫자 중 하나가 저장됩니다. 이 숫자는 고양이 5마리의 번호이자 구조체 배열 cats의 인덱스가 됩니다.

9.5 프로젝트.c

```
#include <stdio.h>
#include <time.h> ------------------- ❶ 헤더 파일 추가
#include <stdlib.h> ------------------- ❶ 헤더 파일 추가

typedef struct {
    (중략)
  } CAT;

CAT cats[5];
int collection[5] = { 0, 0, 0, 0, 0 }; - ❷ 고양이를 담는 작은 상자, 보유한 고양이 표시(있으면 1, 없으면 0)

void initCats();

int main(void) {
    srand(time(NULL)); ----------------- ❶ 난수 초기화
    initCats();
    while (1) { ------------------------ ❸ 작은 상자가 채워질 때까지 무한 반복
        printf("두근두근! 어느 고양이의 집사가 될까요?\nEnter를 눌러 확인하세요!");
        ------------------------------- ❹ 안내 문구 출력
        getchar(); --------------------- ❺ Enter 입력받기
        int selected = rand() % 5; ----- ❻ 고양이 뽑기, 0~4 숫자 반환
    }
    return 0;
}
```

349

어떤 고양이를 뽑았는지 사용자에게 알려 줍니다. 이 부분도 함수로 처리합니다.

❶ printCat() 함수를 선언합니다. 이 함수는 뽑은 고양이 정보를 출력하므로 앞에서 뽑은 난수를 저장한 selected 변수를 전달받습니다. 전달값은 0~4의 정수이므로 int형이고, 출력만 하므로 반환값은 없습니다.

❷ printCat() 함수에서는 간단한 안내 문구와 함께 고양이 정보를 출력합니다. main() 함수에서 뽑은 고양이 번호를 매개변수(selected)로 받아 구조체 배열 cats에서 매개변수의 값을 인덱스로 하는 멤버의 정보를 출력하면 됩니다. 구조체 멤버인 name, age, character, level은 마침표 연산자를 이용해 접근합니다. 이름과 특징은 문자열이므로 서식 지정자를 %s로, 나이와 레벨은 숫자이므로 %d로 작성합니다.

❸ while 문 안에서 printCat() 함수를 호출하면서 selected 변수를 전달합니다.

9.5 프로젝트.c
```
(생략)
void printCat(int selected); ------- ❶ 뽑은 고양이 정보 출력 함수 선언

int main(void) {
    srand(time(NULL));
    initCats();
    while (1) {
        printf("두근두근! 어느 고양이의 집사가 될까요?\nEnter를 눌러 확인하세요!");
        getchar();
        int selected = rand() % 5;
        printCat(selected); -------- ❸ 뽑은 고양이 정보 출력 함수 호출
    }
    return 0;
}

void initCats() { (중략) }

void printCat(int selected) { ------ ❷ 뽑은 고양이 정보 출력 함수 정의
    printf("\n\n=== 당신은 다음 고양이의 집사가 됐어요! ===\n\n");
    printf(" 이름 : %s\n", cats[selected].name);
    printf(" 나이 : %d\n", cats[selected].age);
    printf(" 특징 : %s\n", cats[selected].character);
    printf(" 레벨 : %d\n", cats[selected].level);
}
```

고양이 정보를 출력할 때 한 가지를 추가합니다. 보통 영화 평점, 음식 평점 등을 작성할 때 별 (★) 모양을 많이 사용하죠? 그래서 여기서도 레벨을 이해하기 쉽게 숫자 대신 별 모양으로 출력해 보겠습니다.

❶ printCat( ) 함수에서 레벨을 출력하는 마지막 printf( ) 문을 안내 문구만 출력하도록 수정합니다.

❷ 레벨 숫자만큼 별 모양을 출력해야 하므로 for 문을 이용합니다. 출력 범위는 cats[selected].level까지입니다.

❸ 반복문을 한 번 돌 때마다 별 모양을 하나씩 출력합니다. main( ) 함수에서 4번 고양이를 뽑았다면 cats[4].level은 5이므로 for 문을 5번 반복하면서 별 모양을 5개 출력합니다.

❹ 반복문을 빠져나오면 구분을 위해 줄바꿈합니다.

9.5 **프로젝트**.c

```
void printCat(int selected) {
    printf("\n\n=== 당신은 다음 고양이의 집사가 됐어요! ===\n\n");
    printf(" 이름 : %s\n", cats[selected].name);
    printf(" 나이 : %d\n", cats[selected].age);
    printf(" 특징 : %s\n", cats[selected].character);
    printf(" 레벨 : ");                              ❶ 안내 문구만 남기기
    for (int i = 0; i < cats[selected].level; i++) {  ❷ cats[selected].level만큼 출력 반복
        printf("%s", "★");                           ❸ 별 모양 출력
    }
    printf("\n\n");                                   ❹ 구분을 위해 줄바꿈
}
```

TIP ── 별 모양은 특수 문자이므로 특수 문자 입력 창을 사용합니다. 키보드에서 'ㅁ'을 입력하고 [한자]를 누르면 특수 문자 입력 창이 나옵니다. [PgDn]이나 방향 키 또는 마우스를 움직여 별 모양을 선택하고 [Enter]를 누르면 됩니다. 더 자세한 내용은 **4.5 프로젝트: 숫자 맞히기**의 **코드에 화살표 입력하기** 노트를 참고하세요.

9.5.3 작은 상자에 고양이 모으기

다음으로 뽑은 고양이를 작은 상자에 넣고 최종 결과까지 확인하는 과정을 처리해 보겠습니다.

❶ 앞에서 작은 상자에 고양이를 넣었다는 표시를 어떻게 하기로 했죠? collection 배열로 처리하기로 했습니다. 따라서 collection[selected]의 값을 1로 수정합니다. selected 변수의 값을 인덱스로 하는 요소(상자)에 뽑은 고양이를 넣는다는 뜻입니다.

❷ 이 작업을 반복하다가 작은 상자에 고양이 5마리를 다 모으면 게임은 끝납니다. 고양이 5마리를 다 모았는지 확인하는 부분을 checkCollection() 함수로 처리합니다. 먼저 checkCollection() 함수를 선언하는데, 이 함수는 고양이 5마리를 다 모았는지 확인하고 다 모았으면 1을 반환합니다. 따라서 전달값은 없고 반환값은 정수이므로 int형으로 선언합니다.

❸ 프로그램 가장 끝에 checkCollection() 함수를 정의합니다.

❹ main() 함수에서 checkCollection() 함수를 호출하고 반환값을 collectAll이라는 정수형 변수에 저장합니다.

9.5 **프로젝트.c**

```
(생략)

int collection[5] = { 0, 0, 0, 0, 0 };

void initCats();
void printCat(int selected);
int checkCollection();  --------------------------- ❷ 모은 고양이 확인 함수 선언

int main(void) {
    srand(time(NULL));
    initCats();
    while (1) {
        printf("두근두근! 어느 고양이의 집사가 될까요?\nEnter를 눌러 확인하세요!");
        getchar();
        int selected = rand() % 5;
        printCat(selected);
        collection[selected] = 1;  --------------- ❶ 뽑은 고양이를 작은 상자에 넣었다고 표시
        int collectAll = checkCollection();  ------ ❹ 모은 고양이 확인 함수 호출
    }
    return 0;
```

```c
}

void initCats() { (중략) }

void printCat(int selected) { (중략) }

int checkCollection() {}  -------------------------- ❸ 모은 고양이 확인 함수 정의
```

checkCollection() 함수의 역할은 2가지입니다. 먼저 현재까지 보유한 고양이 목록을 출력하고 5마리 다 모았는지 확인합니다. 먼저 현재까지 보유한 고양이 목록을 출력하는 부분을 작성합니다.

❶ printf() 문으로 보유한 고양이 목록을 안내하는 문구를 출력합니다.

❷ 모든 상자에 고양이가 있는지 확인하므로 for 문을 사용해 상자 수(5)만큼 반복해서 확인합니다.

❸ 상자에 고양이가 있을 때와 없을 때 수행할 내용이 달라지므로 if-else 문으로 작성합니다. collection[i] 값이 0이면 상자에 고양이가 없으므로 '(빈 상자)'라고 출력합니다. 이 때 실행결과에서 문자열을 10칸 간격으로 출력하도록 서식 지정자를 %10s로 설정합니다.

❹ collection[i] 값이 0이 아니면 상자에 고양이가 있다는 뜻이므로 else 문으로 가서 cats[i].name 값, 즉 고양이 이름을 출력합니다. 서식 지정자는 마찬가지로 %10s입니다.

❺ 반복문이 끝나면 구분하는 선을 출력합니다.

9.5 **프로젝트**.c

```c
int checkCollection() {
    printf("\n\n=== 보유한 고양이 목록이에요. ===\n\n");  ------- ❶ 안내 문구
    for (int i = 0; i < 5; i++) {  -------------------------- ❷ 상자 수만큼 반복
        if (collection[i] == 0) {  -------------------------- ❸ 고양이 없음
            printf("%10s", "(빈 상자)");
        } else {  -------------------------------------------- ❹ 고양이 있음
            printf("%10s", cats[i].name);
        }
    }
    printf("\n===========================================\n\n");
    -------------------------------------------------------------- ❺ 구분선 출력
}
```

다음으로 작은 상자에 고양이 5마리를 다 모았는지 확인하는 부분을 작성합니다.

❶ checkCollection() 함수 가장 윗부분에 collectAll이라는 정수형 변수를 선언합니다. 이 변수는 고양이 5마리를 다 모았을 때 main() 함수에 반환하는 값을 저장합니다. 일단 고양이 5마리를 다 모았다고 가정하고 collectAll 변수를 1로 초기화합니다.

❷ 앞에서 고양이가 상자에 없다면 if 문에서 빈 상자를 출력하게 했습니다. 이때 collectAll 변수의 값을 0으로 변경합니다.

❸ 함수 실행이 끝나면 마지막에 collectAll 변수를 반환합니다. 모든 고양이를 모았다면 초 깃값 그대로 1을 반환하고, 빈 상자가 하나라도 있다면 0을 반환합니다.

❹ 고양이를 다 모으면 게임이 끝나므로 이를 안내하는 문구도 출력합니다. 이 부분은 if 문으로 작성하고 collectAll 변수의 값이 1이면 실행하게 합니다. C 언어에서는 1을 참, 0을 거짓으로 인식한다고 했습니다(**3.3.3 do-while 문** 노트 참고). 따라서 if (1)이면 참이 되어 조건문을 실행합니다. 그래서 collectAll을 if 문의 조건으로 넣습니다.

9.5 **프로젝트.c**

```
int checkCollection() {
    int collectAll = 1; ---------------- ❶ 상자에 모두 고양이가 있는지 표시, 모두 있음 상태로 초기화
    printf("\n\n=== 보유한 고양이 목록이에요. ===\n\n");
    for (int i = 0; i < 5; i++) {
        if (collection[i] == 0) {
            printf("%10s", "(빈 상자)");
            collectAll = 0; ----------- ❷ 고양이를 다 모으지 못한 상태
        } else {
            printf("%10s", cats[i].name);
        }
    }
    printf("\n================================================\n\n");
    if (collectAll) { ------------------ ❹ 고양이를 다 모은 경우 게임 종료 안내
        printf("\n\n축하합니다! 고양이 5마리를 모두 모았어요. 열심히 키워 주세요.\n\n");
    }
    return collectAll; ---------------- ❸ 고양이 5마리를 다 모았으면 1, 아니면 0 반환
}
```

main() 함수로 돌아가 checkCollection() 함수에서 반환받은 값이 1이면 고양이 5마리를 다 모았다는 뜻이므로 게임을 종료해야 합니다. 따라서 collectAll 변수의 값이 1이면 무한 반복문을 탈출하도록 break 문을 추가합니다.

9.5 **프로젝트**.c

```c
while (1) {
    printf("두근두근! 어느 고양이의 집사가 될까요?\nEnter를 눌러 확인하세요!");
    getchar();
    int selected = rand() % 5;
    printCat(selected);
    collection[selected] = 1;
    int collectAll = checkCollection(); // 모은 고양이 확인 함수 호출
    if (collectAll == 1) { // 고양이 5마리를 다 모으면 무한 반복문 탈출
        break;
    }
}
```

9.5.4 전체 코드 확인하기

완성된 코드는 다음과 같습니다. 실행해서 결과를 확인해 봅시다.

9.5 **프로젝트**.c

```c
#include <stdio.h>
#include <time.h> // 헤더 파일 추가
#include <stdlib.h> // 헤더 파일 추가

typedef struct { // 고양이 구조체 정의
    char * name; // 이름
    int age; // 나이
    char * character; // 특징
    int level; // 레벨(1~5, 5가 가장 키우기 어려움)
} CAT;

CAT cats[5]; // 큰 상자에 있는 전체 고양이 목록
// 고양이를 담는 건은 상사, 보유한 고양이 표시(있으면 1, 없으면 0)
int collection[5] = { 0, 0, 0, 0, 0 };
```

```c
// 함수 선언
void initCats();
void printCat(int selected);
int checkCollection();

int main(void) {
    srand(time(NULL));
    initCats(); // 고양이 정보 초기화 함수 호출
    while (1) {
        printf("두근두근! 어느 고양이의 집사가 될까요?\nEnter를 눌러 확인하세요!");
        getchar(); // Enter 입력받기
        int selected = rand() % 5; // 고양이 뽑기, 0~4 숫자 반환
        printCat(selected); // 뽑은 고양이 정보 출력 함수 호출
        collection[selected] = 1; // 뽑은 고양이를 작은 상자에 넣었다고 표시
        int collectAll = checkCollection(); // 모은 고양이 확인 함수 호출
        if (collectAll == 1) { // 고양이 5마리를 다 모으면 무한 반복문 탈출
            break;
        }
    }
    return 0;
}

void initCats() { // 고양이 정보 초기화 함수
    cats[0].name = "깜냥이";
    cats[0].age = 5;
    cats[0].character = "온순함";
    cats[0].level = 1;
    cats[1].name = "귀요미";
    cats[1].age = 3;
    cats[1].character = "까칠함";
    cats[1].level = 2;
    cats[2].name = "수줍이";
    cats[2].age = 7;
    cats[2].character = "잠이 많음";
    cats[2].level = 3;
    cats[3].name = "까꿍이";
    cats[3].age = 2;
    cats[3].character = "시끄러움";
    cats[3].level = 4;
    cats[4].name = "돼냥이";
```

```
        cats[4].age = 1;
        cats[4].character = "늘 배고픔";
        cats[4].level = 5;
    }

    void printCat(int selected) { // 뽑은 고양이 정보 출력 함수
        printf("\n\n=== 당신은 다음 고양이의 집사가 됐어요! ===\n\n");
        printf(" 이름 : %s\n", cats[selected].name);
        printf(" 나이 : %d\n", cats[selected].age);
        printf(" 특징 : %s\n", cats[selected].character);
        printf(" 레벨 : ");
        for (int i = 0; i < cats[selected].level; i++) { // 레벨을 별 모양으로 출력
            printf("%s", "★");
        }
        printf("\n\n");
    }

    int checkCollection() { // 모은 고양이 확인 함수
        int collectAll = 1; // 상자에 모두 고양이가 있는지 표시, 모두 있음 상태로 초기화
        printf("\n\n=== 보유한 고양이 목록이에요. ===\n\n");
        for (int i = 0; i < 5; i++) { // 상자 수만큼 반복
            if (collection[i] == 0) { // 고양이 없음
                printf("%10s", "(빈 상자)");
                collectAll = 0; // 고양이를 다 모으지 못한 상태
            } else { // 고양이 있음
                printf("%10s", cats[i].name);
            }
        }
        printf("\n=================================================\n\n");
        if (collectAll) {
            printf("\n\n축하합니다! 고양이 5마리를 모두 모았어요. 열심히 키워 주세요.\n\n");
        }
        return collectAll; // 고양이 5마리를 다 모았으면 1, 아니면 0 반환
    }
```

실행하면 Enter 를 누르도록 안내합니다. Enter 를 누르면 귀요미가 나오고 보유한 고양이 목록에 '(빈 박스) 귀요미 (빈 박스) (빈 박스) (빈 박스)'기 출력됩니다. 다시 Enter 를 누르면 깜냥이가 나오고 첫 번째 박스에 들어갔습니다. 이런 식으로 5마리가 다 모일 때까지 Enter 를 눌러 고양이를 모아 보세요. 이미 뽑은 고양이가 나오기도 합니다.

그림 9-11 실행결과

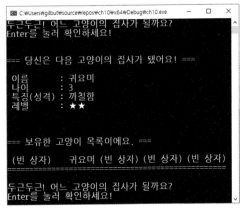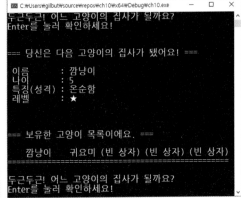

마지막 수줍이까지 5마리 고양이를 다 모으면 안내 문구가 나오고 게임이 종료됩니다. 실행결과는 이 책과 다를 수 있습니다.

그림 9-12 최종 실행결과

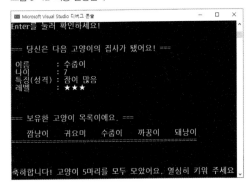

이 장에서는 서로 연관된 여러 변수를 구조체라는 하나의 자료형으로 선언해 어떻게 사용하는지 살펴봤습니다. 그리고 구조체를 활용해 게임도 만들어 봤고요. 처음에는 구조체 사용법이 어렵게 느껴질 수 있습니다. 책에서 다룬 내용을 바탕으로 다양한 자료형이 포함된 자신만의 구조체를 새롭게 정의하고 값을 출력하는 코드를 직접 만들어 보세요. 그러면 좀 더 빠르게 익숙해질 겁니다.

마무리

1. 구조체

① 구조체는 서로 관련 있는 여러 자료형의 변수들을 묶어서 만든 새로운 자료형입니다.

② 구조체는 main( ) 함수 위의 전역 위치에 다음 형식으로 정의합니다.

> **형식**　　struct 구조체명 {
> 　　　　　자료형1 변수명1;
> 　　　　　자료형2 변수명2;
> 　　　　　자료형3 변수명3;
> 　　　　　...
> 　　　　};

③ 정의된 구조체를 사용하려면 구조체 변수를 선언해야 합니다. 구조체 변수는 배열처럼 중괄호를 사용해 한꺼번에 값을 초기화할 수 있습니다.

> **형식**　　struct 구조체명 구조체변수명 = { 값1, 값2, ... };

④ 구조체 멤버에는 마침표(.)를 사용해 변수명.멤버명과 같은 형식으로 접근합니다.

2. 구조체 배열과 구조체 포인터

① 일반 배열과 마찬가지로 구조체 배열도 만들 수 있습니다.

② 구조체 포인터는 (*구조체변수명).멤버 또는 구조체변수명->멤버와 같은 형식으로 값에 접근할 수 있습니다.

3. typedef

① typedef 키워드는 이미 존재하는 자료형에 새로운 이름(별명)을 붙이는 데 사용하며, 다음과
같은 형식으로 구조체를 정의합니다.

형식
```
typedef struct {
      자료형1 변수명1;
      자료형2 변수명2;
      자료형3 변수명3;
         ...
   } 구조체명;
```

② typedef로 정의한 구조체를 사용하려면 다음과 같이 구조체 변수를 선언해야 합니다.

형식   구조체명 구조체변수명;

셀프체크

문제 구조체를 이용해 도서 관리 프로그램을 만들어 보세요.

조건

1. 다음과 같은 도서 정보가 담긴 구조체를 정의합니다. 각 도서는 번호(ID), 제목, 대출 가능 여부(0: 대출 중, 1: 대출 가능) 정보를 가집니다.

```c
struct book {
    int id; // 번호(ID)
    char * title; // 제목
    int available; // 0 : 대출 중, 1 : 대출 가능
};
```

2. 구조체 배열을 이용해 예시와 같이 도서 4권을 정의합니다. 각 도서의 번호는 순서대로 1, 2, 3, 4입니다.

> **예시** C 입문편, 파이썬 기본편, 자바 기본편, 파이썬 중급편

3. 전체 도서 정보를 출력합니다.

4. 사용자로부터 도서 번호를 입력받습니다.

5. 해당 도서가 현재 대출 중이면 반납, 대출 가능한 상태면 대출로 처리합니다.

6. 사용자로부터 −1을 입력받을 때까지 3~5단계를 반복합니다. 사용자가 −1을 입력하면 프로그램을 종료합니다.

힌트 1. 도서 제목은 서식 지정자를 %-16s로 지정해 크기 16만큼 공간을 확보하고 왼쪽 정렬로 출력합니다.

2. 전체 도서를 출력하는 부분을 함수로 구현하면 함수를 호출할 때 전달하는 구조체 배열을 함수에서는 구조체 포인터 형태의 매개변수로 받아 사용할 수 있습니다.

전체 도서 목록입니다.
==============================
1. C 입문편   [대출 가능]
2. 파이썬 기본편   [대출 가능]
3. 자바 기본편   [대출 가능]
4. 파이썬 중급편   [대출 가능]
==============================
대출/반납할 책 번호를 입력하세요.(종료 : -1) : 2
'파이썬 기본편' 대출이 완료됐습니다.

전체 도서 목록입니다.
==============================
1. C 입문편   [대출 가능]
2. 파이썬 기본편   [대출 중]
3. 자바 기본편   [대출 가능]
4. 파이썬 중급편   [대출 가능]
==============================
대출/반납할 책 번호를 입력하세요.(종료 : -1) : 5
잘못된 입력입니다.

전체 도서 목록입니다.
==============================
1. C 입문편   [대출 가능]
2. 파이썬 기본편   [대출 중]
3. 자바 기본편   [대출 가능]
4. 파이썬 중급편   [대출 가능]
==============================
대출/반납할 책 번호를 입력하세요.(종료 : -1) : 2
'파이썬 기본편' 반납이 완료됐습니다.

전체 도서 목록입니다.
==============================
1. C 입문편   [대출 가능]
2. 파이썬 기본편   [대출 가능]
3. 자바 기본편   [대출 가능]
4. 파이썬 중급편   [대출 가능]
==============================
대출/반납할 책 번호를 입력하세요.(종료 : -1) : -1
프로그램을 종료합니다.

10장

파일에 데이터 저장하기: 파일 입출력

프로그램을 실행하면 입력이나 출력 데이터 같은 값은 컴퓨터의 메모리에 저장됩니다. 그리고 프로그램을 종료하면 사라집니다. 보통 메모리는 **RAM**(Random Access Memory)을 의미합니다. **단기 저장장치**인 메모리는 전원 공급이 없으면 저장된 데이터를 잃습니다. 따라서 다시 프로그램을 실행해도 작업하던 데이터가 남아 있지 않습니다.

반면에 데이터를 파일로 저장하면 프로그램을 껐다 켜도 **저장소** 또는 **스토리지**(storage)라는 **장기 저장장치**에 보관되기 때문에 다시 불러올 수 있습니다. 저장소는 보통 SSD(Solid State Drive)나 HDD(Hard Disk Drive) 장치를 말합니다.

지금까지는 데이터를 메모리에 저장했다면 이 장에서는 데이터를 파일에 저장해 입출력하는 방법을 알아봅니다. 그리고 파일 입출력을 사용해 '비밀 일기' 프로그램을 만들어 봅니다.

10.1

프로그램 실행
영상 보기

이 장에서 만드는 프로그램

이 장에서 만드는 '비밀 일기'는 일기를 작성해 저장하는 프로그램입니다. 초기 화면에서 시작하기를 누르면 안내 문구와 함께 비밀번호 입력란이 보입니다. 비밀번호를 두 번 입력하고 확인을 누르면 일기를 쓸 수 있는 화면이 나옵니다. 화면을 누르면 나오는 입력 창에 일기를 적고 저장하기를 누릅니다. 저장됐다는 문구가 나옵니다. 나가기를 클릭하면 초기 화면으로 돌아갑니다.

그림 10-1 비밀 일기 프로그램 구성 1

365

시작하기를 다시 누르면 비밀번호 입력란이 하나만 나옵니다. 이때 비밀번호를 틀리게 입력하면 분노한 얼굴이 화면에 나옵니다. 앞에서 저장한 비밀번호를 제대로 입력하면 앞에서 작성한 일기 내용이 보입니다. 화면을 누르면 앞에서 저장한 내용에 이어서 쓸 수 있고 저장하기를 누르면 마찬가지로 저장됐다는 메시지가 나옵니다.

그림 10-2 비밀 일기 프로그램 구성 2

프로그램을 다시 시작해도 앞에서 작성한 내용이 남아 있는 것은 일기가 파일로 저장됐기 때문입니다. 이런 간단한 파일 저장 프로그램을 어떻게 만드는지 함께 알아보겠습니다.

10.2

문자열 단위로 파일 입출력하기

이 장에서 공부할 내용은 파일에 데이터를 저장하고, 저장한 내용을 불러오는 파일 입출력입니다. 다른 말로 파일에 데이터를 저장하는 것을 **파일 쓰기**, 저장한 내용을 불러오는 것을 **파일 읽기**라고 합니다. C 언어에서 파일을 읽고 쓸 때는 fputs(), fgets() 함수와 fprintf(), fscanf() 함수를 사용합니다. 이 함수들은 한 쌍으로 이루어져 있는데, 섞어 써도 상관없습니다. 파일을 읽으려면 저장한 내용이 있어야 하니 파일 쓰기부터 살펴보겠습니다. 실습을 위해 비주얼 스튜디오에서 새 파일(프로젝트)을 만듭니다. 파일명은 **file.c**로 하고 기본 코드를 작성합니다.

10.2.1 fputs( ) 함수로 파일 쓰기

파일에서 데이터를 읽고 쓸 때는 먼저 fopen( ) 함수로 파일을 열어서 **파일 포인터**를 얻어야 합니다. 파일 포인터는 fopen( ) 함수를 통해 무슨 파일을 열었는지, 파일을 어디까지 읽었는지, 파일의 끝에 도달했는지 등의 정보를 담습니다. 예를 들어, 워드 파일에서 처음부터 끝까지 글자를 읽는다고 합시다. 키보드의 오른쪽 방향 키로 커서를 이동하면서 읽다가 잠시 멈추고 커피 한 잔을 마시며 쉬다 옵니다. 자리로 돌아와서 커서가 깜빡이는 위치부터 다시 글자를 읽습니다. 이때 커서가 깜빡이는 위치를 담은 것이 파일 포인터라고 보면 됩니다.

파일 포인터를 얻는 방법은 다음과 같습니다.

> **형식**   FILE * 포인터명 = fopen(파일명, 파일모드);

fopen( ) 함수의 첫 번째 전달값에는 파일명을 넣고, 두 번째 전달값에는 파일 모드를 적습니다. 파일 모드는 파일을 여는 방식으로 r은 읽기 전용, w는 쓰기 전용, a는 이어 쓰기를 나타냅니다. 그리고 읽기 전용과 쓰기 전용 뒤에는 t와 b를 붙일 수 있는데 t는 텍스트를 의미하고, b는 바이너리 데이터를 의미합니다.

TIP —— **텍스트**는 사람이 읽을 수 있는 문자열을 뜻하고, **바이너리 데이터**는 컴퓨터가 읽을 수 있는 0과 1로 된 데이터를 말합니다.

파일 모드는 다음 표를 참고하세요.

표 10-1 파일 모드

파일 모드	기능	설명
r	읽기 전용	• 읽기 전용 파일 열기 • 파일이 반드시 있어야 함
w	쓰기 전용	• 새 파일 생성 • 기존 파일이 있으면 덮어 씀
a	추가	• 파일을 열어 기존 파일 끝에 이어 쓰기 • 파일이 없으면 새로 생성함
r+	읽기/쓰기	• 읽기/쓰기용으로 파일 열기 • 파일이 반드시 있어야 하고, 없으면 NULL을 반환함
w+	읽기/쓰기	• 읽기/쓰기용으로 파일 열기 • 파일이 없으면 새로 생성하고, 있으면 덮어 씀
a+	추가(읽기/쓰기)	• 파일을 열어 기존 파일 끝에 이어 쓰기 • 파일이 없으면 새로 생성함 • 읽기는 파일의 모든 구간에서, 쓰기는 파일 끝에서만 가능함
t	텍스트 모드	• 파일을 읽고 쓸 때 줄바꿈 문자 \n과 \r\n을 서로 변환함 • ^Z(Ctrl + Z)를 파일 끝으로 인식하므로 ^Z까지만 파일을 읽음
b	바이너리 모드	• 파일 내용을 그대로 읽고 씀

fopen( ) 함수로 test1.txt 파일을 생성해서 열고 file이라는 이름의 파일 포인터가 가리키게 해 봅시다. test1.txt 파일을 소스 파일이 있는 현재 폴더에 생성하려면 파일명만 적고, 다른 폴더에 생성하려면 파일 경로까지 적습니다. 여기서는 'C:\Users\사용자계정' 폴더에 생성하겠습니다. 사용자계정 부분은 본인의 컴퓨터 계정으로 바꾸면 됩니다.

한 가지 주의할 점은 파일 경로를 적을 때 C: 다음에 역슬래시(\)를 2개 넣어야 한다는 점입니다. \n과 같이 역슬래시와 문자나 숫자를 조합하면 특수 문자를 표현하기 때문에 역슬래시 2개를 써야 역슬래시 하나로 인지합니다. 파일 모드에 wb는 바이너리 데이터를 쓰는 목적으로 새 파일을 생성하겠다는 뜻입니다.

10.2.1 **fputs.c**

```
#include <stdio.h>

int main(void) {
    FILE * file = fopen("C:\\Users\\사용자계정\\test1.txt", "wb");
    return 0;
}
```

이렇게 만든 파일 포인터로 파일에 텍스트를 쓰기 전에 파일 포인터 값이 NULL인지 확인해야 합니다. 파일 포인터가 NULL이면 파일을 생성하지 못했다는 뜻입니다. 따라서 if 문으로 file의 값을 확인해 NULL이면 '파일 열기 실패'를 출력하고 1을 반환해 프로그램을 종료합니다.

10.2.1 **fputs.c**

```
int main(void) {
    FILE * file = fopen("C:\\Users\\사용자계정\\test1.txt", "wb");
    if (file == NULL) {
        printf("파일 열기 실패\n");
        return 1;
    }
    return 0;
}
```

test1.txt 파일이 잘 만들어졌다면 파일 포인터 값이 NULL이 아닙니다. 파일이 생성됐으니 이제 파일에 데이터를 읽고 쓸 수 있습니다. fputs() 함수를 써서 test1.txt에 텍스트를 써 봅시다.

fputs() 함수는 파일에 데이터를 문자열 단위로 저장합니다. fputs() 함수의 첫 번째 전달값에는 파일에 기록할 내용을 문자열로 적고, 두 번째 전달값에는 파일 포인터를 넣습니다.

형식   fputs(문자열, 파일포인터)

fputs() 함수로 test1.txt 파일에 다음과 같이 두 줄을 써 봅니다.

10.2.1 fputs.c

```c
int main(void) {
    FILE * file = fopen("c:\\Users\\사용자계정\\test1.txt", "wb");
    if (file == NULL) {
        printf("파일 열기 실패\n");
        return 1;
    }
    fputs("fputs() 함수로 글을 써 볼게요.\n", file);
    fputs("잘 써지는지 확인해 주세요.\n", file);
    return 0;
}
```

이대로 실행하기 전에 한 가지 추가할 코드가 있습니다. #include 문 위에 다음과 같이 추가합니다.

10.2.1 fputs.c

```c
#define _CRT_SECURE_NO_WARNINGS
#include <stdio.h>
```

비주얼 스튜디오는 fopen() 함수가 안전하지 않다는 이유로 2005 버전 이후부터 _s가 붙은 fopen_s() 함수를 쓰도록 권하고 있습니다. 앞에서 설명한 scanf_s() 함수를 권한 이유와 같습니다. 그래서 fopen_s() 함수를 쓰지 않으면 실행 시 보안 경고가 발생합니다. 그런데 비주얼 스튜디오가 아닌 다른 환경에서 개발할 때는 fopen_s() 함수가 호환되지 않습니다. 그래서 여기서는 fopen() 함수를 그대로 쓰고 #define으로 _CRT_SECURE_NO_WARNINGS를 정의하겠습니다. 헤더 파일에도 적용될 수 있어서 프로그램 가장 위에 작성하기를 권장합니다.

> Note **#define**
>
> #define은 다음과 같은 형식으로 **매크로**(macro)를 정의하는 전처리기 지시문입니다. 매크로는 소스 코드 안에서 값을 대체해 사용하는 문자열을 의미합니다.
>
> **형식** #define 매크로 대체상수(또는 표현식)

매크로는 코드에 직접 정의할 수도 있고 C 언어에 내장된 매크로를 불러와 정의할 수도 있습니다. 여기서 사용한 _CRT_SECURE_NO_WARNINGS는 내장 매크로로, 보안 경고를 사용하지 않도록 설정합니다.

define을 이용하면 전체 소스 코드 내 매크로를 일괄적으로 대체상수로 치환하게 되므로 필요 시 대체상수의 값을 한 번만 변경하면 모든 곳에 손쉽게 변경 사항을 적용할 수 있습니다. 예를 들어, 다음과 같이 간단한 연산을 수행하는 매크로 함수도 만들 수 있습니다.

```c
#include <stdio.h>
#define ADD(x1, x2) (x1 + x2) // 값을 2개 입력받아 서로 더하는 매크로 함수

int main(void) {
    int result = ADD(10, 20); // (10 + 20)
    printf("%d\n", result); // 30
    return 0;
}
```

이렇게 작성하면 ADD(10, 20)이라는 코드를 (10 + 20)으로 치환하게 됩니다. 매크로 함수는 자료형에 독립적이기 때문에 ADD(10.1f, 20.2f)와 같이 실수 연산도 할 수 있습니다. 또한, 전처리기에 의해 단순히 치환되는 방식이라서 실행 속도가 향상됩니다. 그래서 예제와 같이 간단한 연산을 하는 함수가 필요하면 매크로 함수의 사용을 고려해 볼 수 있습니다.

파일에 내용을 다 쓰고 나면 파일을 닫아야 합니다. fclose() 함수를 호출할 때 전달값으로 파일 포인터를 넣으면 파일 포인터가 가리키는 파일을 저장하고 닫습니다. 만약 파일을 연 후 닫지 않은 상태에서 프로그램에 문제가 생기면 데이터 손실이 생길 수도 있습니다. 따라서 fopen() 함수로 파일을 열었다면 반드시 fclose() 함수로 닫는 습관을 들여야 합니다.

형식   fclose(파일포인터);

그럼 fclose() 함수로 파일을 닫아 봅시다.

10.2.1 **fputs.c**

```c
int main(void) {
    FILE * file = fopen("c:\\Users\\사용자계정\\test1.txt", "wb");
    if (file == NULL) {
        printf("파일 열기 실패\n");
```

```
        return 1;
    }
    fputs("fputs() 함수로 글을 써 볼게요.\n", file);
    fputs("잘 써지는지 확인해 주세요.\n", file);
    fclose(file);
    return 0;
}
```

해당 코드를 추가하고 실행하면 빈 화면에 '계속하려면 아무 키나 누르십시오…'가 출력됩니다.
그리고 파일을 생성한 폴더에 가 보면 test1.txt 파일이 있습니다. 파일을 열면 fputs() 함수로
작성한 내용이 저장된 것을 확인할 수 있습니다.

그림 10-3 test1.txt 파일 확인

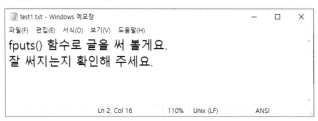

10.2.2 fgets() 함수로 파일 읽기

파일에 내용을 썼으니 파일에 쓴 내용을 읽어 보겠습니다. 파일 쓰기를 할 때처럼 파일 포인터
를 얻고 파일 포인터가 NULL이면 '파일 열기 실패'를 출력하고 프로그램을 종료합니다. 이때 파
일 모드를 바이너리 데이터의 쓰기 전용이 아닌 읽기 전용(rb)으로 설정해야 합니다. 그리고
fopen() 함수를 사용해도 경고가 발생하지 않도록 #define 지시문으로 매크로를 정의합니다.

10.2.2 fgets.c

```
#define _CRT_SECURE_NO_WARNINGS
#include <stdio.h>

int main(void) {
    // 파일 모드를 rb로 설정
    FILE * file = fopen("c:\\Users\\사용자계정\\test1.txt", "rb");
    if (file == NULL) {
        printf("파일 열기 실패\n");
```

```
            return 1;
        }
        return 0;
    }
```

이제 fgets( ) 함수로 파일에서 문자열을 읽어 옵니다. fgets( ) 함수를 호출할 때는 첫 번째 전달값에 읽어 올 문자열을 저장할 변수를 적고, 두 번째 전달값에는 읽어 올 문자열의 최대 크기를, 마지막 전달값에는 파일 포인터를 넣습니다.

형식   fgets(변수명, 문자열최대크기, 파일포인터)

앞에서 test1.txt 파일에 텍스트 2줄을 입력했죠? 이를 fgets( ) 함수로 1줄씩 읽어 와서 출력해 보겠습니다.

❶ 앞에서 배운 #define 지시문을 사용해 #include 아래에 #define MAX 10000을 추가합니다. 이는 코드 내에서 MAX라는 값이 사용되면 숫자 10000으로 치환하겠다는 뜻입니다. 이 매크로는 배열을 선언할 때 사용합니다.

❷ fgets( ) 함수로 파일에서 값을 읽어 와 출력하려면 값을 보관해 둘 곳이 필요합니다. 이를 위해 main( ) 함수 안에 이름은 line, 크기는 MAX인 char형 배열을 선언합니다. 앞에서 #define을 통해 MAX는 숫자 10000으로 치환되므로 char line[10000];을 선언한 것과 같습니다.

❸ 1줄씩 읽어 와 출력하는 동일한 작업을 반복 수행하므로 반복문을 사용하는데, 여기서는 while 문으로 작성합니다. 출력은 test1.txt 파일에서 읽어 올 문자열이 있을 때까지, 즉 읽어 온 값이 NULL이 아닐 때까지 진행합니다. 따라서 fgets( ) 함수에서 읽어 온 값이 NULL이 아닌지를 확인해야 하므로 이 부분을 while 문의 조건으로 넣습니다. fgets( ) 함수의 첫 번째 전달값에는 앞에서 선언한 line 배열을 넣습니다. 두 번째 전달값에는 문자열의 최대 크기를 넣으므로 10000을 의미하는 MAX를 넣습니다. 그리고 파일 포인터인 file을 마지막 전달값으로 넣습니다. 그리고 fgets( ) 함수로 읽어 온 값을 NULL과 비교해서 NULL이 아니면 while 문 안 문장을 실행합니다.

❹ while 문 안에서는 line 배열에 저장된 값을 printf( ) 문으로 출력합니다.

❺ 파일 읽기가 완료되면 fclose( ) 함수로 파일을 닫습니다.

```c
#define _CRT_SECURE_NO_WARNINGS
#include <stdio.h>
#define MAX 10000 ------------------------------------ ❶ 매크로 정의

int main(void) {
    char line[MAX]; // char line[10000]; --------- ❷ 파일에서 읽어 오는 문자열 저장 배열 선언
    // 파일 모드를 rb로 설정
    FILE * file = fopen("c:\\Users\\사용자계정\\test1.txt", "rb");
    if (file == NULL) {
        printf("파일 열기 실패\n");
        return 1;
    }
    while (fgets(line, MAX, file) != NULL) { ---- ❸ fgets() 함수로 파일 읽기
        printf("%s", line); ---------------------- ❹ 읽어 온 문자열 출력
    }
    fclose(file); ------------------------------- ❺ 파일 닫기
    return 0;
}
```

실행결과   – ☐ ✕

```
fputs() 함수로 글을 써 볼게요.
잘 써지는지 확인해 주세요.
```

실행하면 test1.txt 파일에 작성한 내용을 그대로 읽어 와 출력합니다.

> Note   **fgets() 함수의 작동 방식**
>
> fgets() 함수는 파일에 저장된 내용을 문자열 단위로 읽습니다. 이때 파일에 있는 줄바꿈 문자도 문자열에 포함합니다. 그리고 한 번 읽을 때 줄 단위로 읽는 것이 아니라 한 번에 읽을 수 있는 문자열의 길이만큼 읽습니다. 이것이 두 번째 전달값인 문자열의 최대 크기입니다. 앞의 코드에서는 MAX로 설정했으므로 MAX 크기만큼 읽어 옵니다.
>
> 그런데 **6.4.1 배열에 문자열 저장하기**에서 문자열은 끝을 나타내기 위해 마지막에 널 문자를 포함해야 한다고 했었죠? 그래서 fgets() 함수를 사용할 때 줄바꿈 문자를 읽으면 읽기를 중단합니다. MAX 크기를 초과하는 문자열이 입력되면 MAX − 1까지의 문자열만 입력받고, 마지막에 널을 추가해 현재까지 읽은 문자열을 저장합니다.

앞의 코드에서 while 문을 처음 반복하면 test1.txt 파일의 첫 번째 줄에서 줄바꿈 문자까지 읽어 line 배열에 저장합니다. 두 번째로 반복할 때는 test1.txt 파일의 두 번째 줄에서 줄바꿈 문자까지 읽어 line 배열에 저장합니다. 세 번째로 반복하면 읽을 문자열은 없고 널 문자만 추가되므로 비교할 값이 NULL이 되어 반복을 종료합니다.

그림 10-4 fgets() 함수의 작동 방식

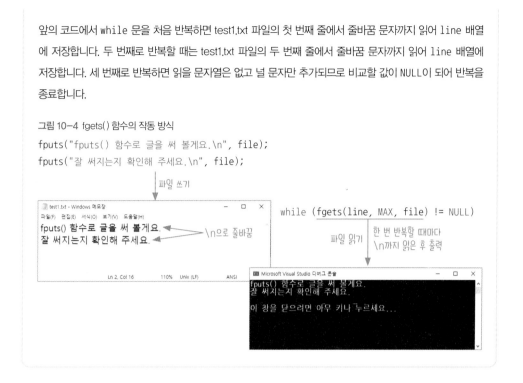

1분 퀴즈

해설 노트 p.413

1. 다음 중 파일 모드에 대한 설명으로 **잘못된** 것을 고르세요.

① r – 파일을 읽기 전용으로 연다.

② r – 열려고 하는 파일이 없으면 새로운 파일을 생성해서 연다.

③ w – 파일을 쓰기 전용으로 여는데, 이미 파일이 있다면 내용을 덮어 쓴다.

④ a – 파일을 열어 파일 끝에 이어서 쓴다.

2. 다음과 같이 fopen( ) 함수로 파일을 열다가 실패했을 때 file에 반환되는 값을 고르세요.

```
FILE * file = fopen("c:\\nofile.txt", "rb");
```

① 파일 경로 문자열(c:\\nofile.txt)

② 해당 경로에 파일이 없는 경우 파일을 생성하고 난 뒤의 파일 포인터

③ -1

④ NULL

3. fopen( ) 함수로 작업하고 나면 반드시 파일을 닫아야 합니다. 이때 사용하는 함수를 고르세요.

① close_file( )   ② fexit( )   ③ fclose( )   ④ file_done( )

10.3

형식을 지정해 파일 입출력하기

앞에서 배운 fputs()와 fgets() 함수는 문자열 단위로 파일에 데이터를 쓰거나 읽을 때 사용합니다. 반면에 fprinf()와 fscanf() 함수는 정해진 형식으로 파일에 데이터를 쓰거나 읽을 때 사용합니다.

fprintf(), fscanf() 함수는 printf(), scanf() 함수와 많이 닮았습니다. printf()와 scanf() 함수의 형식을 떠올려 봅시다.

> **형식**   printf("서식지정자", 변수명);
> scanf("서식지정자", &변수명);

두 함수의 첫 번째 값에는 %d, %s 등의 서식 지정자를 넣었습니다. 이는 변수, 즉 메모리에 저장된 값을 출력하거나 어떤 값을 입력받아 변수에 저장할 때 형식을 지정한다는 뜻입니다. 이와 마찬가지로 fprintf()와 fscanf() 함수도 정해진 형식에 맞춰 파일에 데이터를 읽거나 쓸 때 사용합니다.

먼저 fprintf() 함수는 파일에 데이터를 저장합니다. 그래서 함수의 첫 번째 전달값에는 데이터를 저장할 파일 포인터를 넣고, 두 번째 전달값에는 서식 지정자를 마지막 전달값에는 해당 서식 지정자에 매칭되는 값을 넣습니다. 이때 서식 지정자와 값은 개수를 맞춰야 합니다.

> **형식**   fprintf(파일포인터, "서식지정자", 값);

다음으로 fscanf() 함수는 파일에서 데이터를 읽어 옵니다. 함수의 첫 번째 전달값에는 데이터를 읽어 올 파일 포인터를, 두 번째 전달값에는 서식 지정자를, 마지막 전달값에는 읽어 온 데이터를 저장할 변수의 주소를 적습니다. 이때도 서식 지정자와 변수 주소의 개수는 맞춰야 합니다. 변수 주소는 scanf() 함수를 사용할 때처럼 변수명 앞에 &을 붙이면 알 수 있습니다.

형식　　fscanf(파일포인터, "서식지정자", &변수명);

10.3.1 fprintf() 함수로 파일 쓰기

간단하게 로또 추첨번호를 파일에 쓰는 미니 프로젝트를 만들면서 fprintf() 함수의 사용법을 알아보겠습니다.

❶ fopen() 함수로 C:\Users\사용자계정 폴더에 test2.txt 파일을 생성하고 파일 포인터를 얻습니다. 파일 모드는 바이너리 데이터를 쓰는 목적(wb)으로 지정합니다.

❷ fopen() 함수를 사용해도 경고가 발생하지 않도록 #define 지시문으로 매크로를 정의합니다.

❸ 파일 포인터가 NULL이면 '파일 열기 실패'를 출력하고 프로그램을 종료합니다.

10.3.1 fprintf.c

```
#define _CRT_SECURE_NO_WARNINGS ---- ❷ 경고가 발생하지 않도록 매크로 정의
#include <stdio.h>

int main(void) {
    FILE * file = fopen("c:\\Users\\사용자계정\\test2.txt", "wb");
    -------------------------------- ❶ 파일 생성하고 파일 포인터 얻기
    if (file == NULL) { ------------ ❸ 파일이 제대로 열렸는지 확인
        printf("파일 열기 실패\n");
        return 1;
    }
    return 0;
}
```

'추첨번호'라는 문구와 추첨번호 6개, 즉 1, 2, 3, 4, 5, 6을 test2.txt 파일에 써 보겠습니다.

❶ fprintf() 함수로 로또 추첨번호를 파일에 저장합니다. 문구는 문자열이므로 서식 지정자를 %s로 하고, 추첨번호 6개는 정수이므로 %d로 지정합니다.

❷ 같은 방식으로 다음 줄에 '보너스번호' 문구와 숫자 7도 파일에 씁니다.

❸ 파일에 쓰기가 완료되면 fclose() 함수로 파일을 닫습니다.

10.3.1 fprintf.c

```c
int main(void) {
    FILE * file = fopen("c:\\Users\\사용자계정\\test2.txt", "wb");
    if (file == NULL) {
        printf("파일 열기 실패\n");
        return 1;
    }
    fprintf(file, "%s %d %d %d %d %d %d\n", "추첨번호 ", 1, 2, 3, 4, 5, 6);
    ---------------------------------------------- ❶ 로또 추첨번호 저장
    fprintf(file, "%s %d\n", "보너스번호 ", 7); --- ❷ 보너스번호 저장
    fclose(file); -------------------------------- ❸ 파일 닫기
    return 0;
}
```

실행하면 콘솔 창에 아무것도 나오지 않습니다. 코드에서 지정한 폴더에 가 보면 test2.txt 파일이 있습니다. 파일을 열어 보면 fprintf() 함수로 작성한 내용이 저장된 것을 확인할 수 있습니다.

그림 10-5 test2.txt 파일 확인

10.3.2 fscanf() 함수로 파일 읽기

이제 앞에서 만든 test2.txt 파일의 내용을 읽어 오겠습니다.

❶ #include 지시문 아래에 MAX를 파일 최대 크기인 숫자 10000으로 치환하기 위해 #define 지시문을 추가합니다.

❷ '추첨번호'와 '보너스번호'라는 문자열을 읽어 와 저장할 곳이 필요하므로 크기가 MAX(10000) 인 배열 str1과 str2를 선언합니다.

❸ 읽어 온 추첨번호 6개를 저장할 정수형 배열 num과 읽어 온 보너스번호를 저장할 정수형 변수 bonus를 선언하고 모두 0으로 초기화합니다.

❹ 파일 쓰기를 할 때처럼 파일 포인터를 얻고 파일 포인터가 NULL이면 '파일 열기 실패'를 출력하고 프로그램을 종료합니다. 이때 파일 모드를 바이너리 데이터의 쓰기 전용이 아닌 읽기 전용(rb)으로 설정해야 합니다.

❺ fscanf( ) 함수로 test2.txt 파일의 내용을 읽어 옵니다. '추첨번호'는 문자열이므로 서식 지정자를 %s로 하고, 추첨번호 6개는 정수이므로 모두 %d로 지정합니다. 그리고 읽어 온 데이터를 저장할 변수의 주소를 적습니다. '추첨번호' 문자열은 str1 배열에 저장합니다. 이때 배열명 자체가 배열의 시작 주소이므로 str1이라고만 적으면 됩니다. 나머지 추첨번호는 각각 num[0]~num[5]에 저장합니다. 여기도 주소를 넣어야 하므로 &num[0]~&num[5]로 적습니다.

❻ printf( ) 함수로 str1 배열과 num[0]~num[5]에 저장된 값을 출력해 파일에서 데이터를 잘 읽어 왔는지 확인합니다.

❼ 추첨번호 다음 줄에 있는 보너스번호를 읽어 오기 위해 fscanf( ) 함수를 한 번 더 사용합니다. 이때 읽어 온 '보너스번호' 문자열은 str2 배열에 저장하고, 보너스번호인 7은 bonus 변수에 저장합니다.

❽ printf( ) 함수로 str2 배열과 bonus 변수에 저장된 값을 출력합니다.

❾ 파일 읽기가 끝나면 파일을 닫습니다.

10.3.2 fscanf.c
```
#define _CRT_SECURE_NO_WARNINGS
#include <stdio.h>
#define MAX 10000 ------------------------- ❶ 매크로 정의

int main(void) {
    char str1[MAX]; ------------------------ ❷ '추첨번호' 문자열 저장 배열 선언
    char str2[MAX]; ------------------------ ❷ '보너스번호' 문자열 저장 배열 선언
    int num[6] = { 0, 0, 0, 0, 0, 0 }; ---- ❸ 추첨번호 저장 배열 초기화
```

```
    int bonus = 0; ---------------------------- ❸ 보너스번호 저장 변수 초기화
    FILE * file = fopen("c:\\Users\\사용자계정\\test2.txt", "rb"); -❹ 파일 포인터 얻기
    if (file == NULL) {
        printf("파일 열기 실패\n");
        return 1;
    }
    fscanf(file, "%s %d %d %d %d %d %d", str1, &num[0], &num[1], &num[2],
&num[3], &num[4], &num[5]); ------------------- ❺ fscanf() 함수로 파일 읽기
    printf("%s %d %d %d %d %d %d\n", str1, num[0], num[1], num[2], num[3],
num[4], num[5]); ---------------------------- ❻ 추첨번호 출력
    fscanf(file, "%s %d", str2, &bonus); ----- ❼ fscanf() 함수로 파일 읽기
    printf("%s %d\n", str2, bonus); ---------- ❽ 보너스번호 출력
    fclose(file); ---------------------------- ❾ 파일 닫기
    return 0;
}
```

실행결과	– □ ×
추첨번호 1 2 3 4 5 6	
보너스번호 7	

실행해 보면 test2.txt 파일에 작성한 추첨번호 1, 2, 3, 4, 5, 6과 보너스번호 7이 잘 출력되는 것을 확인할 수 있습니다.

1분 퀴즈
해설 노트 p.414

4. 이삿짐 견적을 위한 파일을 다음 형태로 구성한다고 합니다. fscanf() 함수로 한 줄씩 내용을 읽어 오기 위한 방법으로 **가**에 들어갈 내용으로 올바른 것을 고르세요.

〈move.txt 파일 내용〉

옷장 3

침대 2

책상 4

```
int main(void) {
    char item[256]; // 항목
```

```
    int count; // 개수
    FILE * file = fopen("C:\\quiz\\move.txt", "rb");
    if (file == NULL) {
        printf("파일 열기 실패\n");
        return 1;
    }
    ⑦
    return 0;
}
```

① fscanf(file, "%s", item, &count);

② fscanf(file, "%s %s", item, &count);

③ fscanf(file, "%s %d", item, &count);

④ fscanf(file, item, count);

5. C:\quiz\last.txt 파일에는 다른 프로그램에서 wb 모드로 '드디어 마지막\n'이라고 적은 문장이 있습니다. 다음 코드를 실행한 후 파일 내용으로 올바른 것을 고르세요.

> 〈현재 last.txt 파일 내용〉
> 드디어 마지막(줄바꿈 포함)

```
int main(void) {
    FILE * file = fopen("C:\\quiz\\last.txt", "ab");
    if (file == NULL) {
        printf("파일 열기 실패\n");
        return 1;
    }
    fprintf(file, "%s", "완공을 축하합니다.");
    fclose(file);
    return 0;
}
```

① 드디어 마지막   ② 완공을 축하합니다.

③ 드디어 마지막완공을 축하합니다.   ④ 드디어 마지막
                                           완공을 축하합니다.

10.4

프로젝트: 비밀 일기 프로그램 만들기

지금까지 배운 파일 입출력을 활용해 비밀 일기 프로그램을 만들어 보겠습니다. 원래 프로그램
에서는 처음 실행 시 비밀번호를 지정합니다. 이후 프로그램을 실행할 때 입력한 비밀번호와 지
정한 비밀번호를 비교합니다. 비밀번호가 맞으면 일기장 파일이 열리고 글을 작성한 후 저장할
수 있습니다. 비밀번호가 틀리면 경고 메시지를 출력한 후 종료합니다. 여기서 파일 읽기와 쓰
기는 fputs()와 fgets() 함수를 이용합니다.

비주얼 스튜디오에서 새로운 파일을 만들고 파일명 **10.4_프로젝트**.c로 저장합니다. 기본 코드도
작성합니다.

10.4.1 비밀번호 입력받기

여기서는 비밀번호를 'skehzheld'(한글 '나도코딩'을 영문 상태에서 입력)라고 지정했다고 가정
하고 사용자에게 비밀번호를 입력받는 부분부터 작성하겠습니다.

❶ 비밀번호를 입력받아 저장할 password 배열을 선언합니다. 문자로 인식하도록 char형으로
선언하고 크기는 20으로 설정합니다.

❷ 비밀번호를 입력할 때 다른 사람이 알아볼 수 없도록 *로 입력되는 효과를 내겠습니다. 일
종의 마스킹(masking, 은폐) 효과인데, 이렇게 작업하려면 한 자씩 입력받아야 합니다. 이를
위해 문자형 변수 c를 선언합니다.

❸ 한 자씩 입력받은 비밀번호는 password 배열의 인덱스 i 위치에 저장합니다. 이를 위해 정
수형 변수 i를 선언하고 0으로 초기화합니다.

❹ 프로그램 시작을 표시하기 위해 안내 문구를 출력합니다. 비밀번호는 최대 20자리로 지정하고 안내 문구에도 표시합니다.

❺ 비밀번호를 한 자씩 입력받기 위해 _getch() 함수를 사용합니다. _getch() 함수로 입력받은 값은 앞에 선언한 변수 c에 저장합니다. 이때 사용자가 입력할 비밀번호 길이를 모르므로 이 부분은 while 문 안에 작성합니다. 그리고 _getch() 함수를 사용할 수 있게 conio.h 파일을 헤더 파일 부분에 추가합니다.

Note **getchar() 함수와 _getch() 함수**

9장에서 getchar() 함수로 숫자를 입력받은 적이 있습니다. _getch() 함수는 getchar() 함수와 무엇이 다를까요? getchar() 함수는 키보드로 원하는 키를 입력한 후 반드시 Enter 를 눌러야 작동합니다. 반면에 _getch() 함수는 키를 입력하면 바로 작동합니다. 예를 들어, getchar() 함수는 a를 입력한 후 Enter 를 눌러야 값이 저장되지만, _getch() 함수는 a를 입력한 순간 바로 저장됩니다.

그림 10-6 문자 입력 시 getchar() 함수와 _getch() 함수의 차이

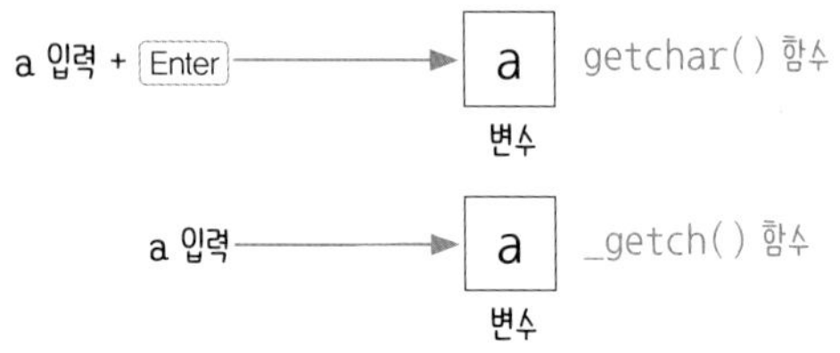

a 입력 + Enter ⟶ [a] getchar() 함수
                   변수

a 입력 ⟶ [a] _getch() 함수
           변수

10.4 프로젝트.c

```
#include <stdio.h>
#include <conio.h> -------------------------------- ❺ 헤더 파일 추가


int main(void) {
    char password[20]; --------------------------- ❶ 입력받은 비밀번호 저장 배열 선언
    char c; --------------------------------------- ❷ 입력받은 비밀번호 확인용(마스킹 효과)
    int i = 0; ------------------------------------ ❸ password 배열의 인덱스용 변수
    printf("비밀 일기에 오신 것을 환영합니다.\n"); --- ❹ 안내 문구
    printf("비밀번호를 입력하세요(최대 20자리). : ");
    while (1) { ----------------------------------- ❺ 비밀번호 입력받기
        c = _getch();
    }
    return 0;
}
```

❶ _getch( ) 함수로 입력받은 변수 c의 값이 13이면 password 배열의 인덱스 i 위치에 널 문자
(\0)를 저장합니다. 13은 아스키코드로 [Enter]를 나타냅니다. [Enter]를 누르는 것은 비밀번호
입력이 끝났음을 의미합니다. 즉, 비밀번호를 다 입력하고 마지막에 [Enter]를 누르면 현재 i
위치에 문자의 끝을 나타내는 널(\0)을 저장합니다. 그리고 break 문으로 반복문을 빠져나옵
니다.

❷ 변수 c의 값이 [Enter]가 아니면 아직 비밀번호를 입력하는 중입니다. 이때는 printf( ) 함수
로 화면에 별표(*)를 출력하고 password 배열의 i 위치에 변수 c의 값을 저장합니다. 이렇
게 하면 입력하는 글자를 별표로 표시하는 효과를 내면서 동시에 password 배열에 비밀번
호를 한 글자씩 저장할 수 있습니다.

❸ 다음 반복으로 넘어가기 전에 인덱스인 i 값을 하나 증가시켜 배열의 다음 요소로 넘어가게
합니다.

10.4 프로젝트.c

```
while (1) { // 비밀번호 입력받기
    c = _getch();
    if (c == 13) { ---------- ❶ Enter -> 비밀번호 입력 종료
        password[i] = '\0';
        break;
    } else { ----------------- ❷ 사용자가 비밀번호 입력하는 중
        printf("*");
        password[i] = c;
    }
    i++; -------------------- ❸ 배열 인덱스 증가
}
```

실행결과   — □ ×

비밀 일기에 오신 것을 환영합니다.
비밀번호를 입력하세요(최대 20자리). : *********

여기까지 작성하고 실행하면 비밀번호를 입력하라고 나옵니다. 지정한 비밀번호인
'skehzheld'를 입력해 보세요. 그리고 [Enter]를 누르면 콘솔 창이 닫힙니다.

10.4.2 비밀번호 확인하기

사용자가 입력한 비밀번호가 지정한 비밀번호(skehzheld)와 맞는지 확인하는 부분을 작성하겠습니다.

❶ 비밀번호를 확인하고 있음을 알리기 위해 '비밀번호 확인 중'이라는 안내 문구를 출력합니다.

❷ 사용자가 입력한 비밀번호는 password에 저장되므로 이 값이 'skehzheld'와 같은지 확인합니다. 두 값을 비교해 맞는지 틀린지에 따라 실행할 내용이 달라지므로 if-else 문으로 처리하겠습니다.

두 값은 문자열입니다. 문자열을 비교할 때는 strcmp() 함수를 사용합니다. strcmp() 함수는 두 문자열을 비교해 같으면 0, 문자열1이 크면 1, 문자열2가 크면 -1을 반환합니다. 비교 기준은 아스키코드 값입니다. 그리고 strcmp() 함수를 사용하려면 string.h 파일을 추가해야 합니다.

형식   strcmp(문자열1, 문자열2)

❸ if 문의 조건에서 strcmp() 함수의 반환값이 0과 같다면 비밀번호가 맞다는 뜻입니다. 따라서 일기장이 열리고 일기를 쓸 수 있습니다. 비밀번호가 맞음을 알 수 있게 '비밀번호 확인 완료' 문구도 출력합니다.

❹ fileName이라는 문자열 포인터 변수를 선언하고 일기장을 작성할 파일명(C:\\Users\\사용자계정\\secretdiary.txt)을 저장합니다. 파일 포인터를 얻을 때 파일 경로 등을 포함해 파일명이 긴 경우에 그 대신 사용하기 위해서입니다.

❺ fopen() 함수로 secretdiary.txt 파일을 a+b 모드로 열어 파일 포인터를 구합니다. a+는 읽기와 쓰기가 모두 가능한 이어 쓰기 모드입니다. 파일이 없으면 파일을 새로 생성한 후 내용을 추가하고, 파일이 있으면 원래 있던 내용 뒤에 계속 추가합니다. 그리고 b는 바이너리 모드를 의미합니다.

❻ fopen() 함수를 사용할 때 경고가 발생하지 않게 코드 맨 윗줄에 #define _CRT_SECURE_NO_WARNINGS를 추가합니다.

❼ 파일을 열 때 파일 포인터의 값이 NULL이면 파일 열기에 실패했으므로 '파일 열기 실패'를 출력합니다. 그리고 1을 반환해 프로그램을 종료합니다.

❽ if 문의 조건에서 strcmp( ) 함수의 반환값이 0이 아니면 비밀번호가 틀렸다는 뜻입니다. 입력한 비밀번호가 틀렸을 때는 안내 문구를 출력하고 프로그램을 종료합니다. 이 부분은 비밀번호가 일치하는 부분과 함께 배치되도록 else 문으로 처리합니다.

10.4 **프로젝트**.c

```
#define _CRT_SECURE_NO_WARNINGS ------------------- ❻ 경고 무시
#include <stdio.h>
#include <conio.h>
#include <string.h> ----------------------------- ❷ strcmp() 함수가 선언된 헤더 파일 추가


int main(void) {
    (중략)
    while (1) {
        (중략)
    }
    // 지정한 비밀번호: skehzheld(나도코딩)
    printf("\n\n === 비밀번호 확인 중 ===\n\n"); --- ❶ 안내 문구 출력
    if (strcmp(password, "skehzheld") == 0) { ---- ❷ strcmp() 함수로 입력한 비밀번호 비교
        printf("=== 비밀번호 확인 완료 ===\n\n"); -- ❸ 비밀번호가 맞으면 확인 문구 출력
        char * fileName = "C:\\Users\\사용자계정\\secretdiary.txt";
        ------------------------------------- ❹ 파일명을 포인터 변수에 저장
        // a+ 모드는 파일이 없으면 생성, 파일이 있으면 뒤에서부터 내용 추가
        FILE * file = fopen(fileName, "a+b"); ---- ❺ 파일 포인터 얻기
        if (file == NULL) { ---------------------- ❼ 파일 열기
            printf("파일 열기 실패\n");
            return 1;
        }
    } else { ------------------------------------- ❽ 비밀번호가 틀렸을 때
        printf("=== 비밀번호가 틀렸어요. ===\n\n");
    }
    return 0;
}
```

실행해서 비밀번호를 입력하면 사용자가 입력한 비밀번호가 맞는지 확인합니다. 입력한 비밀번호가 맞다면 비밀번호 확인 완료 메시지가 나오고 비밀 일기를 저장한 파일을 엽니다. 입력한 비밀번호가 틀리면 틀렸다고 안내하는 문구를 출력합니다.

그림 10-7 실행결과

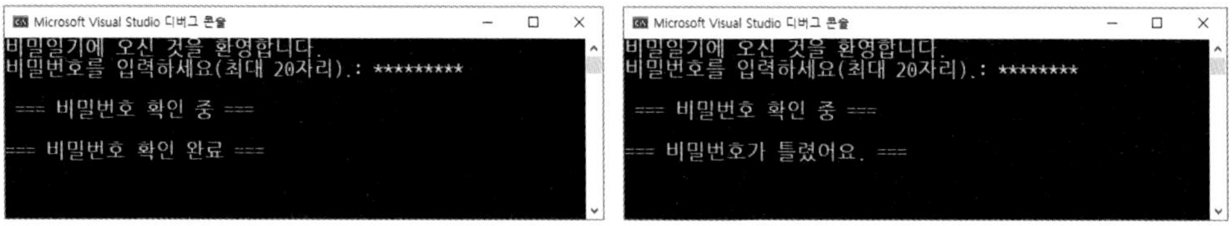

10.4.3 일기장 읽고 쓰기

여기까지 문제없이 왔다면 파일이 잘 생성됐다는 뜻입니다. 그러면 일기장에 있는 내용을 읽어 오겠습니다. 앞에서 배운 대로 fgets() 함수를 사용합니다.

❶ 파일에서 읽어 온 내용을 저장할 line 배열을 선언합니다.

❷ 파일 내용을 줄별로 읽어 올 때 최대 10000글자씩 읽어 오도록 배열의 크기는 10000으로 선언하는데, 10000 대신 MAX를 사용할 수 있게 main() 함수 위에 #deifne MAX 10000으로 정의합니다.

❸ fgets() 함수를 사용해 파일 포인터 file이 가리키는 파일로 가서 한 번에 MAX 크기만큼 문자열을 읽어 와 line 배열에 저장합니다. 이때 fgets() 함수는 줄바꿈(\n)을 만날 때까지 문자열을 읽어 오므로 while 문의 조건으로 넣어 한 줄씩 읽어 옵니다. 읽어 올 데이터가 없으면 반환값이 NULL이 되어 반복문을 빠져나갑니다.

❹ 읽어 온 내용은 printf() 문으로 출력합니다.

```
10.4 프로젝트.c
#define _CRT_SECURE_NO_WARNINGS
#include <stdio.h>
#include <conio.h>
#include <string.h>
#define MAX 10000 ----------------------------------- ❷ 매크로 정의

int main(void) {
    char password[20];
    char c;
    int i = 0;
    char line[MAX]; ---------------------------------- ❶ 파일에서 읽어 온 내용 저장
```

```
(중략)
if (strcmp(password, "skehzheld") == 0) { // 비밀번호가 맞았을 때
    (중략)
    while (fgets(line, MAX, file) != NULL) { ---- ❸ fgets() 함수로 파일 읽어 오기
        printf("%s", line); --------------------- ❹ 파일에서 읽어 온 내용 출력
    }
} else {
    printf("=== 비밀번호가 틀렸어요. ===\n\n");
}
return 0;
}
```

이번에는 일기장에 내용을 추가하는 부분을 작성해 보겠습니다.

❶ 내용 작성을 안내하는 문구를 추가합니다. 여기에 EXIT를 입력하면 파일을 저장하고 종료한다는 문구도 추가합니다.

❷ 사용자로부터 내용을 입력받는 부분은 scanf() 함수로 작성합니다. 입력 내용의 크기를 알수 없으므로 무한 반복문인 while (1) 문 안에서 실행합니다.

❸ scanf() 함수로 입력받은 내용을 사용하려면 변수에 저장해야 합니다. 이를 위해 contents 배열을 main() 함수의 변수 선언 부분에 추가합니다. 문자열을 저장하므로 자료형은 char 형으로, 크기는 MAX로 선언하고 빈 값으로 초기화합니다.

❹ scanf() 함수의 서식 지정자는 %s가 아닌 %[^\n]을 사용합니다. 이는 키보드로 내용을 입력할 때 줄바꿈 문자(\n)가 나오기 전까지 모든 문자열을 지정된 장소에 넣으라는 의미인데, 결국 한 문장씩 저장하겠다는 뜻입니다.

TIP —— 줄바꿈 문자가 나오기 전까지 모든 문자열을 입력받기 위한 서식 지정자 %[^\n]은 scanf_s()에서는 의도한 대로 동작하지 않아서 이번에는 표준 함수인 scanf()를 사용합니다. 경고 무시 매크로를 정의했기 때문에 scanf() 함수를 사용해도 경고가 발생하지 않습니다.

❺ getchar() 함수로 버퍼에 남아 있던 줄바꿈 문자를 없앱니다.

10.4 **프로젝트**.c
```
int main(void) {
    (중략)
    char line[MAX];
    char contents[MAX] = ""; -------------- ❸ 일기장에 입력한 내용을 저장할 변수(빈 값으로 초기화)
    (중략)
```

```
if (strcmp(password, "skehzheld") == 0) { // 비밀번호가 맞았을 때
    (중략)
    printf("\n\n내용을 계속 작성하세요! 종료하려면 EXIT를 입력하세요.\n\n");
    --------------------------------------- ❶ 안내 문구
    while (1) { --------------------------- ❷ 입력이 끝날 때까지
        scanf("%[^\n]", contents); ---- ❹ 줄바꿈 문자(\n) 전까지 한 문장씩 읽어 오기
        getchar(); --------------------- ❺ Enter 를 입력해 줄바꿈 문자 플러시 처리
    }
} else {
    printf("=== 비밀번호가 틀렸어요. ===\n\n");
}
return 0;
}
```

Note | **플러시 처리**

서식 지정자 %[^\n]으로 값을 입력받으면 줄바꿈 문자가 나오기 전까지의 문자열을 저장한다고 했습니다. scanf() 함수나 getchar() 함수로 입력받을 때 값은 변수에 저장되기 전에 입력 버퍼란 곳에 임시로 저장됩니다. 그래서 서식 지정자로 %[^\n]을 지정하면 변수에 저장할 때 문자열만 저장하고 줄바꿈 문자는 버퍼에 그대로 있습니다.

예를 들어, 사용자가 '일기를 씁니다'라고 입력하고 Enter 를 누르면 scanf() 함수는 '일기를 씁니다'만 contents 배열에 저장하고 줄바꿈 문자는 버퍼에 그대로 남게 됩니다. 이 상태로 다시 반복하면 버퍼에 이미 줄바꿈 문자가 있기 때문에 다음 내용을 입력받을 수 없습니다. 그래서 Enter 를 getchar() 함수로 입력받은 후 저장하지 않고 버립니다.

이렇게 Enter 를 눌러서 입력받은 줄바꿈 문자를 버리는 것을 **플러시 처리**라고 합니다. 플러시(flush)는 우리 말로 '씻어 없애다'라는 뜻이므로 버퍼에 남아 있던 줄바꿈 문자를 없애버리는 동작을 나타냅니다.

---

❶ 앞에서 입력받은 내용을 contents 배열에 저장했습니다. 이때 사용자가 입력한 내용이 'EXIT'면 프로그램을 끝내야 하므로 이 부분을 if 문으로 처리합니다. 문자열을 비교하므로 strcmp() 함수를 사용합니다. contents 배열에 저장된 값과 'EXIT' 문자열을 비교해 반환하는 값이 0이면 두 문자열이 같다는 뜻이므로 if 문 안의 내용을 수행합니다.

❷ if 문 안에서 '비밀 일기 입력을 종료합니다.'라는 안내 문구를 출력합니다.

❸ break 문으로 while 문을 빠져나오면 일기 쓰기가 종료됩니다.

❹ 사용자가 입력한 내용이 'EXIT'가 아니면 fputs( ) 함수로 contents 배열에 저장된 내용을 파일 포인터 file이 가리키는 파일에 저장합니다.

❺ 앞에서 입력한 내용 중에서 줄바꿈한 부분을 getchar( ) 함수로 없애버렸습니다. 그래서 fputs( ) 함수로 file이 가리키는 파일에 임의로 줄바꿈 문자를 추가합니다.

❻ 입력한 내용을 파일에 모두 저장하면 fclose( ) 함수로 파일을 닫습니다.

10.4 **프로젝트**.c
```c
while (1) {
    scanf("%[^\n]", contents);
    getchar();
    if (strcmp(contents, "EXIT") == 0) { ------------ ❶ 입력값과 'EXIT' 문자열 비교
        printf("비밀 일기 입력을 종료합니다.\n\n"); ----- ❷ 안내 문구
        break; ------------------------------------- ❸ while 문 탈출, 일기 쓰기 종료
    }
    fputs(contents, file); -------------------------- ❹ 입력한 내용 파일 쓰기
    fputs("\n", file); ------------------------------ ❺ 줄바꿈 문자를 파일에 추가
}
fclose(file); -------------------------------------- ❻ 파일 닫기
```

비밀 일기를 저장한 파일을 불러와 원래 있던 내용을 보여 준 다음, 추가로 내용을 더 입력받는 것까지 모두 처리했습니다.

10.4.4 전체 코드 확인하기

완성한 코드는 다음과 같습니다. 실행해서 결과를 확인해 봅시다.

10.4 **프로젝트**.c
```c
#define _CRT_SECURE_NO_WARNINGS
#include <stdio.h>
#include <conio.h>
#include <string.h>
#define MAX 10000

int main(void) {
    char password[20]; // 입력받은 비밀번호 저장
```

```
char c; // 입력받은 비밀번호 확인용(마스킹 효과)
int i = 0; // password 배열의 인덱스용 변수
char line[MAX]; // 파일에서 읽어 온 내용 저장
char contents[MAX] = ""; // 일기장에 입력한 내용 저장(빈 값으로 초기화)

printf("비밀 일기에 오신 것을 환영합니다.\n");
printf("비밀번호를 입력하세요(최대 20자리). : ");
while (1) {
    c = _getch();
    if (c == 13) { // Enter -> 비밀번호 입력 종료
        password[i] = '\0';
        break;
    } else { // 비밀번호 입력 중
        printf("*");
        password[i] = c;
    }
    i++;
}
// 비밀번호: skehzheld(나도코딩)
printf("\n\n=== 비밀번호 확인 중 ===\n\n");
if (strcmp(password, "skehzheld") == 0) { // 비밀번호가 맞았을 때
    printf("=== 비밀번호 확인 완료 ===\n\n");
    char * fileName = "C:\\Users\\사용자계정\\secretdiary.txt";
    // a+ 모드는 파일이 없으면 생성, 파일이 있으면 뒤에서부터 내용 추가
    FILE * file = fopen(fileName, "a+b");
    if (file == NULL) {
        printf("파일 열기 실패\n");
        return 1;
    }
    while (fgets(line, MAX, file) != NULL) { // 파일 읽어 오기
        printf("%s", line);
    }
    printf("\n\n내용을 계속 작성하세요! 종료하려면 EXIT를 입력하세요.\n\n");
    while (1) {
        scanf("%[^\n]", contents); // 줄바꿈 문자(\n) 전까지 읽어 옴(한 문장씩)
        getchar(); // Enter 를 입력해 줄바꿈 문자 플러시 처리
        if (strcmp(contents, "EXIT") == 0) {
            printf("비밀 일기 입력을 종료합니다.\n\n");
            break; // while 문 탈출, 일기 쓰기 종료
        }
```

```
            fputs(contents, file);
            fputs("\n", file); // 줄바꿈 문자를 파일에 추가
        }
        fclose(file); // 파일 닫기
    } else { // 비밀번호가 틀렸을 때
        printf("=== 비밀번호가 틀렸어요. ===\n\n");
    }
    return 0;
}
```

비밀번호를 입력하라고 뜹니다. 비밀번호를 틀려 보겠습니다. 다른 값을 입력하고 Enter 를 누르
니 비밀번호를 확인한 후 틀렸다고 나오고 프로그램이 종료됩니다.

```
실행결과                                                    —  □  ×

비밀 일기에 오신 것을 환영합니다.
비밀번호를 입력하세요(최대 20자리). : ******


=== 비밀번호 확인 중 ===
=== 비밀번호가 틀렸어요. ===
```

다시 실행해서 이번에는 비밀번호를 제대로 입력합니다. 글자를 입력할 때마다 별표(*)로 표시
되는 걸 확인할 수 있습니다. 비밀번호가 확인됐다고 뜹니다. 파일에서 뭔가를 읽어 왔을 텐데
아직 내용이 없기 때문에 파일을 새로 만드는 작업만 합니다.

```
실행결과                                                    —  □  ×

비밀 일기에 오신 것을 환영합니다.
비밀번호를 입력하세요(최대 20자리). : *********


=== 비밀번호 확인 중 ===
=== 비밀번호 확인 완료 ===

내용을 계속 작성하세요! 종료하려면 EXIT를 입력하세요.
```

실제로 파일 경로에 가 보면 secretdiary.txt 파일이 만들어져 있고 파일 안에 아무 내용도 없
습니다.

그림 10-8 secretdiary.txt 파일 생성 확인

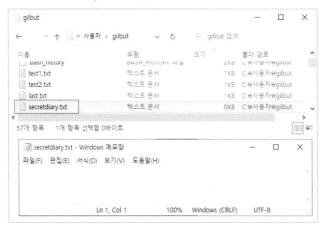

이 상태에서 일기를 작성해 보겠습니다. **오늘은 기분이 좋다**를 입력하고 Enter 를 누릅니다. 다음 줄에 **내일도 기분이 좋으면 좋겠다**를 적고 Enter 를 누릅니다. 이번에는 **EXIT**를 입력하고 Enter 를 누릅니다. 그러면 프로그램을 종료합니다.

그림 10-9 일기 쓰고 종료

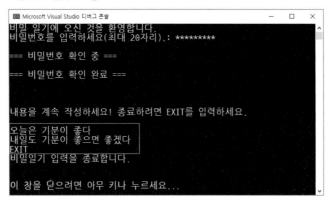

secretdiary.txt 파일을 다시 열어 보면 입력한 내용이 잘 저장되어 있습니다.

그림 10-10 secretdiary.txt 파일 확인

394

프로그램을 다시 실행해 비밀번호를 입력하고 앞에서 쓴 일기가 그대로 출력되는지 확인합니다.

그림 10-11 secretdiary.txt 파일 읽어 오기

일기에 내용을 추가해 보겠습니다. **사실 내일도 기분이 좋을 예정이다**를 적고 [Enter]를, 다음 줄에
올해도 기분이 더 좋으면 좋겠다를 적고 [Enter]를 누릅니다. 다시 다음 줄에 **모두 행복하면 좋겠다**를
적고 마지막 줄에 **EXIT**를 입력해 프로그램을 종료합니다. 프로그램을 다시 실행해 비밀번호를
입력하면 앞에서 입력한 내용이 모두 나옵니다.

그림 10-12 이어 쓴 일기 내용 불러오기

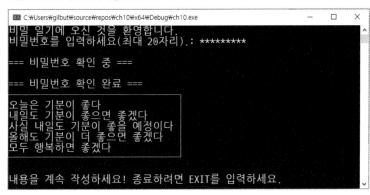

secretdiary.txt 파일에도 추가한 내용이 잘 저장됐습니다.

그림 10-13 최종 secretdiary.txt 파일

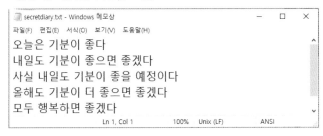

축하합니다! 이렇게 해서 C 언어의 기초를 배우고 무려 9개나 되는 프로젝트의 핵심 로직을 구현해 봤습니다. 사실 C 언어를 깊이 있게 공부하려면 지금까지 배운 내용보다 훨씬 더 어렵고 험난한 과정이 동반되지만, 여러분은 최소한 C 언어가 전반적으로 어떻게 생겼고 어떤 방법으로 작동하는지, 그 과정에서 반복문, 조건문, 함수, 배열, 구조체, 그리고 모두가 입을 모아 어렵다고 말하는 포인터를 어떻게 사용하는지도 경험해 봤습니다.

C 언어를 이해하고 나면 다른 언어는 굉장히 쉽게 배울 수 있습니다. 그만큼 프로그래밍 입문자에게 C 언어는 어렵다는 점, 그런데도 여러분이 이 문장을 읽고 있다는 건 그 어려운 내용을 모두 학습했다는 뜻이므로 나도코딩이 여러분의 뜨거운 의지와 노력에 힘찬 격려의 박수를 보냅니다.

새로운 프로그래머의 탄생을 진심으로 축하하며 저는 이만 즐거운 마음으로 인사드리겠습니다. 감사합니다.

마무리

1. 파일 입출력

① 파일에 데이터를 저장하는 것을 **파일 쓰기**, 저장한 내용을 불러오는 것을 **파일 읽기**라고 합니다.

② 파일을 읽고 쓸 때는 먼저 fopen( ) 함수로 파일을 열어야 합니다.

> **형식**   `FILE * 포인터명 = fopen(파일명, 파일모드);`

③ 파일 모드는 파일을 여는 방식으로, 사용할 수 있는 모드는 다음과 같습니다.

파일 모드	기능	설명
r	읽기 전용	• 읽기 전용 파일 열기 • 파일이 반드시 있어야 함
w	쓰기 전용	• 새 파일 생성 • 기존 파일이 있으면 덮어 씀
a	추가	• 파일을 열어 기존 파일 끝에 이어 쓰기 • 파일이 없으면 새로 생성함
r+	읽기/쓰기	• 읽기/쓰기용으로 파일 열기 • 파일이 반드시 있어야 하고, 없으면 NULL을 반환함
w+	읽기/쓰기	• 읽기/쓰기용으로 파일 열기 • 파일이 없으면 새로 생성하고, 있으면 덮어 씀
a+	추가(읽기/쓰기)	• 파일을 열어 기존 파일 끝에 이어 쓰기 • 파일이 없으면 새로 생성함 • 읽기는 파일의 모든 구간에서, 쓰기는 파일 끝에서만 가능함
t	텍스트 모드	• 파일을 읽고 쓸 때 줄바꿈 문자 \n과 \r\n을 서로 변환함 • ^Z(Ctrl + Z)를 파일 끝으로 인식하므로 ^Z까지만 파일을 읽음
b	바이너리 모드	• 파일 내용을 그대로 읽고 씀

④ 파일 열기에 실패하면 널(null)이 반환됩니다.

⑤ 파일을 읽고 쓰는 작업을 완료하면 fclose( ) 함수로 파일을 닫아야 합니다.

> **형식**　　fclose(파일포인터);

2. 파일 입출력 함수

① fputs( ) 함수는 파일에 데이터를 저장할 때 사용합니다.

> **형식**　　fputs(문자열, 파일포인터)

② fgets( ) 함수는 파일에 저장된 데이터를 불러올 때 사용합니다.

> **형식**　　fgets(변수명, 문자열최대크기, 파일포인터)

③ fprintf( ) 함수는 정해진 형식으로 파일에 데이터를 저장할 때 사용합니다.

> **형식**　　fprintf(파일포인터, "서식지정자", 값);

④ fscanf( ) 함수는 파일로부터 정해진 형식의 데이터를 불러올 때 사용합니다.

> **형식**　　fscanf(파일포인터, "서식지정자", 변수주소);

셀프체크

해설 노트 p.414

문제 영어 단어 공부를 위한 퀴즈 프로그램을 만들어 보세요.

조건

1. 메모장을 열고 다음과 같이 영어 단어와 뜻을 띄어쓰기로 구분해 입력합니다.

2. 메뉴에서 **파일 → 다른 이름으로 저장**을 선택합니다. **C:\Users\사용자계정** 경로에 파일명을 **word.txt**
   로 저장합니다. 이때 인코딩은 ANSI로 변경하여 C 프로그램에서 한글이 깨지지 않게 합니다.

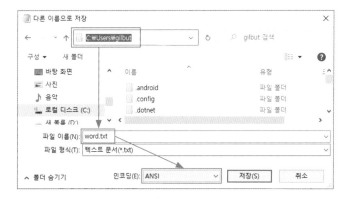

3. 프로그램에서는 word.txt 파일을 읽어 와서 순서대로 하나씩 뜻을 보여 준 뒤에 사용자로부터 영어 단어
   를 입력받아 정답 여부를 출력하고 다음 단어로 넘어갑니다. 이 작업은 반복문으로 총 3회 반복합니다.

   힌트 1. 형식이 지정된 파일을 읽어 올 때는 fscanf( ) 함수를 이용합니다.
   2. 두 문자열이 같은지를 비교할 때는 strcmp( ) 함수를 이용합니다.

MEMO

해설 노트

2장

1분 퀴즈

1. "%.3f\n", f

2.

```
#include <stdio.h>

int main(void) {
    char str1[256], str2[256];
    printf("첫 번째 문자열을 입력하세요 : ");
    scanf_s("%s", str1, sizeof(str1));
    printf("두 번째 문자열을 입력하세요 : ");
    scanf_s("%s", str2, sizeof(str2));
    printf("첫 번째 문자열 : %s\n", str1);
    printf("두 번째 문자열 : %s\n", str2);
    return 0;
}
```

셀프체크

```
#include <stdio.h>

int main(void) {
    // 이름
    char name[256];
    printf("이름을 입력하세요 : ");
    scanf_s("%s", name, sizeof(name));

    // 아이디
    char id[256];
    printf("사용할 아이디를 입력하세요 : ");
    scanf_s("%s", id, sizeof(id));

    // 나이
    int age;
    printf("나이를 숫자로 입력하세요 : ");
```

```
        scanf_s("%d", &age);

        // 생일
        char birth[256];
        printf("생일을 입력하세요(월일, 예: 0802) : ");
        scanf_s("%s", birth, sizeof(birth));

        // 신발 크기
        int size;
        printf("신발 크기를 입력하세요 : ");
        scanf_s("%d", &size);

        // 회원 정보 출력
        printf("\n\n--- 회원 정보 ---\n");
        printf("이름      : %s\n", name);
        printf("아이디    : %s\n", id);
        printf("나이      : %d\n", age);
        printf("생일      : %s\n", birth);
        printf("신발 크기 : %d\n", size);

        return 0;
}
```

3장

1분 퀴즈

1. ③

   해설_ ++ 연산자가 변수 앞에 있으면 문장 실행 전에, 뒤에 있으면 문장 실행 후에 ++ 연산 작업을 실행합니다. 그러므로 처음 printf( ) 문에서는 현재 변수 num의 값인 10을 출력하고 나서 num을 1 증가시키고, 다음 줄의 printf( ) 문에서는 변수 num의 값(11)을 1 증가시키고 나서 출력하므로 12를 출력합니다.

2. ①

   해설_ for 문의 형식을 확인하는 문제입니다. i는 0부터 시작하며 1씩 증가하므로 i가 3보다 작은 조건을 만족하는 동안 반복하면 파이팅이 3번 출력됩니다.

3. ④

해설_ 다른 보기는 모두 '좋았어'가 5번 출력되지만 `i == 4` 조건이 들어가면 처음부터 거짓이므로 while 문 안 코드는 한 번도 실행되지 않습니다.

4. ①

해설_ `do while` 문은 조건에 상관없이 반드시 한 번은 실행합니다. i가 3이었는데 한 번 실행하면 `i--`를 수행해 2가 되고, 이에 따라 조건 i > 3는 거짓이 되므로 반복문을 바로 탈출합니다.

5. ④

해설_ 앞에서 배운 구구단 코드는 i와 작거나 같은지 비교하는 <= 연산자를 사용했지만, 여기서는 작은 지 비교하는 < 연산자를 썼습니다. 5~7단을 계산하려면 i는 8보다 작을 동안, 3~5만 곱하기 위해 j는 6보다 작을 동안 반복문을 수행합니다.

셀프체크

```
#include <stdio.h>

int main(void) {
    for (int i = 5; i > 0; i--) {
        for (int j = i; j > 0; j--) {
            printf("*");
        }
        printf("\n");
    }
    return 0;
}
```

4장

1분 퀴즈

1. ②

해설_ else 문은 앞의 모든 조건이 거짓일 때 실행되며 최대 1번만 정의할 수 있습니다.

2. ④

해설_ if 문은 서로 독립적으로 동작하므로 빵과 커피에 대해 각각 조건을 확인한 후 참이면 if 문 안 코드를 실행합니다.

3. ②

4. ③

해설_ i는 0부터 4까지 반복하며 값을 출력하는데, i가 3일 때는 continue 문 때문에 바로 다음 반복으로 넘어가므로 3은 출력하지 않습니다.

5. ④

해설_ rand( ) % 31을 하면 0 이상 31 미만인 난수가 나오는데, 여기에 1을 더해 1 이상 32 미만(31 이하)에서 난수를 뽑을 수 있습니다.

6. ④

해설_ n이 2이므로 case 2에 해당하는 문장이 실행됩니다. 그런데 case 문을 탈출하기 위한 break 문이 없으므로 다음 줄에 있는 case 3에 해당하는 문장도 함께 실행됩니다.

셀프체크

```c
#include <stdio.h>

int main(void) {
    int coffee_count = 0; // 커피 수량(값을 바꿔 실습하기)
    int sandwich_count = 0; // 샌드위치 수량(값을 바꿔 실습하기)
    int total_price = 0; // 총 금액
    // 샌드위치와 커피 모두 구매 시 샌드위치 6,000원, 커피 3,500원(할인가)으로 계산
    if (sandwich_count > 0 && coffee_count > 0) {
        total_price = (sandwich_count * 6000) + (coffee_count * 3500);
    } else { // 그 외의 경우 샌드위치 6,000원, 커피 4,500원으로 계산
        total_price = (sandwich_count * 6000) + (coffee_count * 4500);
    }
    printf("주문하신 메뉴의 총 금액은 %d원입니다.\n", total_price); // 결과 출력
    return 0;
}
```

5장

1분 퀴즈

1. ④

해설_ 함수 선언과 함수 정의는 반환형, 함수명, 매개변수의 종류와 개수를 동일하게 적어야 하지만, 매개변수 이름은 다르게 작성해도 됩니다.

2. ②

3. ③

해설_ 함수를 호출할 때 전달값은 매개변수와 개수가 같아야 합니다.

4. ①

해설_ 함수의 전달값은 3개 이상의 충분히 많은 개수만큼 사용할 수 있습니다. 하지만 함수는 가급적 작은 단위로 작동하도록 작성하는 것이 좋습니다. 그리고 코드의 가독성과 유지 보수를 위해 너무 많은 전달값은 사용하지 않도록 권장합니다.

5. ③

해설_ 함수를 호출할 때 전달값으로 넘긴 num 변수의 값은 3이며 함수 안에서 전달받은 값에 2를 더한 후에 출력하므로 정답은 5입니다.

6. ④

해설_ C 언어에서는 전달값의 개수와 상관없이 동일한 이름의 함수를 중복해서 사용할 수 없습니다.

셀프체크

```c
#include <stdio.h>

void convert_time(int minutes); // 함수 선언

int main(void) {
    int time = 118; // 총 시간(분 단위)
    convert_time(time); // 함수 호출
    return 0;
}

void convert_time(int minutes) { // 함수 정의
```

```
    int hour = minutes / 60; // 시간 : 총 시간을 60으로 나눈 값
    int min = minutes % 60; // 분 : 총 시간을 60으로 나눈 나머지
    printf("%d시간 %d분\n", hour, min); // 결과 출력
}
```

6장

1분 퀴즈

1. ②

해설_ 배열은 같은 자료형의 값 여러 개를 저장하는 연속된 공간입니다.

2. ③

해설_ 배열의 요소에 접근할 때는 대괄호와 인덱스를 사용합니다

3. ④

해설_ 배열을 선언할 때 대괄호 안에 넣는 숫자를 생략하면 중괄호에 있는 값의 개수를 세어 배열 크기를 설정합니다. 따라서 ④만 크기가 2입니다.

4. ①

해설_ 배열을 선언할 때 일부 값만 초기화하면 자동으로 나머지 요소는 0으로 초기화됩니다. 코드에서 배열은 첫 번째와 두 번째 요소만 초기화했으므로 세 번째 요소인 인덱스 2의 값은 0으로 초기화됩니다.

5. ③

해설_ 배열 크기를 글자 수보다 최소 1만큼 크게 잡는 이유는 문장의 끝을 나타내는 널 문자가 들어가기 때문입니다.

6. ④

해설_ 공백을 포함한 전체 글자 수는 22개입니다. 여기에 문장의 끝을 나타내는 널 문자도 들어가야 하므로 str 배열의 크기는 23입니다.

7. ④

해설_ 문자열을 입력받을 때는 서식 지정자 %s를 사용하고, 버퍼 오버플로 문제를 방지하기 위해 sizeof로 입력 크기를 지정합니다.

8. ②

해설_ 숫자 0의 아스키코드 값은 48입니다. 대문자 A는 65, 소문자 a는 97이라는 것도 기억해 두면

좋습니다.

셀프체크

```c
#include <stdio.h>

int main(void) {
    int scores[5] = { 76, 84, 80, 92, 96 }; // 5과목 시험 점수
    int sum = 0; // 총점
    float average = 0.0f; // 평균
    for (int i = 0; i < 5; i++) {
        sum += scores[i]; // 총점 계산(반복문으로 모든 시험 점수 더하기)
    }
    average = sum / 5.0f; // 평균 계산
    printf("총점은 %d점, 평균은 %.1f점입니다.\n", sum, average);
    return 0;
}
```

7장

1분 퀴즈

1. ④

해설_ 세 친구 모두 포인터를 올바르게 이해하고 있습니다.

2. ②

해설_ 포인터 변수 p는 변수 a의 메모리 주소를 저장하고 있습니다. 포인터 변수 앞에 *를 붙이면 포인터 변수가 저장한 주소의 값에 접근할 수 있으므로 15가 출력됩니다.

3. ④

해설_ 포인터 변수 ptr은 arr 배열의 시작 주소를 가집니다. 그래서 ptr[2]에 4를 넣으면 arr 배열의 인덱스 2에 해당하는 값인 3을 4로 바꿉니다. 그러므로 arr[2]와 ptr[2] 모두 4가 출력됩니다.

4. ②

해설_ 두 변수의 주소를 함수로 전달해야 하므로 변수 앞에 &를 붙입니다.

```
#include <stdio.h>

void square(int * ptr); // 함수 선언

int main(void) {
    int arr[10] = { 1, 2, 3, 4, 5, 6, 7, 8, 9, 10 }; // 배열 선언 및 초기화
    for (int i = 0; i < 10; i++) {
        square(&arr[i]); // 함수 호출 : 배열 각 요소의 메모리 주소 전달
    }
    for (int i = 0; i < 10; i++) {
        printf("%d", arr[i]); // 변경된 배열의 각 요소 출력
        if (i + 1 < 10) { // 다음 요소가 남아 있는 경우에만 쉼표(,) 출력
            printf(", ");
        }
    }
    printf("\n");
    return 0;
}

void square(int * ptr) { // 함수 정의 : 값이 짝수인 경우 제곱으로 변경
    if (*ptr % 2 == 0) { // 나머지 연산자로 짝수인지 확인
        // *ptr = *ptr * *ptr;
        // 같은 문장이지만 가독성을 위해 괄호 처리
        *ptr = (*ptr) * (*ptr); // 메모리 주소 값의 제곱으로 변경
    }
}
```

8장

1분 퀴즈

1.

```
int arr[2][3];
```

해설_ 2차원 배열은 세로 크기와 가로 크기에 해당하는 값을 순서대로 대괄호 속에 입력합니다. arr[2][3]과 같이 선언하면 3개의 공간을 가진 배열이 2개 있는 2차원 배열이 됩니다.

2. ④

해설_ 다차원 배열은 각 차원을 중괄호로 묶고, 쉼표로 구분합니다. 즉, 1차원 배열을 초기화하듯이 { 1, 2 }에 해당하는 배열과 { 3, 4 }에 해당하는 배열을 쉼표로 구분한 뒤 이를 다시 한번 중괄호로 감싸 줍니다.

3. ③

해설_ 배열의 인덱스는 0부터 시작하며 arr[1][2]는 인덱스를 행과 열로 봤을 때 1행 2열 요소에 해당합니다. 따라서 이 요소의 값인 F가 G로 바뀝니다.

4. ②

해설_ 이중 반복문에서 변수 i는 0, 1 순서대로 커지지만 변수 j는 1, 0 순서대로 작아집니다. 그래서 각 줄의 뒤에서부터 앞으로 오면서 값을 출력합니다.

셀프체크

```c
#include <stdio.h>

int main(void) {
    int input = 0; // 사용자 입력을 저장할 변수
    // 다차원 배열을 이용해 상품 목록 정의
    char * items[3][4] =
    {
        {"1.우유", "2.커피", "3.주스", "4.탄산음료"},
        {"5.칸칩", "6.거북칩", "7.감자칩", "8.고구마칩"},
        {"9.안타볼", "10.초코버섯", "11.가재깡", "12.씨리얼"}
    };
    // 전체 상품 목록 출력
    printf("전체 상품 목록입니다.\n");
    printf("==========================================\n");
    for (int i = 0; i < 3; i++) {
        for (int j = 0; j < 4; j++) {
            printf("%-12s", items[i][j]);
        }
        printf("\n");
    }
    printf("==========================================\n");
    // 사용자 입력
```

```
printf("몇 번 상품을 구매하시겠습니까?(1~12) : ");
scanf_s("%d", &input);
// 상품이 12개이므로 1부터 12까지 입력받기
if (input < 1 || input > 12) {
    printf("\n상품 번호를 잘못 입력했습니다. 프로그램을 종료합니다.\n");
    exit(0); // 프로그램 종료
}
input -= 1; // 배열은 0부터 시작하므로 입력값에서 1 빼기
int x = input / 4; // 행 인덱스 구하기
int y = input % 4; // 열 인덱스 구하기
printf("\n구매하신 상품은 %s입니다.\n", items[x][y]); // 상품 출력
printf("이용해 주셔서 감사합니다.\n");
return 0;
}
```

9장

1분 퀴즈

1. ①

해설_ 구조체는 배열과 다르게 서로 다른 자료형의 변수들로 이루어질 수 있습니다.

2. ②

해설_ 구조체를 정의할 때는 구조체를 나타내는 struct 키워드 뒤에 구조체명을 적습니다.

3. ①

해설_ 구조체는 마침표로 각 변수의 멤버에 접근할 수 있습니다.

4. ③

해설_ 구조체를 정의한 후에도 animals[0].age = 4;와 같은 방법으로 값을 수정할 수 있습니다.

5. ②

해설_ 구조제 포인터는 화살표(->)를 이용해 다른 구조체 변수의 값에 접근할 수 있습니다.

6. ③

해설_ 구조체 포인터인 next를 통해 1호차는 2호차, 2호차는 3호차와 연결되어 있습니다. 승무원은 1호차부터 시작해 구조체 포인터 next를 통해 2호차로, 다시 next를 통해 3호차로 이동하며 이때의 no 변수의 값은 3입니다.

7. ③

해설_ typedef와 상관없이 구조체 변수는 마침표로 접근합니다.

셀프체크

```c
#include <stdio.h>

struct book {
    int id; // 번호(ID)
    char * title; // 제목
    int available; // 0 : 대출 중, 1 : 대출 가능
};

void print_books(struct book * books); // 함수 선언

int main(void) {
    struct book books[4] = { // 도서 4권 정의, 처음에는 모두 대출 가능한 상태
        {1, "C 입문편", 1},
        {2, "파이썬 기본편", 1},
        {3, "자바 기본편", 1},
        {4, "파이썬 중급편", 1}
    };
    int input; // 사용자 입력을 저장할 변수
    while (1) {
        print_books(books); // 전체 도서 정보 출력 함수 호출
        printf("대출/반납할 책 번호를 입력하세요.(종료 : -1) : ");
        scanf_s("%d", &input); // 사용자 입력
        if (input == -1) { // -1을 입력받으면 반복문 탈출 및 프로그램 종료
            printf("프로그램을 종료합니다.\n\n");
            break;
        }
        if (input < 1 || input > 4) { // 도서가 4권이므로 1~4 입력받기
            printf("잘못된 입력입니다.\n\n");
            continue;
        }
        input -= 1; // 배열은 0부터 시작하므로 입력값에서 1 빼기
        if (books[input].available == 0) { // 대출 중인 도서이면 반납 처리
            printf("'%s' 반납이 완료됐습니다.\n\n", books[input].title);
            books[input].available = 1;
```

```
        } else { // 대출 가능한 도서이면 대출 처리
            printf("'%s' 대출이 완료됐습니다.\n\n", books[input].title);
            books[input].available = 0;
        }
    }
    return 0;
}

// 전체 도서 정보 출력, books 배열은 구조체 포인터로 처리
void print_books(struct book * books) { // 함수 정의
    char * available = "대출 가능";
    char * unavailable = "대출 중";
    printf("전체 도서 목록입니다.\n");
    printf("==============================\n");
    for (int i = 0; i < 4; i++) {
        printf("%d. %-16s ", books[i].id, books[i].title); // 도서 번호, 도서 제목 출력
        // 대출 여부 출력
        if (books[i].available) {
            printf("[%s]\n", available);
        } else {
            printf("[%s]\n", unavailable);
        }
    }
    printf("==============================\n");
}
```

10장

1분 퀴즈

1. ②

해설_ 읽기 전용 모드는 파일이 없는 경우 새로운 파일을 생성하지 않습니다

2. ④

해설_ fopen( ) 함수로 파일 열기에 실패하면 NULL이 반환됩니다. 그래서 반드시 if 문으로 파일이 올바로 열렸는지 확인하고 나서 다음 작업을 진행해야 합니다.

3. ③

해설_ 파일 포인터가 가리키는 파일을 닫는 함수는 fclose( )입니다

4. ③

해설_ 항목은 문자열, 개수는 정수이므로 이 값을 가져오려면 서식 지정자로 %s %d를 사용합니다.

5. ④

해설_ ab는 추가 모드로 해당 파일이 존재하면 기존 내용에 새로운 내용을 이어서 씁니다.

셀프체크

```c
#define _CRT_SECURE_NO_WARNINGS
#include <stdio.h>
#include <string.h>

int main(void) {
    char word[256]=""; // 단어
    char definition[256]=""; // 뜻
    char input[256]=""; // 사용자 입력

    FILE * file = fopen("C:\\Users\\사용자계정\\word.txt", "rb");
    if (file == NULL) {
        printf("파일 열기 실패\n");
        return 1;
    }

    for (int i = 0; i < 3; i++) {
        (void)fscanf(file, "%s %s", word, definition);
        printf("'%s'(이)라는 뜻을 가진 영어 단어는? ", definition);
        scanf_s("%s", input, (unsigned int)sizeof(input));
        if (strcmp(input, word) == 0) {
            printf("%s, 정답입니다.\n\n", word);
        } else {
            printf("틀렸습니다. 정답은 %s입니다.\n\n", word);
        }
    }
    fclose(file);
    return 0;
}
```

INDEX

A, B

AND 연산자 107
argument 156
array 184
ASCII code 199
break 115

C

call by reference 245
call by value 243
case 123
char 058, 192
comment 045
compile 039
complier 039
const 051
continue 117

D

default 123
double 049
do—while 082
dummy value 189

E

else 106
else if 107
exit() 173

F

fclose() 371
fgets() 373
float 048
flush 390
fopen() 367
fopen_s() 370

for 078
format specifier 043
fprintf() 377
fputs() 369
fscanf() 378

G

garbage value 189
getchar() 210, 384

I

if 106
if—else 105
index 185
infinite loop 083
int 041

L, M, N, O

long 253
macro 370
null 193
OR 연산자 110

P

parameter 156
preprocessor directive 039
printf() 053

R

rand() 119
return 149

S

scanf() 056
scanf_s() 056
sizeof 059, 193

strcmp() 386
string 192
struct 326
structure 326
switch 123

T, U, V, W

time(NULL) 121
typedef 340
User—defined Data Type 327
void 146
while 080

ㄱ

값에 의한 호출 243
거짓 083
관계 연산자 109
구조체 326
구조체 배열 330
구조체 변수 327
구조체 포인터 333

ㄴ

난수 119
널 215
널 문자 193
논리 연산자 076

ㄷ

다차원 배열 277
대입 연산자 041
더미 값 189

ㅁ

매개변수 149, 156
매크로 370

멤버 참조 연산자   328
무한 반복   083
문자   058, 192
문자열   058, 192

ㅂ

반복문   078
반환값   148
반환형   148
배열   184
변수   041
변수 선언   042
비교 연산자   076, 109

ㅅ

사용자 정의 자료형   327
산술 연산자   073
상수   051
서식 지정자   043
실수   041, 048
쓰레기 값   189

ㅇ

아스키코드   199
연산자   073
요소   185
이중 반복문   085
인덱스   185
인수   156

ㅈ

자료형   041
전달값   149
전역변수   251
전처리기 지시문   039
정수   041

조건문   106
주석   045
중첩 반복문   085
증감 연산자   075
지역변수   251

ㅊ

참   083
참조에 의한 호출   245
초기화   042
초깃값   042

ㅋ

컴파일   039
컴파일러   039
키워드   042

ㅍ

파일 쓰기   367
파일 읽기   367
파일 포인터   367
포인터   223
포인터 배열   292
포인터 변수   223
플러시   390

ㅎ

함수   143
함수 선언   145
함수 정의   145
함수 호출   146
형변환   260
형식 지정자   044
형식 태그   255
확장자   028

기호

++ 연산자   072
₩0   193
%d   043
#define   370
_getch( )   384

번호

2차원 배열   277
3차원 배열   278